SUTTON GESCHICHTE

Zum Autor

Udo Bürger, geboren 1958 in Bonn, studierte Germanistik, Philosophie und Kunstgeschichte in Bonn und Innsbruck. Bislang schrieb er acht Bücher zur Kriminalgeschichte der Eifel, des Rheinlands und Westfalens (Rheinische Unterwelt. Kriminalfälle im Rheinland von 1815–1918, Köln 2013; Westfälische Unterwelt. Historische Kriminalfälle und Hinrichtungen in Westfalen, Münster 2014). Udo Bürger lebt heute in Remagen-Unkelbach.

Udo Bürger

Die spektakulärsten
Kriminalfälle
in Hessen

SUTTON GESCHICHTE

Hochheimer Straße 59
99094 Erfurt
www.suttonverlag.de
www.sutton-belletristik.de
Copyright © Sutton Verlag, 2016
Gestaltung und Satz: Sutton Verlag
ISBN: 978-3-95400-689-2
Druck: CPI books GmbH, Leck

Inhaltsverzeichnis

Vorwort ... 8

Gießen ... 11

Zum „Diebshandwerk verführt" ... 11
Der Postraub in der Subach und eine
    Fünffachhinrichtung, 1824 ... 15
Tod eines Hausbesitzers in Grüningen, 1828 ... 23
Mit der Axt erschlagen ... 25
Letzte Hinrichtung mit dem Schwert:
    Johannes Heß aus Nieder-Ohmen, 1837 ... 26
Verabscheuungswürdiges Verbrechen in Nidda, 1841 ... 29
Eine Doppelhinrichtung und „buntes Gedränge", 1845 ... 34
Erste Intramuranhinrichtung: Johannes Römer
    aus Allertshausen, 1855 ... 40
Christian Licher aus Garbenteich, 1859 ... 41
Raubmord zwischen Willofs und Grebenau, 1883 ... 42
„Jetzt lassen wir uns nichts mehr gefallen" ... 43
Streit wegen einer Bürgschaft, Rainrod 1898 ... 45
Ein angeblicher Komplize ... 47
Oskar Hudde, der Schinderhannes Oberhessens ... 48
Untat in Nieder-Mörlen, 1911 ... 53
Tod eines Butzbacher Gefängniswärters, 1917 ... 56

Darmstadt ... 60

„Wohlangebrachte Kugeln", 1816 ... 60
Richtplatz Bessunger Viehweide ... 62
Anton Fischer aus Münster, 1837 ... 65
Der „Würgengel" von Seckmauern ... 67
Muttermord in Nieder-Ramstadt, 1880 ... 73
„Wehe mir, ich habe vergeblich gelebt" ... 76
Jean Müller aus Darmstadt, 1889 ... 77

Christian Kuhmichel, Schuhmacher und Zuhälter ... 79
„Gib dein Geld oder dein Leben!" ... 81
Dreifachmord in Hofheim, 1914 ... 84

Kassel ... 87
Auf einer Kuhhaut zum Richtplatz geschleift, 1817 ... 87
Andreas Viehmann aus Fürstenhagen
 (Hessisch Lichtenau), 1836 ... 93
Richtstätte auf dem kleinen Forst ... 94
Johann Heinrich Hildebrand aus Kassel, 1851 ... 97
Gattenmord bei Hombressen, 1851 ... 101
Vatermord in Rotenburg, 1881 ... 104
„Zehn Kadaver der Reaktion" für Lieskes Tod ... 107
Jakob Licht aus Landershausen, 1896 ... 113
Mord bei Kassel, 1900 ... 114
Wilhelm Aßhauer aus Diemelstadt-Orpethal, 1901 ... 118

Mainz ... 120
Die „schönste Institution" des Volkes ... 120
Brudermord in Hechtsheim, 1825 ... 121
Johann Adam Borninger aus Gau-Weinheim, 1829 ... 123
Hinrichtung durch Erschießen, 1832 ... 123
Anna Maria Margraf aus Mainz-Kastel, 1835 ... 124
Anklage der achtfachen Vergiftung ... 126
Doppelmord durch einen Mainzer Zuhälter, 1885 ... 132
Peter Eschbach aus Fürfeld, 1892 ... 139
Franz Rohrbacher aus Worms-Heppenheim, 1894 ... 140
Ein „äußerst roher Mensch" ... 142
Raubmord in Sponsheim, 1903 ... 144
Drama in der Wormser Noltzstraße, 1909 ... 147

Höchst ... 151

Fulda ... 156
Regelung der Hinrichtungsmodalitäten ... 156
Mord bei Bad Hersfeld, 1828 ... 160
Tod eines Forstläufers bei Keulos, 1855 ... 160

Dillenburg **167**

Rinteln **169**

Hanau **176**
   Peter Kitzler aus Hanau, 1831 176
   Familiendrama in Hellstein 180
   20.000 bis 25.000 Zuschauer 185
   Eine „gute Partie" 186
   „Mit Wasser beschüttet und mit Jauche bespritzt" 193
   Der vierte Schuss war tödlich 197
   „Blutschande" mit der Tochter 199
   Die berüchtigten Ebender-Brüder 201

Diez **208**

Wiesbaden **212**
   Letzte öffentliche Hinrichtung in Nassau, 1835 212
   Doppelhinrichtung, 1887 214

Eschwege **218**
   Wilhelm Bütemeister aus Schwebda, 1852 218
   Vatermord „im Complote" 223

Marburg **227**

Neuwied **231**

Frankfurt **234**
   Gebrauch von Fingerabdrücken, 1904 235
   „Maßlose Eitelkeit" eines Zeugfeldwebels 243
   Raubmord für acht Mark, 1910 247
   Ein Weltmeister im Säbelfechten als Giftmörder 249

Liste der Hinrichtungen in Hessen 1815–1918 .... **262**

Abkürzungsverzeichnis **266**

Anmerkungen **267**

Bildnachweis **294**

Vorwort

In diesem Buch werden Kriminalfälle in Hessen von 1815 bis 1918 dargestellt, die mit einer Hinrichtung endeten. Das damalige Hessen wies geografisch einige Unterschiede zum heutigen Bundesland auf. So gehörte auch das jetzt zu Rheinland-Pfalz zählende Mainz in jener Zeit als die bedeutendste Stadt der Provinz Rheinhessen zum Großherzogtum Hessen.

Neben dem Aktenmaterial in den verschiedenen Archiven waren bei der Recherche damalige Zeitungsberichte über die einzelnen Fälle und Prozesse von großer Bedeutung. Die Berichte fallen in den Zeitungen genauer aus, die in jenen Städten erschienen sind, in denen auch die jeweiligen Prozesse stattfanden. Daneben beschäftigte sich auch eine Reihe von damaligen rechtswissenschaftlichen Zeitschriften, Buchreihen und Büchern mit einzelnen Kriminalfällen und deren Aburteilung. In diesen Veröffentlichungen wurden die Namen der Betroffenen allerdings oft verkürzt, verändert oder weggelassen.

Das Buch bietet erstmalig eine vollständige Erfassung aller im Berichtzeitraum erfolgten Hinrichtungen, 96 an der Zahl. Diese ereigneten sich in Gießen (26 Hinrichtungen), Mainz (14), Darmstadt (11) Kassel und Hanau (jeweils 10), Frankfurt (5), Fulda und Diez (jeweils 4), Wiesbaden (3), Dillenburg, Rinteln und Eschwege (jeweils 2) sowie in Höchst, Marburg und Neuwied (jeweils eine). In Frankfurt gab es relativ wenige Exekutionen, weil dort erst 1857 das hessische Strafrecht übernommen wurde und erste Schwurgerichtssitzungen stattfanden. Die Hinrichtungen wurden mit dem Schwert, dem Richtbeil, der Guillotine und durch Erschießen vorgenommen. Bis etwa zur Mitte des 19. Jahrhunderts trugen sie sich öffentlich auf Richtplätzen außerhalb der jeweiligen Städte zu, wobei oft Tausende von Zuschauern zugegen waren. Danach fanden sie unter Ausschluss der breiten Öffentlichkeit innerhalb der Gefängnismauern statt, unter anderem auch deshalb, weil sie den Charakter von „Volksbelustigungen" angenommen hatten.

Wie schon bei meinen Veröffentlichungen über Kriminalfälle im Rheinland („Rheinische Unterwelt", Köln 2013) und in Westfalen („Westfälische Unterwelt", Münster 2014) möchte ich mich auch hinsichtlich des vorliegenden Buches besonders und ganz herzlich bei Christian Schrepper aus Essen bedanken, der mir sein über Jahre gesammeltes Material zu Hinrichtungen in Hessen zur Verfügung gestellt hat.

Udo Bürger

Hinrichtung einer Räuberbande am 5. November 1814 bei Darmstadt.

Gießen

Bereits während der Abhaltung des Wiener Kongresses, der vom 18. September 1814 bis 9. Juni 1815 tagte und auf dem Europa nach der Niederlage Napoleons neu geordnet wurde, gab es vier Hinrichtungen in Gießen, die insbesondere Mitglieder von Räuberbanden trafen.

Es waren zwei Hinrichtungen wegen Raubes am 6. Januar 1815, des 32-jährigen Conrad Anschuh aus Rodheim und des 29-jährigen Ludwig Funk, genannt „Selnroder Ludwig", aus Sellnrod (Ortsteil der Gemeinde Mücke). Zwei weitere Hinrichtungen ebenfalls wegen Raubes wurden am 27. Februar 1815 vollzogen, nämlich des 28-jährigen Johannes Borgener aus Flörbach bei Hanau und des 26-jährigen Johann Justus Dietz aus Urbar bei Koblenz (1803 gelangte Urbar an das Fürstentum Nassau, nach dem Wiener Kongress wurde es Teil der Rheinprovinz Preußens und der Bürgermeisterei Ehrenbreitstein). Dietz wurde auch „Lumpenjost" und Borgener „Pohlengängershannes" genannt. Der mit ihnen verurteilte Johann Adam Frank wurde am 11. Februar 1815 begnadigt.[1]

Zum „Diebshandwerk verführt"

Über die nächsten beiden Hinrichtungen in Gießen, die sieben Jahre später vorgenommen wurden, erfahren wir Näheres im 43. Band der Annalen der deutschen und ausländischen Criminal-Rechtspflege von 1848. Wohl aus Personenschutzgründen wurden in den damaligen rechtswissenschaftlichen Veröffentlichungen die Namen der Betroffenen wie auch der Orte oft ganz weggelassen, verändert oder nur mit den Anfangsbuchstaben

Das alte Gießener Hofgericht um 1890.

angegeben. Auch in den erwähnten Annalen werden veränderte – wenn auch ähnliche – Namen der beiden Verurteilten genannt. Die richtigen Namen sind anderen Quellen wie dem Hessischen Staatsarchiv Darmstadt oder dem Großherzoglich-Hessischen Regierungsblatt zu entnehmen. Der tatsächlich hingerichtete 24-jährige Heinrich Falk aus Bernsfeld (Ortsteil der Gemeinde Mücke) heißt in den Annalen „Heinrich Fack von Berns" und aus dem 31-jährigen Johannes Thron aus Arnshain (Stadtteil von Kirtorf) wird „Johannes Ron von Rens". Das Todesurteil gegen die beiden war am 17. September 1821 durch das großherzogliche Hofgericht der Provinz Oberhessen in Gießen ergangen.[2]

Wie wir den Annalen entnehmen können, wuchs Falk in einem wenig behüteten Umfeld auf. Sein Vater soll in englische Kriegsdienste getreten, daraus desertiert, zum österreichischen

Militär gegangen und dort gestorben sein. Seine Mutter Anna Barbara Ursula Dönges, genannt „Kätter-Bärbel", tat sich danach mit Johannes Stahl, genannt „Kalkhannes", zusammen, einem Mitglied der sogenannten Burggemünder Räuberbande. Er starb später in der Zucht- und Besserungsanstalt Marienschloß (Rockenberg).[3] Nachdem auch die Mutter eine Haftstrafe verbüßt hatte, ging sie eine Beziehung mit einem damals noch sogenannten „Zigeuner" ein und heiratete dann den Mitverurteilten Thron, der nun also der Stiefvater Falks wurde.[4] Im Herbst 1813 trat dieser nach Abbruch einer Lehre der sich zurückziehenden französischen Armee bei. Nach einem etwa eineinhalbjährigen Aufenthalt in Paris gesellte er sich zu mehreren auf dem Vogelsberg und im Kurhessischen herumziehenden „Gaunern und Spitzbuben" und nahm sich eine Schwester Throns, Anna Margaretha Thron, zur Geliebten. Obwohl in Ketten gefesselt, gelang es ihm mehrmals, beispielsweise in Birstein, nach einer Gefangennahme zu entkommen. Schließlich aber wurde er am 5. Dezember 1818 in Ilbeshausen (Ortsteil von Grebenhain) erneut gefasst.

Sein größtes von etwa 200 Verbrechen war ein 1818 zusammen mit Thron verübter Straßenraub. In Vockenrod (Ortsteil von Antrifttal), wo sie bei ihren Streifzügen einzukehren pflegten, erfuhren sie, dass der 52-jährige Butterhändler Johannes Stotz aus Schrecksbach mit seinem Karren auf dem Weg in die Alsfelder Gegend sei.[5] Falk zog zur Verkleidung einen langen Schafspelz „nach Art der Russen" an. Thron band ein Schnupftuch um seine Landwehrkappe und zog einen von einem gestohlenen Betttuch zusammengenähten Kittel über seine Kleidung. Nachdem sie sich mit dicken Knüppeln bewaffnet hatten, lauerten sie dem Händler in einem Waldstück bei Heidelbach auf, überfielen ihn und nahmen ihm seinen Geldbeutel ab, „ohne den Mann weiter persönlich zu mißhandeln, da er gleich gute Worte gegeben und, wie Fack [Falk] selbst sagt, als ein alter Mann sich ohnehin gegen sie nicht hätte wehren können".[6] Ihre Beute teilten sie bei Zell (Stadtteil von Romrod).

Johannes Thron, dessen Bruder Andreas ebenfalls zur Burggemünder Räuberbande gehörte, führte die Beinamen „Neunfingers-Hannes" oder „Stumpfingers-Hannes". Diese rührten von seinem Vater her, der bei einem Kirchenbau einen Daumen verloren hatte. Johannes war schon mit 16 Jahren wegen Diebstahls vom Amt Alsfeld mit Farrenschwanzhieben (Farrenschwanz, auch Ochsenziemer genannt: aus einem getrockneten Bullenpenis hergestellte Schlagwaffe) bestraft worden, ehe er in holländische Militärdienste ging: „Er machte in der Folge die Feldzüge der französischen Armee in Spanien mit und desertirte, nach seiner Angabe, nach dem Einfall der Alliirten in Frankreich, bei Troyes in der Champagne, um seine noch lebende Mutter wieder aufzusuchen."[7]

Auf dem Vogelsberg wollte er sich dann mit Korbflechten zu ernähren versucht haben, von seiner Frau, der „Kätter-Bärbel", aber „erst zum Trunk, hiernächst zum Diebshandwerk verführt worden sein". Er verband sich seit 1816 mit „berüchtigten Gaunern und Räubern", darunter auch Falk, und beging mit ihnen oder allein nicht weniger als 158 Verbrechen, darunter auch elf bis zwölf versuchte oder geplante Straftaten.

Da Thron und Falk „wegen des eingewurzelten, bei ihnen zur Gewohnheit und Leidenschaft gewordenen Hangs zu Verbrechen, nicht zu bessern" gewesen seien, sondern Zuchthäuser nur als „Versorgungs-Anstalten" betrachtet hätten, sah sich der oberste Gerichtshof in seinem Bericht an das Ministerium des Innern und der Justiz nicht veranlasst, die beiden der Gnade des Großherzogs zu empfehlen. Durch eine Verordnung vom 29. Juli 1817 war bestimmt worden, dass ein Todesurteil nur vollstreckt werden durfte, wenn der Landesherr dem zugestimmt hatte. Von diesem Zeitpunkt an hatte das jeweilige Urteilsgericht die Pflicht, die Bestätigung des Landesherrn unabhängig von einem etwaigen Gnadengesuch einzuholen. Nachdem der Großherzog am 26. November 1821 der Urteilsvollstreckung zugestimmt hatte, wurden die beiden Verurteilten am 11. Januar 1822 in Gießen mit dem Schwert hingerichtet. Throns Schwester Anna Margaretha war am 17. September 1821 vom Hofgericht in Gießen zu einer dreijährigen Zuchthausstrafe verurteilt worden und Falks Mutter, die „Kätter-Bärbel", zu einer zehnjährigen Zucht- und lebenslänglichen Korrektionshausstrafe.[8]

Der Postraub in der Subach und eine Fünffachhinrichtung, 1824

Kaum ein hessischer Kriminalfall ist so bekannt geworden wie der Überfall auf eine Postkutsche in der Subach, einem schwer zu passierenden Hohlweg zwischen Rollshausen und Mornshausen bei Gladenbach. Bearbeitet und publiziert wurde der Fall erstmals 1825 durch den Gießener Kriminalgerichtssekretär Carl Franz unter dem Titel: „Der Post-Raub in der Subach begangen von acht Straßenräubern von denen fünf am siebenten October 1824 zu Giessen durch das Schwerdt vom Leben zum Tode gebracht worden sind. Aktenmäßig ausgezogen und bearbeitet von Carl Franz, Criminalgerichtssekretär zu Giessen". Der Text ist in der Folgezeit bis in die jüngste Vergangenheit mehrfach reproduziert oder neu aufgelegt worden. Volker Schlöndorff adaptierte den Fall 1971 in seinem filmischen Frühwerk „Der plötzliche Reichtum der armen Leute von Kombach". Zudem wurde die Erinnerung an den Postraub durch Darstellungen von Laienschauspielern und Wanderungen zum Tatort lebendig gehalten.[9]

Allgemein weniger bekannt ist, dass der Autor Carl Franz später selbst mit dem Gesetz in Konflikt geriet. Wegen „Verfertigung falschen Stempelpapiers" wurde er am 12. Oktober 1842 zu einer Zuchthausstrafe von zehn Jahren verurteilt, wie im Großherzoglichen Regierungsblatt von 1843 nachzulesen ist.[10] Auch der Subacher Postraub ist (wie schon der im vorigen Kapitel dargestellte Fall) in den Annalen der deutschen und ausländischen Criminal-Rechtspflege behandelt, und zwar im 34. Band von

1846 – auch hier wieder mit den üblichen Namensverdrehungen. Immerhin bietet der Beitrag einige Gesichtspunkte, die bei Franz nicht zu finden sind.[11]

Der Überfall auf den Postwagen fand am Sonntag, dem 19. Mai 1822, statt. Der Wagen, das sogenannte Geldkärrnchen, fuhr damals monatlich zweimal von Gießen nach Gladenbach, um von dort herrschaftliche und private Gelder, Briefe und Pakete abzuholen. An jenem Sonntagmorgen gegen 6 Uhr war der 20-jährige Postillion Wilhelm Müller mit dem Postwagen in Gießen losgefahren und über Krofdorf und Rollshausen gegen 11 Uhr im Gladenbacher Posthaus angekommen. Nach einer Mittagspause und dem Verladen des Postgutes trat er gegen 13 Uhr zusammen mit dem Landschützen Hamann, der ihn als Eskorte begleitete, den Rückweg an. Als der Wagen etwa eine Stunde von Gladenbach entfernt war und schon auf kurhessischem Gebiet in die Subach „bei den Sieben Wegen" kam, sprangen plötzlich mehrere vermummte Männer aus dem Gebüsch hervor, überwältigten und fesselten den Postillion sowie den Landschützen und raubten den Postwagen aus. Beide gaben später an, es sei ihnen mit dem Tod gedroht worden, wenn sie sich nicht ruhig verhalten würden. Hamann sagte aus, die Täter hätten bei dem Angriff zweimal auf ihn geschossen und nur knapp verfehlt.

Als nach einiger Zeit nichts mehr von den Übeltätern zu vernehmen war, gelang es dem auf dem Waldboden liegenden Müller, seine ihm von den Tätern angelegte Augenbinde durch Reiben an der Erde abzustreifen und sich zu dem in einiger Entfernung liegenden Landschützen zu wälzen. Daraufhin konnten sie sich gegenseitig von ihren Fesseln befreien und nach Rollshausen gelangen. Der dortige Schultheiß, dem sie den Vorfall schilderten, fand am Tatort den „tannenen Kasten", in dem sich das Geld befunden hatte, nur noch leer vor. Auf ihm stand „eine Bouteille, worin, dem Grund nach, Schnapps gewesen" war. Etliche Briefe lagen zerstreut umher. Postillion Müller vermisste eine Axt, die an dem Wagen befestigt gewesen war, und der Landschütze sein

Gewehr, seinen Tabakbeutel und ein Taschentuch. Der Betrag des geraubten Geldes wurde auf 10.466 Gulden konstatiert.

Die Ermittlung der Täter, von denen einige durch ungewöhnliche Geldausgaben aufgefallen waren, brachte einige Schwierigkeiten mit sich, doch gelang es nicht zuletzt durch den verdienstvollen und rastlosen Einsatz des Kriminalrichters Danz aus Gießen, folgende Teilnehmer an der Tat auszumachen:

1) Ludwig Acker aus Kombach, Tagelöhner, begab sich zunächst auf die Flucht, stellte sich dann aber im Oktober 1822 der Justiz;
2) Hans Jacob Geiz aus Kombach, Schneider;
3) Heinrich Geiz aus Mühlheim am Main, Reservist, ältester Sohn von Hans Jacob Geiz;
4) Jacob Geiz aus Kombach, ebenfalls Sohn von Hans Jacob Geiz;
5) Jost Wege aus Kombach;
6) Johannes Soldan aus Kombach, Schwiegersohn von Hans Jacob Geiz, hatte sich im Gießener Gefängnis mit seinem Halstuch erhängt, noch ehe er die Tat gestehen konnte;
7) Johann Jost Wege aus Wolfgruben (Ortsteil von Dautphetal) war im April 1823 aus dem Gießener Gefängnis entflohen, ehe er zu einem Geständnis gebracht wurde; über sein weiteres Schicksal ist nichts bekannt;
8) David Briel aus Dexbach, Strumpfhändler, ließ sich noch rechtzeitig (als noch kein Verdacht auf ihn gefallen war) einen „Hausirschein ins Ausland" geben und wanderte angeblich nach Amerika aus, wo er eine Strumpffabrik gegründet haben soll;
9) Landschütze Volk beging im Gefängnis Selbstmord durch einen Schuss in die Brust.

Die ersten fünf Genannten gaben nach langem und hartnäckigem Leugnen schließlich die Tat zu. Demnach hatten sie – der Landschütze Volk ausgenommen – den Anfang ihrer verbrecherischen

Laufbahn mit der Wilddieberei gemacht, welche sie etliche Jahre lang betrieben. Anstifter zu dem Vergehen in der Subach war David Briel, der Jacob Geiz schon im Herbst 1821 vorschlug, den Postwagen zu berauben, um sich ein besseres Leben leisten zu können. Landschütze Volk, den Heinrich Geiz vom Militärdienst her gut kannte, stellte gegen Zusicherung eines Anteils an der Beute in Aussicht, dem den Wagen eskortierenden Landschützen vor dem Überfall „das Blei aus dem Gewehre zu ziehen", und wenn er selbst als Eskorte abkommandiert werden sollte, sich bei dem Überfall ohne Gegenwehr zu ergeben. Die Tat wurde hingegen nicht unmittelbar nach diesen ersten Verabredungen begangen, sondern sechs Mal durch bestimmte Umstände verhindert, beispielsweise durch Schneefall (die Spuren hätten leicht verfolgt werden können), die Anwesenheit mehrerer Rekruten in der Nähe des Postwagens oder durch dessen Ausbleiben. Erst der siebte Versuch gelang.

Nachdem im Haus von Hans Jacob Geiz in Kombach nochmals alles besprochen worden war, machten sich sechs der Teilnehmer an dem Raubzug am 18. Mai 1822 gegen 22 Uhr auf den Weg in die Subach. Sie führten in Ranzen einige geladene Pistolen mit sich, in Offenbach gekaufte Masken („Larven"), alte Kleidung, eine Axt, Stricke und Lappen und trugen blaue Kittel und runde Hüte. Am folgenden Morgen stießen auch die noch fehlenden Johann Jost Wege, aus Wolfgruben ankommend, und Hans Jacob Geiz dazu. Der Landschütze Volk war nicht direkt beteiligt. Man bedeckte sich die Gesichter und machte sich durch das Anlegen der mitgebrachten alten Kleidung und das Aufziehen von Kappen unkenntlich, während Hans Jacob Geiz auf der Anhöhe des steil ansteigenden Hohlweges Ausschau nach dem Postwagen hielt. Vor Ausführung der Tat wurde nochmals Branntwein getrunken, und als nun der Wagen nahte, wurde der Überfall begangen.

Nachdem Acker den Wagen in den Wald gefahren hatte, wollte Briel den Geldkasten mit der aus Kombach mitgebrachten Axt aufschlagen. Da diese aber zerbrach, benutzte man die am

Wagen befindliche Axt. Diese und das Gewehr des Landschützen versteckten die Räuber im Wald. Sie zogen ihre blauen Kittel wieder an, setzten ihre Hüte auf und verteilten das Geld, welches meistens in Leinenbeutel gepackt war, zum Tragen unter sich. Einen schweren Geldsack, der selbst „dem starken Wege von Kombach zu schwer war, um ihn fortschleppen zu können", ließen sie zurück und versteckten ihn in einer hohlen Eiche, ebenso die alten Kleidungsstücke. Im Haus von Hans Jacob Geiz wurde die Beute in neun Teile aufgeteilt. Heinrich Geiz nahm den für den Landschützen Volk bestimmten Anteil an sich. Von dem geraubten Geld, welches die Täter an verschiedenen Orten vergruben, konnte trotz sorgfältigster Nachforschungen nur ein Teil, rund 1.770 Gulden, wieder aufgefunden werden.

Nach zweitägiger Sitzung wurden Hans Jacob Geiz, seine Söhne Heinrich und Jacob, Jost Wege und Acker, alle aus Kombach, am 25. März 1824 durch das großherzogliche Hofgericht in Gießen mit Bezug auf den Artikel 126 der Carolina (Peinliche Gerichtsordnung Kaiser Karls V. von 1532) wegen Straßenraubs zum Tode durch das Schwert verurteilt, außerdem zur Zahlung der Untersuchungskosten und der von dem geraubten Geld fehlenden Summe. Was die Kompetenz des Gießener Gerichts angeht, war das Verbrechen zwar auf kurhessischem Gebiet, aber von großherzoglichen Untertanen verübt worden. Auch die Eskorte in Person des Landschützen hatte sich in großherzoglichen Diensten befunden, „und wenn ein Staat durch seine eigne bewaffnete Macht auf fremdem Gebiete sein Eigenthum bewachen läßt, so erklärt er dadurch, daß er den Schutz der Sache nicht dem fremden Staate überlassen, sondern ihn selbst fortwährend ebenso handhaben will, als befände sich die Sache auf eignem Gebiet".[12]

Die Verteidiger der Verurteilten legten gegen das Urteil Revision ein, doch das großherzogliche Oberappellationsgericht in Darmstadt bestätigte durch Erkenntnis vom 3. September 1824 das Urteil erster Instanz aus Gießen. Die Mitglieder des Darmstädter

Gerichtshofes hatten auch zu entscheiden, ob sie eine Empfehlung für eine Begnadigung der Verurteilten durch Großherzog Ludwig I. aussprechen sollten. Die Mehrheit lehnte dies ab, während allerdings ein Mitglied der Meinung war, „daß sämmtliche Inquisiten der allerhöchsten Begnadigung zu empfehlen seien, weil sie das Verbrechen des Raubes nicht als Gewerbe getrieben und sich bei der That keiner besondern oder ausgezeichneten Mißhandlung der Angegriffenen schuldig gemacht hätten".[13]

Der Einschätzung der Mehrheit der Darmstädter Revisionsinstanz folgend, lehnte der Großherzog am 26. September 1824 eine Begnadigung ab und ließ so „dem Gang des Gesetzes freien Lauf", d. h., er gab die Todesurteile zur Vollstreckung frei, wozu „nur ein solcher Scharfrichter gewählt werden solle, von dessen Sicherheit bei Verrichtung seines Amts man vollkommen überzeugt sein könne".[14] Diese besonderen Anforderungen an den Scharfrichter mögen auch darin begründet gewesen sein, dass eine nicht gerade alltägliche Fünffachhinrichtung eine entsprechende Herausforderung darstellte.

Interessant ist die Frage, wann genau diese Fünffachhinrichtung in Gießen stattfand. Die Angabe von Franz ungeprüft übernehmend, geben auch die Nachfolgeschriften den 7. Oktober 1824 an, was aber falsch ist. Wie den Annalen der deutschen und ausländischen Criminal-Rechtspflege zu entnehmen ist, heißt es in einem offiziellen Bericht des Gießener Hofgerichts vom 11. Oktober 1824, dass die Hinrichtung „vorgestern vormittags" vorgenommen worden sei.[15] Dieser 9. Oktober wird im Großherzoglich-Hessischen Regierungsblatt von 1824 bestätigt[16], außerdem in einem „Verzeichnis der unter der Regierung Seiner Königlichen Hoheit des Großherzogs Ludewig I. erkannten Todes-Urtheile" im Hessischen Staatsarchiv Darmstadt.[17]

Am 5. Oktober 1824 (bei Franz: am 4. Oktober) wurden den Delinquenten die Urteile eröffnet, was bei den Brüdern Heinrich und Jacob Geiz dazu führte, dass sie sich „höchst ungestüm" verhielten. Die Hegung des peinlichen Gerichts und der Verlauf der

Der Gießener Marktplatz um 1840. Hier wurde den Verurteilten der Stab gebrochen.

Hinrichtung werden bei Franz ausführlich beschrieben: „Auf dem Marktplatze vor dem Rathhause standen schwarz aufgeschlagen die Schranken, von Soldaten umringt, und um sie herum drängte sich mit dumpfen Getöse die Menge. Die Glocke rief acht, da wurde ein Tisch, schwarz behangt, in die Schranken gestellt und ihn umstanden schwarz beflorte Stühle. Auf ihnen nahmen Platz der Herr Criminalrichter Danz, neben ihm zwei Criminalgerichtssekretäre und die Vertheidiger der Verbrecher. Darauf erhob sich der Richter, gebot, sich zu dem Volke wendend, Ruhe, und eine feierliche Stille herrschte im ganzen Umkreis. Hierauf erzählte er kurz die Verbrechen der Verurtheilten, die jetzt zum Tode geführt werden sollten. […] Da schlug es neun. Unter dem traurigen Geläute der Sterbeglocke näherten sich, begleitet von den Geistlichen, unter militairischer Bedeckung die Sünder den Schranken und dem Tische, worauf ihr Todesurtheil lag, dessen Lade ihre Todesstäbe einschloß. Hier angekommen, stellten sie sich Hand in Hand an die eine Seite des Tisches und unter ihnen ein Vater neben seine zwei Söhne. Der Richter erhob sich sodann, rief ihnen nochmals ihre früheren Vergehen in's Gedächtnis und sagte ihnen, daß jetzt die Stunde ihrer Strafe mit dem Schwerdte zum Tode gekommen sey. Dann nahm er die schwarzen Stäbe aus dem Tische, brach einem Jeden den seinen und warf ihnen mit den Stücken nun alle Hoffnung des Lebens zu Füßen.

Nun brach man zum Richtplatze auf und strömend begleitete eine große Menschenmasse den Zug. Mit langsamem Schritte schwankten, geführt von ihren Seelsorgern, die Verbrecher der Richtstätte immer näher und näher. Angelangt am Blutgerüste, ließen sie sich auf eine Bank nieder, demüthigten sich vor dem Allmächtigen in reuigem Gebete und flehten zu ihm um Gnade. Hierauf bestieg Acker zuerst die Stufen des Schaffotts, entkleidete sich selbst und ließ sich standhaft auf den Stuhl nieder, den Todesstreich zu empfangen. Sein Haupt fiel auf den ersten Hieb. Ihm nach folgte Wege und starb mit gleicher Fassung. Nun traf Jacob Geiz die Reihe. Fest umschlungen lag er in den Armen seines Vaters und Bruders und nahm einen herzzerreißenden Abschied von ihnen. Gestärkt durch den Trost der Religion, ging auch er den Weg mit Ruhe – und ein Hieb endigte sein Leben. – Seinem Bruder sollte Heinrich Geiz folgen. Er riß sich laut weinend von dem Halse seines verzweifelnden Vaters los, der dumpf vor sich hinstarrend keine Worte seines Schmerzes hatte. Auf dem Schaffotte hob Heinrich Geiz sein Sacktuch in die Hohe und zerriß es mit den Worten: ‚Zerreißt mein Leben, so sollst auch du zerreißen!' Dann setzte er sich gelassen nieder und starb einen standhaften Tod. Jetzt bestieg Hans Jacob Geiz das Blutgerüste. Mit schrecklichem Schaudern sah er auf den Stuhl, wo seine Kinder sich verblutet und ließ sich dann halb ohnmächtig auf ihn nieder. Ein Schwerdtstreich trennte sein Haupt vom Rumpfe."[18]

Zur Ausführung der Fünffachexekution hatte man den Frankfurter Scharfrichter Johann Michael Hoffmann ausgesucht, dessen Verrichtung vom Hofgericht Gießen am 11. Oktober 1824 ausdrücklich gelobt wurde. Hans Jacob Geiz war 50 Jahre alt geworden, sein Sohn Heinrich 28 und Jacob nur 25 Jahre. Wäre das Urteil auf der Grundlage des Strafgesetzbuches vom 21. September 1841 gesprochen worden, so heißt es in den Annalen, wäre keine Todesstrafe ausgesprochen worden, sondern nur eine Zuchthausstrafe, da die Kriterien zur Rechtsprechung im Vergleich zum relativ undifferenzierten Artikel 126 der Carolina nun völlig andere waren.[19]

Tod eines Hausbesitzers in Grüningen, 1828

Durch häuslichen Unfrieden, „Arbeitsscheu und Hang zum Trunke" war der Schmied Jakob Wilhelm Meder aus Grüningen (Ortsteil von Pohlheim) in seinen Vermögensverhältnissen so heruntergekommen, dass sein Haus und sonstiges Grundeigentum auf dem Wege der öffentlichen Versteigerung veräußert werden mussten. Vorher waren bereits der größte Teil seines Hausrats und sein Handwerkszeug gepfändet worden. Obwohl das Haus mit Philipp Bender aus Grüningen einen neuen Besitzer fand, zögerten Meder und seine Familie lange, es zu räumen, bis sie Mitte September 1828 auf landgerichtlichen Befehl durch die Gendarmerie ausgewiesen wurden. Seine Ehefrau und Kinder kamen bei einem Nachbarn unter, Meder selbst aber, der wegen seines schlechten Rufes in Grüningen keine Aufnahme fand, schlief und wohnte weiterhin in seinem vormaligen Haus, in das er durch eine Öffnung in der Kellermauer gelangen konnte.

Der neue Besitzer Bender duldete dies eine Zeit lang, am Morgen des 29. September 1828 aber forderte er Meder aufgrund vorzunehmender Reparaturen auf, das Haus endgültig zu verlassen.

Nach diesem Gespräch, bei dem nicht der geringste Streit vorfiel, ging Meder nach Grüningen, kehrte dann aber wieder in das Haus zurück. Nachmittags fand sich auch Bender mit einigen Handwerkern dort ein, um mit den Arbeiten zu beginnen. Während sich Bender in der Nähe eines Zimmermannsgesellen auf der Kellertreppe befand, nahm Meder sein Gewehr, „lud solches mit einigen Stücken Blei" und schoss Bender in den Unterleib, wodurch dieser so schwer verwundet wurde, dass er nach einigen Stunden verstarb. Der Täter versuchte nun, sich in einer Stube selbst zu erschießen. Er war offensichtlich noch mit dem Laden des Gewehres beschäftigt, als der durch den Zimmermannsgesellen herbeigerufene Bürgermeister von Grüningen die Stubentür öffnete, diese jedoch gleich wieder zumachte, weil er das Gewehr auf sich gerichtet glaubte. Ein zweiter Schuss fiel, wodurch sich Meder Verletzungen an Mund und Kinn zufügte, die ihn mehrere Tage der Sprache beraubten.

Mitte Oktober 1828 war er so weit genesen, dass er verhört und nach abgeschlossener Generaluntersuchung am 23. Oktober ins Gießener Arresthaus gebracht werden konnte, um nunmehr zur Vornahme der „Specialinquisition" zu schreiten. Meder gab an, er sei sehr wütend auf Bender gewesen, weil dieser ihm sein Haus, seine Äcker und dann sogar sein Nachtlager genommen habe. Der Verteidiger des Angeschuldigten versuchte, das Verbrechen „als eine im Affect verübte Tödtung" darzustellen und beantragte eine außerordentliche Strafe von sechs bis acht Jahren Zuchthaus. Das Hofgericht in Gießen aber verurteilte Meder am 31. Januar 1829 wegen Mordes zum Tod durch das Schwert.[20]

Die Frage, ob Mord oder Totschlag vorlag und in welchem Maße Meder in einem „Zustande der Sinnen-Verwirrung" gehandelt habe, beschäftigte auch das Darmstädter Oberappellationsgericht als Revisionsinstanz. Das Gericht bestätigte am 1. Mai 1829 das Gießener Todesurteil und lehnte es ab, den Verurteilten für eine Begnadigung zu empfehlen, „indem die verübte That alle Merkmale eines mit voller Ueberlegung und erforderlichen

Willensfreiheit vollführten Mordes in sich vereinige". Wieder war es Scharfrichter Hoffmann, der „mit der größten Pünktlichkeit" am Morgen des 5. Juni 1829 um 9 Uhr die Enthauptung Meders in Gießen vornahm.[21]

Mit der Axt erschlagen

Der Ende 1829 in Gießen mit dem Schwert hingerichtete Dienstknecht Joseph Bechtel aus Rebgeshain (Ortsteil der Stadt Ulrichstein), der nur 27 Jahre alt wurde, hatte seinen Dienstherrn, den Bauern David Geist, mit dem er entfernt verwandt war, nachts in dessen Scheune in Rebgeshain mit einer Axt erschlagen. Er hatte ein Verhältnis mit der fast 20 Jahre älteren Frau des Getöteten, Maria Elisabetha Geist. Sie habe ihn, so Bechtel, fortwährend zu der Tötung ihres Mannes angestiftet, und zwar mit dem Versprechen, ihn nach erfolgter Tat zu heiraten und zu einem reichen Mann zu machen. Er habe seinen Dienstherrn in jener Nacht mit einem Axthieb niedergestreckt. Da dieser aber noch am Leben gewesen sei, habe ihn Frau Geist aufgefordert, ein zweites Mal zuzuschlagen, was er dann auch getan habe.

Schon vorher habe sie öfters über Misshandlungen seitens ihres Mannes geklagt und verschiedene Pläne geschmiedet, wie dieser aus dem Weg zu räumen sein könnte. So habe sie angeregt, ihn beim Angeln zu ertränken oder ihm Gift zu verabreichen, das Bechtel auf ihr Geheiß bereits einem Kammerjäger entwendet hatte. Ein andermal hieß es, der Ehemann solle die Treppe oder von einem Gerüst in der Scheune hinuntergestoßen oder erschossen werden. Nötigenfalls sollte ein Freund Bechtels, „ein Mensch von ausgezeichnet gefährlichem Charakter", bei dem Mordprojekt helfen, der auch seine Unterstützung zusagte, aber an der Tat nicht direkt beteiligt war.

Das Hofgericht in Gießen verurteilte Bechtel und die Witwe als „intellectuelle Urheberin" am 11. April 1829 zum Tode. Der

Freund Bechtels kam mit einigen Monaten Zuchthaus davon. Das Oberappellationsgericht bestätigte am 13. November 1829 das über Bechtel gefällte Todesurteil, welches am 22. Dezember 1829 vollstreckt wurde, während das gegen Frau Geist verhängte Todesurteil auf dem Wege der Begnadigung in eine lebenslängliche Zuchthausstrafe umgewandelt wurde: „Und so kam es, daß die Anstifterin das Leben davon trug, das Opfer ihrer Verführung aber es auf dem Schaffot lassen mußte."[22]

Letzte Hinrichtung mit dem Schwert: Johannes Heß aus Nieder-Ohmen, 1837

Der in Nieder-Ohmen im früheren Landgerichtsbezirk Grünberg geborene Johannes Heß arbeitete nach seiner Konfirmation als Hirtenjunge, Knecht und Tagelöhner. Obwohl ihm von seinen verschiedenen Dienstherren kein nachteiliges Zeugnis erstellt wurde, sagten sie doch von ihm, „daß er dem Trunke, der Putzsucht und der Liebe zum andern Geschlecht ergeben gewesen sei". Ende des Jahres 1834 wurde er wegen Diebstahls zu vier Wochen Bezirksgefängnis und im Februar 1835 zu einer dreimonatigen Korrektionshausstrafe verurteilt, die er bis zum 12. Juli 1835 verbüßte. Nicht viel später, am 10. August 1835, ließ er sich zu einem weit schwereren Verbrechen hinreißen, welches ihn im Alter von 35 Jahren der Todesstrafe entgegenführte.

An jenem Augusttag machte er in Friedberg, wo er als Tagelöhner Arbeit gefunden hatte, in einem Wirtshaus die Bekanntschaft von Katharina Steeg. Diese kam gerade aus ihrem Geburtsort Nastätten im Herzogtum Nassau, wo sie zwecks einer Heirat „ihr in 240 fl. [Florin] bestehendes Vermögen erhoben hatte". Sie beabsichtigte, in Reiskirchen ihr Kind abzuholen, um sich anschließend mit dem Vater des Kindes im Kurhessischen zu vermählen. Dass ihr in Reiskirchen in Pflege befindlich gewesenes Kind inzwischen Ende Juli 1835 gestorben war, wusste sie nicht.

In dem Wirtshaus erkundigte sie sich nach einem Führer nach Lich, das sie noch am selben Tag erreichen wollte. Heß, der aufgrund ihrer leichtfertigen Äußerungen mitbekommen hatte, dass sie einiges an Barschaft mit sich führte, bot sich gegen ein geringes Entgelt und freie Wegzehrung als Begleiter an. Er versicherte, den Weg gut zu kennen. Nachdem sie sich gegen halb 12 Uhr mittags auf den Weg gemacht hatten, kamen sie gegen 14 Uhr in Steinfurth und zwischen 16 und 17 Uhr in Muschenheim an, wo sie sich mit alkoholischen Getränken sowie Brot und Käse stärkten. Statt nun aber geradewegs nach Lich zu gehen, führte Heß die Frau wieder in Richtung Bellersheim und Münzenberg zurück, dann wieder in die andere Richtung nach Langsdorf. Offensichtlich ging Heß diese Umwege, um die Dunkelheit abzuwarten und seinen Plan, die Frau zu berauben, besser ausführen zu können.

So wurde es bereits dämmrig, als sie aus einem Wald kommend endlich Lich vor sich liegen sahen. Frau Steeg setzte sich nieder, um sich auszuruhen. Sie holte aus einem Beutel ein Milchbrötchen und ein etwa handlanges Messer hervor, mit dem sie das Brötchen durchschnitt, um es mit ihrem Begleiter zu teilen. Was nun geschah, schilderte Heß später folgendermaßen: „Er habe sich nun zu ihr gesetzt, worauf sie das Messer genommen, an ihrem Nagel geschabt und gesagt habe, ‚sie meine das Messer müsse gut schneiden.' Er habe nun das Messer genommen und betrachtet, und er wisse nicht, wie es über ihn gekommen, aber er habe gesagt: ‚man meint, das Messer müsse auch gut Fleisch schneiden', und damit habe er es ihr in den Hals gestochen. Wie er ihr den Stich gegeben, sei sie noch einmal aufgesprungen, aber sogleich wieder hingefallen."[23]

Dann schleppte er sie in ein Gebüsch, bedeckte die Blutflecken mit Laub und Reisig und nahm verschiedene Gegenstände sowie das Geld der Ermordeten an sich. Das Todesröcheln seines Opfers verglich er mit dem Ton, der hervorgebracht würde, „wenn man in eine herausgeschnittene Gänsegurgel blies". Die durch die hohen Temperaturen stark verweste Leiche wurde erst einige Tage später gefunden, am 14. August 1835. Ob auch eine Vergewaltigung begangen wurde, konnte nicht mehr festgestellt werden. Die oft nicht ganz zutreffenden Stellungnahmen des Gerichtsarztes veranlassten Wilhelm Ludwig Demme in seinem „Buch der Verbrechen" (1851) dazu, diesen als „Schwachmattikus" zu bezeichnen.[24]

Bei der Identifizierung der Toten half der Umstand, dass auf einem Kleidungsstück die Buchstaben „K. St." standen. Der Bauer aus Reiskirchen, bei dem das Kind der Ermordeten in Pflege gewesen war, erfuhr hiervon und zeigte an, dass dies die Initialen der Mutter Katharina Steeg sein könnten, auf die er bereits wartete. Auch der Bräutigam der Ermordeten wurde zur Identifizierung herbeizitiert. Unter Tränen bestätigte er, dass die an dem Leichnam aufgefundenen Kleidungsstücke diejenigen seiner Verlobten waren.

Nach einem zweitägigen Aufenthalt in Friedberg verdingte sich Heß nach der Tat als Knecht in Okarben, wo er eine große Unruhe an den Tag legte. Am 19. August 1835 begab er sich zurück nach Nieder-Ohmen und wurde am 1. September in Burg-Gemünden verhaftet, nachdem er „weibliche Kleidungsstücke und auffallend viel Geld hatte sehen lassen". Es gab etliche Zeugen, welche Heß und seiner Begleiterin auf ihrem Fußmarsch begegnet waren und ihn jetzt wiedererkannten. Er ging bei den Ermittlungen und Verhören offensichtlich davon aus, dass ihn nicht die Todesstrafe treffen könne, wenn er die Absichtlichkeit der Tat leugnete. So legte er viel Wert darauf zu betonen, dass er betrunken gewesen sei, und gab irrationalerweise sogar der Ermordeten Schuld, denn sie hätte, so Heß, „gescheidter sein sollen wie ich, und das Messerchen wieder wegthun sollen. Man meint aber, es hätte Alles so sein sollen."[25]

Als das am 3. Dezember 1836 vom Hofgericht in Gießen über ihn verhängte Todesurteil dort am 23. Mai 1837 vollstreckt werden sollte und Heß gegen 11 Uhr nach „Hegung des hochnothpeinlichen Halsgerichts" auf dem Markt auch schon in Gegenwart einer großen Menschenmenge an dem eine Viertelstunde vor der Stadt errichteten Schafott angekommen war, erklärte er plötzlich, dass nicht er, sondern ein Fremder den Raubmord begangen habe. Hierauf blieb dem für die Vollstreckung des Urteils zuständigen Kriminalrichter nichts anderes übrig, als Heß zum Erstaunen der neugierigen Menge vom Richtplatz wieder in die Stadt ins Gefängnis zurückführen zu lassen. Die bei der dortigen Vernehmung von ihm gemachten Aussagen erschienen dem Gerichtshof indes so unglaubwürdig, dass Heß noch am gleichen Tag gegen 17 Uhr ein zweites Mal zum Richtplatz geführt wurde, wo Scharfrichter Franz Josef Rettig aus Ettlingen die Hinrichtung mittels des Schwertes vornahm.

Am Tag zuvor hatte Heß einem Wache haltenden Unteroffizier mitgeteilt, wo das gestohlene Geld vergraben sei, „mit dem Bemerken, er möge sich dasselbe holen". Der Unteroffizier hingegen zeigte dies sofort an, woraufhin man tatsächlich an der angegebenen Stelle im Wald bei Lich etwa die Hälfte des Geldes fand. Hier befanden sich auch einige Kleidungsstücke der Ermordeten sowie ein blutbeflecktes Messer, offensichtlich die Tatwaffe, von der Heß behauptet hatte, sie im Wald weggeworfen zu haben.

Seine Hinrichtung war die letzte im Großherzogtum Hessen, die mit dem Schwert erfolgte. Durch Verordnung vom 19. Oktober 1841 wurde im Großherzogtum bestimmt, dass die Enthauptung der zur Todesstrafe verurteilten Verbrecher fortan mittels des Fallbeils vollzogen werden sollte.[26]

Verabscheuungswürdiges Verbrechen in Nidda, 1841

Wie seine Mutter und seine sechs Geschwister angaben, hatte der im August 1814 in Braunschweig geborene Franz Wilhelm Theodor Vahlberg in seiner Jugend „einen wilden leichten Sinn gezeigt und von dem Vater viele und derbe Züchtigungen erhalten". Eine Lehre bei einem Braunschweiger Schuhmacher beendete er bereits nach 14 Tagen, worauf er bei seinem Vater die Drechslerprofession zu erlernen suchte. Weil er aber dazu keine Geduld hatte „und das Schrauben-Schneiden nicht begreifen konnte", trat er eine Maurerlehre an. Bei seinem Meister in Braunschweig blieb er beinahe drei Jahre, ehe er wegen „Neigung zum Trunk und Widerspenstigkeit" fortgeschickt wurde. Während dieser Zeit hatte er sich mit seinen Handwerksgesellen wie auch mit seiner Mutter und seinen Brüdern häufig gezankt und geschlagen. Im Februar 1834 befand er sich wegen „Straßen-Unfugs" zum ersten Mal in polizeilicher Haft.[27]

Auch nach seiner Militärzeit 1835/36 änderte Vahlberg sein Verhalten nicht. Er trieb sich in schlechter Gesellschaft herum, vertrank jeden Kreuzer, besuchte die Braunschweiger Bordelle und sank schließlich so tief, dass er betteln musste. Wenn er betrunken war, fing er im Vertrauen auf seine Körperkraft mit seinen Brüdern Streit an, die ihm schließlich nichts mehr zu sagen wagten.

Da er inzwischen zehn Mal wegen „Straßen-Unfugs, Trunkenheit und Bettelns polizeilich bestraft" und erfolglos unter die spezielle Aufsicht eines Polizeidieners gestellt worden war, wurde er im Februar 1837 als „habitueller Trunkenbold und Müssiggänger" in die Besserungsanstalt Bevern eingeliefert. Hier erhielt er durch eine Beschäftigung bei einem Maurermeister in Holzminden die Gelegenheit, seine Lehre abzuschließen und somit als Geselle zu arbeiten. Abends musste er sich wieder in der Anstalt einfinden. Etwa drei Monate nach seiner Einlieferung unternahm er einen Fluchtversuch, wurde aber wieder aufgegriffen und mit 20 Hieben bestraft. Trotz der Ermahnung, dass jeder Verstoß auf das Schärfste mit körperlicher Züchtigung geahndet würde, folgten noch weitere Vergehen. Eines Morgens begegnete er auf dem Weg nach Holzminden einigen Frauen, „entblößte seine Schaamtheile und ging so auf diese zu, worüber er selbst nur anführte, daß er sein Wasser abgeschlagen und dabei den Weibsleuten sein Glied gezeigt habe".[28]

Nach seiner Entlassung aus der Anstalt im März 1840 begab er sich auf Wanderschaft, die ihn unter anderem nach Kassel, Mainz, Wiesbaden, Köln, Westönnen (Ortsteil von Werl in Westfalen) und vorübergehend zurück nach Holzminden führte. Als er im Juni 1840 ein zweites Mal und von allen Mitteln entblößt nach Frankfurt kam, ließ er sich erneut zum Militär anwerben. Schon Anfang des folgenden Jahres verurteilte ihn eine Militärkommission wegen Bettelns, öffentlicher Trunkenheit und „groben Betragens" zu vierwöchigem scharfen Arrest und zum Ausschluss aus dem Militär. Nach Verbüßung der Arreststrafe wendete sich Vahlberg nach Heidelberg und Hanau, wo er erfuhr, dass zwei Meister aus Nidda Gesellen suchten. So kam er am 8. März 1841 dorthin.

Nur wenige Monate später, am Sonntag, dem 13. Juni 1841, wurde die Stadt durch ein Verbrechen in Aufruhr versetzt, welches „an Verabscheuungswürdigkeit Alles überbietet, was die Geschichte von ähnlichen Gräueln aufgezeichnet hat", wie es in der Presse hieß. Am Abend jenes Tages gegen halb acht vermisste die Frau von Weigand Diehlmann aus Nidda ihr zwei Jahre altes Töchterchen. Von einer Nachbarin erfuhr sie, dass der „Braunschweiger Maurergeselle" (Vahlberg) mit dem auf der Straße spielenden Kind weggegangen sei. Als sich nun die Eltern und einige Nachbarn in der von Vahlberg eingeschlagenen Richtung auf die Suche machten, fand Frau Diehlmann ihr Kind blutend in einem nahe gelegenen Kornfeld vor: „Es lag, mit Kleidern bedeckt und mit einer von der Mutter bemerkten Schnittwunde am Hals, mit geschlossenen Augen auf dem Rücken und hatte die beiden Händchen, womit es einen Strohhalm hielt, fest zusammengeballt." Nach erfolglosen Wiederbelebungs- und Rettungsversuchen starb das Kind, an dem auch sexuelle Handlungen vorgenommen worden waren, einige Stunden später.

Wie aus dem Geständnis des kurz darauf verhafteten Vahlberg hervorgeht, der nur mit größter Mühe dem Zorn der Bevölkerung entrissen werden konnte, hatte er an jenem Sonntag eine Auszahlung von seinen Arbeitgebern erhalten und einen Teil des Geldes gleich für Branntwein und Bier ausgegeben. Am Abend, so Vahlberg, sei er zu dem spielenden Kind hingegangen, habe ihm versprochen, ihm etwas zu kaufen und habe es in das Kornfeld getragen. Unterwegs, ehe er auf den von ihm eingeschlagenen Dauernheimer Fußpfad gekommen sei, habe er den Gedanken gefasst, sich an dem Kind zu vergehen. Er habe „sich vor dasselbe gekniet, seine Geschlechtstheile entblößt und gesucht, an demselben, das geweint, seinen Geschlechtstrieb zu befriedigen. Weil ihm dieses aber nicht gelungen sei, indem die Scheide zu eng gewesen, so habe er den Entschluß gefaßt, das Kind zu tödten."

Dies tat er, so Vahlberg in seinem schauerlichen Geständnis weiter, indem er dem Kind zwei Stiche in den Hals versetzt habe, wobei ihm die Messerklinge abgebrochen sei. Mit der Klinge habe er dann „die Geschlechtstheile des Kindes oben nach dem Bauche zu ein wenig aufgeschlitzt", um die Scheide zu erweitern. Hierauf habe er sich „auf das Kind gelegt; ein wenig, nicht viel, sei er mit seinem Gliede in die Scheide gekommen, ohne seine Wollust zu befriedigen; dann sei er zu sich gekommen, weil ihn die Angst erfaßt habe, fortgelaufen, die Messerklinge an dem Ort der That liegen lassend, den Stiel wegwerfend."[29]

Auf der Grundlage des neuen Strafgesetzbuches des Herzogtums, das am 1. April 1842 in Kraft getreten war, wurde Vahlberg am 3. September 1842 in erster Instanz wegen Mordes vom Hofgericht Gießen zum Tode verurteilt. Der Verteidiger versuchte darzulegen, dass die Tat nicht mit Vorbedacht im Sinne eines Mordes, sondern im Affekt in einem „Zustande von Sinnenbetäubung und Sinnenaufregung" als Tötung begangen worden sei. Das Oberappellationsgericht in Darmstadt aber verwarf am 13. Januar 1843 die Revision als unbegründet und bestätigte das Urteil aus erster Instanz.

Da auch Großherzog Ludwig II. am 1. Februar 1843 dem Todesurteil zustimmte, er von seinem Begnadigungsrecht also keinen Gebrauch machte, stand die Hinrichtung Vahlbergs mit der Guillotine bevor. Aus einem Schreiben des Ministeriums des Innern und der Justiz von Anfang Februar 1843 geht hervor, dass es zu jener Zeit nur eine Guillotine im Großherzogtum gab, die sich in Mainz befand und nun nach Gießen transportiert werden musste. Gleichzeitig erging die Verfügung, dass die Guillotine nach ihrem Gebrauch in Gießen verbleiben und für die beiden anderen Provinzialhauptstädte Darmstadt und Mainz jeweils eine weitere Guillotine angeschafft werden sollte.

Als Vahlberg die Bestätigung des Todesurteils mitgeteilt wurde, protestierte er dagegen, indem er sich darauf berief, dass der Mörder einer Frau in seiner Heimat nur eine Zuchthausstrafe erhalten habe. Er kannte die Wirkungsweise der Guillotine, die er in Straßburg selbst einmal miterlebt hatte. Die dreitägige Frist von der Mitteilung bis zur Exekution war zu kurz, „um einen zur Wollust herabgesunkenen, doch seinem Stande gemäß vollkommen verständigen Menschen wieder zu erheben, sein Verlangen war auch jetzt nach Speise und Trank gerichtet. Nur zweimal in jener Frist, durch warmen religiösen Zuspruch auf das ganze Bild seines Lebens und auf das Jenseits hingewiesen, zeigten sich bei ihm die Schauer des Todes, an seiner Stirn traten die Tropfen der Todesangst hervor."[30]

Seine Hinrichtung am 7. Februar 1843 war die erste, die auf dem rechten Rheinufer mit der Guillotine vorgenommen wurde. Da zur Stunde der Vollstreckung dichte Schneeflocken fielen, musste man die Fugen bedecken, in welchen sich das Fallbeil bewegte, damit es ungehindert wirken konnte. Zur Hinrichtung heißt es: „Mainzer erfahrene Scharfrichter erwarteten den Delinquenten. Bei seiner Ankunft ward der schon vorher mit der sog. Toilette versehene von ihnen in Empfang genommen, gebunden, an das Brett geschnallt, dieses umgelegt und unter das oben blinkende Beil geschoben. In einem Augenblicke hatte der Henker die Banden des Beils gelöst und der Kopf war vom Rumpfe getrennt." Die Einführung der Guillotine wurde in der Presse gelobt, „da sie mehr Sicherheit bietet, als die bisherige Hinrichtungsart, und es dem Gemüthe weniger schrecklich ist, wenn durch eine Maschine, als von Menschenhand, der Todesstreich geführt wird".[31]

Eine Doppelhinrichtung und „buntes Gedränge", 1845

Der in seinem Wohnort Freiensteinau im Vogelsbergkreis allgemein geachtete Johannes Fehl (mehrere Zeugen nannten ihn den „Besten im ganzen Dorfe") war seit 1824 mit seiner Frau Anna Sybilla, geborene Jäger, verheiratet. Die Verbindung war kinderlos geblieben. Die Eheleute nahmen aber ein Pflegekind auf, nämlich den ältesten Sohn des 1813 geborenen Tobias Franz aus Freiensteinau. Sie beabsichtigten sogar, ihren Pflegesohn zum Universalerben einzusetzen. Der ebenfalls sehr begüterte Franz war mit den Fehl'schen Eheleuten in nahe Verbindung gekommen, da er die Stiefschwester von Frau Fehl geheiratet hatte, was ihn im Frühjahr 1841 aber nicht davon abhielt, auch mit Letzterer, die 13 Jahre älter war als er, ein Verhältnis anzuknüpfen.

Johannes Fehl ertappte die beiden, stellte seine Frau zur Rede und verbot Franz das Haus. Bald darauf wurden bei Fehl die Fenster eingeschlagen und die Scheune in Unordnung gebracht. Franz, den viele wegen seines „brutalen, zu Chicanen hinneigenden Benehmens" mieden, wurde von den Dorfbewohnern als derjenige bezeichnet, der sich dieser „boshaften Streiche" schuldig gemacht habe. Nachdem er im Januar 1842 von dem Verdacht, einen Feldschützen getötet zu haben, freigesprochen und aus der Haft entlassen worden war, erhielt er wieder Zutritt in das Haus seines Schwagers und setzte „seine verbrecherische Beziehung zu dessen Ehefrau in gesteigerter Weise fort". In jenen Fall des getöteten Feldschützen war auch der Mann einer seiner Schwestern (Sybilla), Johannes Muth, verwickelt, der aber aus der Haft entfloh und mithilfe von Franz nach Amerika auswanderte, wohin ihm dieser mit seiner Schwester zu folgen versprach.[32]

Um sich seine ältere Geliebte „ganz zu eigen zu machen", wahrscheinlich aber noch mehr aus dem Grund, über Fehls nicht unbedeutendes Vermögen frei schalten zu können, begann Franz nun, Mordpläne gegen ihn zu schmieden. Wie Frau Fehl später angab, habe Franz ihr schon im Sommer 1842 vorgeschlagen, ihr Mann „solle aus dem Wege geräumt werden; nächstdem wolle er mit ihr, der Schwägerin, die ihr Besitzthum veräußern solle, und mit seinem ältesten und jüngsten Kinde nach Nordamerika auswandern, seine Ehefrau aber nebst seinen beiden andern Kindern zurücklassen."[33]

Franz wollte die Tat aber nicht selbst ausführen. Er fand nach langen Überredungskünsten in der Person des etwas jüngeren, vorbestraften Zimmermanns und Tagelöhners Nikolaus Fehl (nicht mit Johannes Fehl verwandt) aus Freiensteinau einen Komplizen, der sich schließlich bereiterklärte, die Mordtat gegen eine entsprechende Entlohnung zu verüben. Der Plan, Fehl vor dessen Haus zu erschießen, fand keine Billigung, und so wurde die Naxburg, ein Walddistrikt bei Freiensteinau, zur Ausführung ausersehen. Von der Tatsache, dass sich ganz in der Nähe des gewählten Tatortes eine ehemalige Hinrichtungsstätte, ein Galgen, befand, ließen sich die beiden nicht abschrecken. Einige Tage vor der Tat brachte Franz seine Flinte in die Wohnung des in ärmlicheren Verhältnissen lebenden Nikolaus Fehl und versteckte sie, da er denselben nicht zu Hause antraf, in dessen Bett. Auch ein gefülltes Pulverhorn ließ er zurück.

So kam der Tag des Verbrechens heran, der 3. November 1842. Franz hatte Johannes Fehl überredet, mit in die Naxburg zu gehen, um Holz für eine neue Deichsel zu stehlen, und „der sonst dem Holzfrevel nicht ergebene gutmüthige und gefällige Mann" hatte zugestimmt. Während Letzterer an jenem Tag morgens zum Holzspalten im Wald war, eröffnete Franz seiner Schwägerin, dass ihr Mann abends im Wald erschossen werden würde, und vollzog anschließend den Beischlaf mit ihr. Gegen 18 Uhr erschien Franz wieder im Haus des inzwischen zurückgekehrten Johannes

Fehl, und nachdem er sich davon überzeugt hatte, dass dieser mitgehen werde, wies er Nikolaus Fehl an, sich mit der Flinte in die Naxburg an eine bestimmte Stelle („vorn im Spitzbubenweg beim Galgen") zu begeben. Er selbst werde Johannes Fehl dorthin locken, „und die Sache sollte dann vor sich gehen".[34]

Gegen halb sieben abends holte Franz den Ehemann ab. Auch seine in die Tötungsabsichten nicht eingeweihte Schwester, Frau Muth, nahm er mit, um eine Zeugin zu haben, dass er nicht derjenige gewesen sei, der auf Fehl geschossen habe. Als sie am Wald ankamen, weigerte sich diese aber weiterzugehen, da sie Angst habe. So wurde sie am Saum des Waldes als Wache zurückgelassen. Während beide Männer schon einen Baum gefällt hatten und sich Franz auf die Suche nach einem geeigneten zweiten machte, schlich er heimlich zu Nikolaus Fehl und gab ihm letzte Instruktionen. Als sich Franz und Johannes Fehl nun mit Baumstangen beladen auf den Rückweg machten, ließ Franz seinen Begleiter vorausgehen. Dieser war schon einige Schritte an dem im Hinterhalt lauernden Nikolaus Fehl vorbei, als Franz durch ein Husten ein verabredetes Zeichen gab, dass sein Komplize nun zur Tat schreiten sollte. Sogleich schlich dieser dem vorausgehenden Johannes Fehl nach und streckte ihn in einem Abstand von ungefähr drei Schritten mit einem Schuss nieder, der auch im benachbarten Dorf Salz zu hören war. Da er nicht gleich tot war, verlor Franz seine sonstige Bedachtsamkeit und versetzte dem Schwerverletzten einen Schnitt in den Hals, der ihn später selbst als Täter verdächtig machte. Johannes Fehl starb aber nicht an diesem Schnitt, sondern an den Schussverletzungen. Auf ihrem eiligen Rückweg nach Freiensteinau gab Fehl seinem Komplizen das Gewehr wieder zurück, der es in einen Bach tauchte, damit es den Pulvergeruch verlieren sollte.

Franz begab sich nun nach Hause und berichtete seinen Angehörigen, dass im Wald auf Fehl geschossen worden sei – eine Nachricht, die zwischen 23 und 24 Uhr im Dorf die Runde machte. Einige Bewohner begaben sich zum Haus von Franz und trafen diesen in der Oberstube mit Frau Fehl an. Er sei anfänglich nicht geneigt gewesen, so die Zeugen, nochmals in den Wald mitzugehen, habe sich aber dann doch dazu entschlossen, ebenso wie Frau Fehl. Als die Gruppe am Tatort ankam, fand sie den angeschossenen 45-Jährigen noch lebend vor. Er konnte aber nicht mehr sprechen und starb unmittelbar darauf. Die „Frechheit des intellectuellen Urhebers" des Verbrechens (Franz) ging so weit, dass er „die Leiche seines Opfers in das Dorf tragen half".[35]

Franz wollte bei seiner Anhörung den Eindruck erwecken, Johannes Fehl sei beim Holzdiebstahl ertappt und von einem Forstbediensteten erschossen worden, was sich aber als unhaltbar erwies. In seinem Haus wurde die Tatwaffe in einem Versteck entdeckt. Im Laufe der Ermittlungen räumten die inzwischen verhafteten Angeschuldigten nach und nach die Tat ein. Die in die Untersuchungen miteinbezogene Frau Muth hängte sich „von Gewissensbissen gefoltert" im Juli 1843 im Gefängnis an ihrem Halstuch auf. Bei einer Gegenüberstellung mit Franz warf ihm die Witwe Fehl vor: „Ich bin schlecht genug gewesen, daß ich mich von Dir habe verführen lassen; acht Jahre lang haben wir Deinen Sohn gepflegt, was hast Du dafür bei meinem Mann geheuchelt! Gegen meinen Mann hast Du Dich gestellt, als wenn Du noch so tugendhaft wärst!"[36]

Franz ging während seiner Haftzeit dazu über, eine Geistesstörung vorzutäuschen. Er sprach nicht mehr, tat so, als habe er das Gedächtnis verloren, trank und aß tagelang nichts und verunreinigte sein Lager, gab aber später nach strenger Beobachtung selbst zu, simuliert zu haben. Offensichtlich hatte er vorgehabt, in ein benachbartes, unbewachtes Hospital verlegt zu werden, um von dort aus flüchten zu können. Dass er in jener Phase wegen seines „trotzigen Benehmens" und seiner „halsstarrigen Verweigerung der Antwort" mit zahlreichen Hieben (einmal „20 Streiche aufs Gesäß", ein anderes Mal zwei Hiebe) körperlich gezüchtigt und ihm mit „scharfen Riechmitteln" zugesetzt worden war, traf nicht immer die Zustimmung der Rechtsgelehrten, wie auch die

Der als Richtplatz dienende Trieb bei Gießen in den 1920er-Jahren.

Tatsache, dass die Untersuchung zeitweise verschleppt worden war.[37]

Durch Urteil des Hofgerichts in Gießen vom 21. August 1844 wurden Franz und Nikolaus Fehl zum Tode verurteilt. Die Witwe Anna Sybilla Fehl erhielt als Gehilfin eine 16-jährige Zuchthausstrafe, die jedoch in zweiter Instanz am 18. Dezember 1844 in Darmstadt auf zwölf Jahre gemindert wurde. Sie starb später in der Strafanstalt. Großherzog Ludwig II. bestätigte am 18. Januar 1845 die Todesurteile. Zu deren Vollstreckung geleitete man die beiden Verurteilten am Morgen des 15. Februar 1845 aus dem Arresthaus in die auf dem Marktplatz vor dem Gießener Rathaus errichteten Schranken und las ihnen nochmals die Urteile vor.

Hierauf wurde ihnen der Stab gebrochen, und man führte sie dann auf eine Anhöhe, den Trieb, wo die Guillotine aufgerichtet worden war.

Der in Anwesenheit einer großen Menschenmenge (etwa 12.000) zuerst hingerichtete Nikolaus Fehl starb mit „Ruhe und Ergebung", nicht aber Franz, der alle geistlichen Tröstungen von sich wies, die ihm von Fehl „gebotene Versöhnungshand zurückstieß, in seiner Verstockung Unrecht zu leiden behauptete und dieses noch einmal vom Schaffot erklären wollte, aber durch Trommelwirbel hieran verhindert wurde".[38]

In der Presse beklagte man, dass die Hinrichtung den Eindruck eines Volksfestes hinterlassen habe. So schrieb ein Mitarbeiter der „Frankfurter Oberpostamts-Zeitung": „Das bunte Gedränge, der übermäßige Genuß von Spirituosen tragen dazu bei, die dem ungebildeten Menschen innewohnende Lust an grauenhaften Scenen zu nähren, und statt ernster Betrachtungen, die man in der Seele des Zuschauers zu veranlassen glaubt, hört man nichts als schlechte Spässe aus dessen Mund. Während ich dieses

Gesetz,
die Aufhebung der Todesstrafe betreffend.

LUDWIG III. Großherzog von Hessen und bei Rhein rc. rc.

Zur Ausführung der im Reichsgesetze vom 27. December 1848, die Grundrechte des deutschen Volks betreffend, im §. 9 enthaltenen Bestimmung:

daß die Todesstrafe, ausgenommen wo das Kriegsrecht sie vorschreibt, oder das Seerecht im Fall von Meutereien sie zuläßt, abgeschafft ist,

haben Wir, nach Anhörung Unseres Staatsraths und mit Zustimmung Unserer getreuen Stände, verordnet und verordnen, wie folgt:

Artikel 1.

Bei den mit Todesstrafe zu ahndenden Verbrechen soll, soweit diese Strafart durch das gedachte Reichsgesetz abgeschafft ist, statt der Todesstrafe auf lebenslängliche Zuchthausstrafe erkannt werden.

Artikel 2.

Das gegenwärtige Gesetz tritt mit dem Tage seines Erscheinens im Regierungsblatte in Kraft.
Urkundlich Unserer eigenhändigen Unterschrift und des beigedrückten Staatssiegels.

Darmstadt am 11. April 1849.

(L. S.)   **LUDWIG.**

Kilian.

Veröffentlichung im Großherzoglich-Hessischen Regierungsblatt betreffs Aufhebung der Todesstrafe, 1849.

schreibe, ziehen zahllose Haufen betrunkener Bauernburschen in vollem Jubel unter Absingen von Liedern ihrer Heimath zu."[39]

Einige Zeit lang kam es zu einer Aussetzung der Todesstrafe. Die Frankfurter Nationalversammlung beschloss am 27. Dezember 1848: „Die Todesstrafe, ausgenommen, wo das Kriegsrecht sie vorschreibt oder das Seerecht im Falle von Meutereien sie zuläßt, sowie die Strafen des Prangers, der Brandmarkung und der körperlichen Züchtigung sind abgeschafft." Die Einzelstaaten wurden zur Aufstellung übereinstimmender Grundsätze verpflichtet. Nachdem die Todesstrafe durch ein Gesetz vom 11. April 1849 im Großherzogtum Hessen aufgehoben worden war, wurde sie im Rahmen der politischen Restauration durch ein Gesetz vom 20. April 1852 wiedereingeführt.[40]

Erste Intramuranhinrichtung: Johannes Römer aus Allertshausen, 1855

Die Hinrichtungen von Franz und Nikolaus Fehl waren die letzten öffentlichen Exekutionen in Gießen, denn 1853 war in der Provinz Oberhessen die Intramuranhinrichtung eingeführt worden[41], d. h., die Hinrichtungen wurden fortan hinter den Mauern des Gefängnisses – auf dem Gefängnishof – mit einer stark eingeschränkten Anzahl von Anwesenden vollzogen. Der erste Delinquent, der im Gießener Gefängnis hingerichtet wurde, war der 31-jährige Ackersmann Johannes Römer IV. aus Allertshausen, einem Ortsteil der Gemeinde Rabenau. Seine Enthauptung fand am Morgen des 31. Mai 1855 um 6 Uhr mittels des Fallbeils statt. Er war durch Urteil des Großherzoglichen Assisenhofs (Schwurgerichts) der Provinz Oberhessen in Gießen vom 17. Januar 1855 wegen Ermordung des Feldschützen Adam Müller in Allertshausen und wegen Fälschung mit der Todesstrafe belegt worden.[42]

Christian Licher aus Garbenteich, 1859

Im Wald, etwa 700 Meter westlich des Albacher Hofes im Dreieck zwischen Garbenteich, Steinbach und Lich, befindet sich der „Petri-Stein", ein Gedenkstein, der folgende Inschrift trägt:

„Hier ward erschlagen am 23. Feb. 1859 Joh. Petri aus Albach Fürstlich Solms Licher Forstwart 78 Jahre alt. Der ihn erschlug ward zum Tode verurteilt am 13. April 1859 und enthauptet zu Gießen am 25. Juni 1859".

Der am frühen Morgen jenes Tages im Gießener Provinzialarresthaus mittels Guillotine hingerichtete Täter war der 25-jährige ledige Tagelöhner Christian Licher aus Garbenteich.[43] Auf dem Schafott brach der Delinquent in den Ruf aus: „Ich werde gestraft, weil ich mich an einem armen alten Manne vergriffen habe! Gott sei mir Sünder gnädig!"[44]

Ein weiterer Erinnerungsstein an ein Verbrechen befindet sich in Geiß-Nidda im Wetteraukreis, rechts der Straße vom Bahnhof nach Häuserhof. Er verweist auf einen Raubüberfall am 1. April 1863, bei dem der 65-jährige Fuhrmann Adam Müller (Möller) aus Eichelsachsen (Stadtteil von Schotten) umgebracht und beraubt wurde. Der Gießener Assisenhof verurteilte den Täter Johannes Herchenröder, Dienstknecht aus Storndorf, am 23. Juli 1863 zum Tode. Auf dem Weg der Begnadigung wurde die

Erinnerungsstein, in der Bevölkerung „Butterstein" genannt, bei Nidda/Bad Salzhausen.

Todesstrafe am 28. September 1863 in eine lebenslängliche Zuchthausstrafe umgewandelt.[45]

Raubmord zwischen Willofs und Grebenau, 1883

Nach einem längeren Hinrichtungsmoratorium war Sebastian Schneider aus Willofs, einem Stadtteil von Schlitz, am 29. Oktober 1883 der nächste Verurteilte, der auf dem Hof des Gießener Gefängnisses sein Leben lassen musste. Er war am 28. September 1883 nach einer dreitägigen Verhandlung vom Gießener Schwurgericht wegen Raubmordes zum Tode verurteilt worden, nachdem er am 22. März 1883 auf dem Weg zwischen Willofs und Grebenau Mord an Aron Weihl aus Grebenau begangen und ihn ausgeraubt hatte.[46]

Gießener Justizgebäude mit angeschlossenem Gefängnis, etwa 1880.

Als Schneider in Begleitung des ersten Stadtpfarrers auf den Hof geführt wurde, machte er einen sehr niedergeschlagenen Eindruck: „Während des Gebetes des Pfarrers war er schon fast halbtodt und mußte von Gendarmen gehalten werden, da er hinzufallen drohte." Die Hinrichtung, zu der er „fast zur Guillotine getragen" werden musste, nahm der sächsische Scharfrichter Moritz Brand vor.[47] Während der Exekution ertönte vom Friedhof her das Armesünderglöckchen. Die Verbindung vom Gefängnis zur Friedhofskapelle war mittels einer Signalkette hergestellt worden, die von Mannschaften des Regiments gebildet wurde. Eine große Menschenmenge umstand das Justizgebäude, welches durch Militär, Gendarmerie und Schutzleute abgesperrt war.[48]

„Jetzt lassen wir uns nichts mehr gefallen"

Unter der Anklage des Vatermordes standen am 21. und 22. März 1890 der noch nicht 18 Jahre alte Johannes Kretschmar und dessen neun Jahre älterer Stiefbruder Johann Georg Häuser, beide aus Bobenhausen (Ortsteil der Stadt Ulrichstein), vor dem Gießener Schwurgericht. Der ermordete Heinrich Kretschmar, ein „roher, dem Trunke ergebener Mensch", hatte seine Familie öfters misshandelt. Er ließ seinen Stiefsohn Johann Georg zu einem zuchthauserprobten „Stromer und Verbrecher" werden und neigte dazu, seinen Sohn Johannes „fürchterlich zu peinigen".[49]

Häuser wohnte zuletzt in Hochheim am Main, wo er als Heizer in einer Zuckerfabrik tätig war und im Oktober 1899 heiratete. Die Zeit, welche er in Gefängnissen und Zuchthäusern zubringen musste, gab er seiner Frau gegenüber als „Militärzeit" aus. Auch sein jüngerer Stiefbruder arbeitete eine Zeit lang in der Zuckerfabrik, kehrte aber auf Drängen des Vaters wieder nach Bobenhausen zurück.

Über den Eindruck, den Johannes Kretschmar vor Gericht machte, schrieb der „Gießener Anzeiger": „Sein keckes Auftreten und das cynische Lächeln, welches zeitweilig bei ihm bemerkbar ist, lassen erkennen, daß es eine gute Schule war, in welche er gerathen, als ihn sein mitangeklagter Stiefbruder in seine Obhut nahm."[50]

Am 12. Dezember 1899 musste Vater Kretschmar, der das Gewerbe eines umherziehenden Spenglers betrieb, in Geschäftssachen nach Zeilbach, schützte jedoch Müdigkeit und die fortgeschrittene Tageszeit vor. Schließlich fügte er sich dem Drängen seines Stiefsohnes und machte sich mit ihm und Johannes auf den Weg, jeder mit einem „handfesten Stecken" versehen. Nach Erledigung der Geschäfte in Zeilbach und einer üblichen Stärkung in einer Gastronomie kehrten sie auf dem Rückweg auch in Ober-Ohmen in eine Wirtschaft ein. Ein unter ihnen ausgebrochener Streit, der beinahe in Tätlichkeiten übergegangen wäre, führte zu ihrem Hinauswurf. Der Vater erklärte, er bliebe über Nacht in Ober-Ohmen, „er wolle sich von seinen Söhnen nicht todtschlagen lassen". Er ging darauf in eine andere Wirtschaft, wohin ihm die Söhne folgten. Als er ihrer Aufforderung, den Heimweg fortzusetzen, nicht Folge leistete, zerrten sie ihn auf die Straße, wo Häuser ihn mehrmals mit dem Stock schlug und ihm zurief: „Früher hast Du mich mißhandelt, jetzt lassen wir uns nichts mehr gefallen."[51] Obgleich sich der Vater sträubte, führten sie ihn zum Ort hinaus. Zeugen hörten nicht viel später einen Schuss fallen.

Anderntags fand man die Leiche des Vaters mit einer Schrotladung im Kopf etwa eine halbe Stunde von Ober-Ohmen entfernt und verhaftete die Söhne. Diese hatten nach ihrer Heimkehr gemächlich zu Abend gegessen und ihrer Mutter Dorothea gegenüber so getan, als sei nichts vorgefallen. Sie wunderte sich offensichtlich nicht über das Fehlen ihres Mannes, da dies öfters vorkam. Die Brüder wurden an den Tatort geführt, wo sich herausstellte, dass ihre Schuhabdrücke genau zu dort im Schnee vorgefundenen Fußstapfen passten. Die Angeklagten leugneten die Tat und gaben vor Gericht an, ihr Vater habe nicht mehr mit ihnen weitergehen, sondern nach Ober-Ohmen zurückkehren wollen, um dort zu übernachten. Sie hätten ihn ziehen lassen und wären alleine nach Hause zurückgekehrt.

Das Schwurgericht verurteilte Häuser am 22. März 1890 wegen Mordes zum Tode, sein Stiefbruder kam mit zwölf Jahren Gefängnis davon. Das Gericht sah es als erwiesen an, dass sie mit einem Terzerol (Vorderladerpistole) auf ihren Vater geschossen und ihm anschließend noch Stockschläge zugefügt hatten, um sich an ihm zu rächen.[52] Einige Tage nach der Urteilsverkündung legten die beiden ein Geständnis ab.[53] Das über Häuser gefällte Todesurteil wurde nach der Bestätigung durch Großherzog Ludwig IV. am Morgen des 17. Juni 1890 auf dem Hof des Gießener Provinzialarresthauses durch Scharfrichter Brand vollstreckt. Der Hinrichtung wohnten außer den nach dem Gesetz aufzubietenden zwölf Urkundspersonen noch etwa 50 andere Personen bei, denen mit Genehmigung des Staatsanwalts der Einlass gestattet worden war.[54]

Streit wegen einer Bürgschaft, Rainrod 1898

An gleicher Stelle, genauer gesagt auf dem hinteren Hof des Gefängnisses, nahm Scharfrichter Brand am 8. Juni 1898 die nächste Guillotinierung vor. Bei dem Hingerichteten handelte es sich um den am 10. März 1898 vom Gießener Schwurgericht zum Tode verurteilten 63-jährigen Handarbeiter Carl Conrad IV. aus Rainrod (Stadtteil von Schotten). Dieser hatte am 28. Januar 1898 im Streit seinen Arbeitgeber, den Unternehmer Georg Zinnel, mit einer schweren Waldhacke erschlagen.

In Begleitung eines Geistlichen, zweier Gendarmen und einiger Gefängnisbeamten betrat Conrad um 6 Uhr morgens den Gefängnishof. Der Staatsanwalt eröffnete ihm, dass das

Urteil rechtskräftig geworden sei und der Großherzog von seinem Begnadigungsrecht keinen Gebrauch gemacht habe. Vom Betreten der Treppe des Schafotts bis zum Fallen des Richtbeils vergingen nur 35 Sekunden. Wie schon die Leiche Häusers wurde auch die von Conrad in die Anatomie überführt. Vor dem Justizgebäude hatten sich über hundert Personen angesammelt.[55]

Vor dem Schwurgericht hatte der wegen Körperverletzung vorbestrafte Conrad angegeben, Zinnel getötet, aber ohne Vorsatz und Überlegung gehandelt zu haben. Am Tag der Tat sei er mit einem Kollegen in den Wald bei Eichelsachsen gegangen, um dort zu arbeiten. Vorher habe er „ein Viertelchen Schnaps getrunken und in seine Flasche einen halben Liter füllen lassen". Im Wald sei dann Zinnel hinzugekommen, mit dem er Streit gehabt und den er mit seiner Hacke geschlagen habe. Er bestritt entschieden, danach gesagt zu haben: „Laß ihn verrecken, den Hund."

Der Grund für seine Verärgerung war, dass Zinnel eine Bürgschaft zurückgezogen hatte, durch die Frau Conrad beim Bäcker Brot auf Kredit hatte erhalten können. Ohne sich um sein Opfer zu kümmern, trat Conrad nach dem blutigen Vorfall den Heimweg an, allerdings nicht, ohne noch einmal eine Wirtschaft zu besuchen. Unterwegs traf er auf den Sohn des Getöteten, Karl Zinnel, dem er sagte, er habe mit dem Vater Streit wegen des Brotes gehabt und darum die Arbeit eingestellt.

Mehrere Zeugen bekundeten, dass Conrad im Vorfeld öfters geäußert hätte, seine Hacke sei einmal Zinnels Tod. Der Bürgermeister von Rainrod gab dem Angeklagten „das Zeugniß eines rohen, aber fleißigen Mannes". Allerdings berichtete der Straßenmeister Dammann, bei dem Conrad einmal beschäftigt gewesen war, über einen Angriff, den Conrad wegen einer Nichtigkeit mit einem Hammer auf ihn gemacht habe. Der Zeuge bemerkte, „wenn er nicht so kräftig gewesen, dann hätte Jener ihn todt geschlagen".[56]

Ein angeblicher Komplize

Am Morgen des 21. November 1901 waltete der mit Frack, Zylinder und weißen Handschuhen bekleidete Scharfrichter Brand im Gießener Gefängnis erneut seines Amtes. Auf dem hinteren Gefängnishof war ein mit einem roten Anstrich versehenes Schafott errichtet worden, zu dem einige Stufen hinaufführten und auf dem die Guillotine stand. Das Gießener Schwurgericht hatte am 11. Juni 1901 den 21-jährigen Tagelöhner Georg Ermer aus Schirmitz in Bayern wegen Raubmordes an Heinrich Möller aus Sontra zum Tode verurteilt.[57]

Der schon 15 Mal vorbestrafte Ermer hatte in der Verhandlung angegeben, Möller am Morgen des 14. August 1900 in der Frankfurter „Herberge zur Heimat" kennengelernt und sich mit ihm auf den Weg nach Vilbel gemacht zu haben. In der Herberge habe er gesehen, dass Möller im Besitz eines Talers gewesen sei. In Vilbel habe dieser Schnaps und Brot gekauft, das sie in einem Chausseegraben hinter Vilbel verzehrt hätten. Auf dem weiteren Weg nach Groß-Karben habe sich ihnen ein Fremder angeschlossen, von dem er gleich geglaubt habe, dass er etwas im Schilde führe.

Im Kloppenheimer Wald zwischen Dortelweil und Kloppenheim hätten sie sich hingelegt, um auszuruhen. Der Unbekannte habe eine Bewegung zu dem schlafenden Möller hin gemacht, die dahin deutete, als wolle er ihn schlagen. Er, der Angeklagte, habe zustimmend mit dem Kopf genickt. Nun hätten beide dem Schlafenden Schläge versetzt, der Unbekannte mit einem in ein Taschentuch gewickelten Stein, Ermer mit einem großen Feldstein, der in der Nähe lag. Von dem geraubten Geld wollte Ermer nichts erhalten haben, nur einige Kleidungsstücke des Getöteten, die er in einem Bündel zusammenpackte. In der Frankfurter Herberge verkaufte er sie für 1,50 Mark und einige Glas Bier. Trotz eindringlicher Mahnung durch den Gerichtsvorsitzenden blieb Ermer dabei, einen Mittäter gehabt zu haben. Sie hätten beide die Absicht gehabt, Möller totzuschlagen, um ihm seine Sachen abzunehmen. Der angebliche Komplize wurde nie gefasst.

Außer dem Mord im Kloppenheimer Wald wurde Ermer auch ein Diebstahl in Neu-Isenburg angelastet. Ein Bäcker von dort gab vor dem Schwurgericht zu Protokoll, dass der Angeklagte Anfang August 1900 bei ihm um Arbeit nachgesucht habe und dann unter Mitnahme von zwei Uhren, einer Geldbörse und ein paar Strümpfen verschwunden sei. Ermer behauptete, gar nicht in Neu-Isenburg gewesen zu sein. Der Bäcker wollte ihn anhand von Tätowierungen am Arm wiedererkennen, doch der Angeklagte erklärte, er „habe sich diese Zeichen erst im Gefängnis mit Ofenruß und einer Nähnadel eingestochen".[58]

Geständig war Ermer in Bezug auf Diebstähle, die er nach dem Kloppenheimer Vorfall in Frankfurt und Frankfurt-Seckbach verübt hatte. In Würzburg schlug er am 7. September 1900 eine betagte Bauersfrau, Frau Fritz, auf einer Landstraße auf die gleiche Art nieder, wie er es von dem Fremden gelernt haben wollte – mit einem in ein Tuch gewickelten Stein. Als sie sich wieder zu erheben suchte, stand Ermer mit erhobenem Arm vor ihr, um ihr noch einen Schlag zu versetzen. Die Überfallene glaubte, so sagte sie vor Gericht aus, es ginge ihr ans Leben, weshalb sie sich sofort bereiterklärt habe, ihr Geld herauszugeben. Wegen dieses Überfalls war Ermer bereits vom Würzburger Schwurgericht zu einer achtjährigen Zuchthausstrafe verurteilt worden.[59] Zu der Hinrichtung Ermers schrieb der „Gießener Anzeiger": „Willenlos ließ sich der Delinquent vom Scharfrichter und seinen Leuten die neun Stufen zum Blutgerüst hinaufführen. Im Nu war er festgeschnallt; ein Ruck, und er lag unter dem Fallbeil, das Scharfrichter Brand mittels Druckes auf einen Knopf löste."[60]

Oskar Hudde, der Schinderhannes Oberhessens

Schon in früher Morgenstunde des 5. Juni 1905 bewegte sich eine große Menschenmenge zum Gießener Landgerichtsgebäude, in dem ein Prozess wegen wiederholten schweren

Porträt Huddes in der „Düsseldorfer Gerichts-Zeitung" vom August 1905.

Einbruchsdiebstahls und Raubmordes an einem Pfarrer begann. Viele Hunderte mussten umkehren, weil sie im Zuhörerraum des Schwurgerichtssaales keinen Platz mehr fanden. Eine beachtliche Anzahl von Zeugen war geladen, darunter auch einige katholische Geistliche. Oberstaatsanwalt Theobald äußerte die Meinung, dass es sich um die schwersten Verbrechen seit Jahrzehnten im sonst „friedlichen Oberhessen" handelte.[61]

Auf die Anklagebank geführt wurden der Metzgergeselle Oskar Hudde aus Gelsenkirchen-Schalke und der Zuschneider Otto Walter aus Naugard in Pommern. Das größere Interesse galt dem Hauptangeklagten Hudde, der „gleich einem Schinderhannes der Schrecken der Landbewohner Oberhessens und vieler Nachbarbezirke" gewesen sei, wie es im „Wiesbadener Tagblatt" hieß.

Er kam am 21. Juli 1878 in Schalke als Sohn eines Reviersteigers zur Welt, arbeitete nach seiner im November 1897 beendeten Metzgerlehre in verschiedenen Städten und trat dann im Herbst 1900 einem Artillerieregiment in Metz bei. Im Anschluss an die Verbüßung einiger Vorstrafen und an seine Entlassung aus dem Militärdienst war er ab dem Frühjahr 1903 unter anderem in Bad Ems, Wiesbaden-Biebrich, Bad Nauheim und zuletzt bis zum September 1904 in Neustadt an der Haardt tätig, dem späteren Neustadt an der Weinstraße. Hier traf er seinen früheren Bekannten Walter wieder, mit dem er verabredete, fortan „das zu ihrem Lebensunterhalt erforderliche Geld sich durch Einbruchsdiebstähle zu verschaffen".[62]

Zunächst durchstreiften beide die Bergstraße, wo sie am 11. Oktober 1904 in das Heppenheimer Pfarrhaus des Pfarrers Bartholomäus Mischler und in die Kirche eindrangen. Hier gelang ihnen gleich ihr „Hauptgriff" (die größte Beute), bestehend aus 2.200 Mark und mehreren Wertgegenständen. Sie fuhren dann zweiter Klasse nach Mannheim und teilten unterwegs das Diebesgut, von dem sich Hudde unter anderem einen Revolver kaufte, den er nun stets bei sich trug. Es folgten in kurzen Abständen weitere gemeinsame Einbrüche, und zwar in Wissen (19. Oktober 1904), beim Pfarrer Michael Maur in Herdorf (wie Wissen im heutigen Landkreis Altenkirchen) und in Garbeck (Stadtteil von Balve). In letzterem Ort stahlen die beiden aus dem Schlafzimmer des Pfarrers Schmitt eine goldene Uhr und eine Geldbörse, ohne dass der in dem Zimmer schlafende, betagte Geistliche wach geworden wäre – wohl zu seinem Glück. Hierauf ging es in die Küche, wo „lustig gezecht", und dann in die Kirche, wo der Opferstock geplündert wurde. Das erbeutete Geld versuchten beide möglichst schnell wieder in Umlauf zu bringen. Sofort nach der Ankunft in einer größeren Stadt kauften sie sich neue Kleidung „und aßen und tranken, was das Zeug hielt. Auch mit lüderlichen Dirnen wurde alsbald Bekanntschaft geschlossen." Auf die Frage, warum sie ausschließlich katholische Pfarrhäuser beraubt hätten, erwiderte Hudde, „daß sie dort stets Geld vermutet hätten".[63]

Einen Einbruch in der Nacht vom 8. auf den 9. November 1904 im Pfarrhaus und in der Kirche in Schwalbach (in den Zeitungen „Klein-Schwalbach" genannt) im heutigen Main-Taunus-Kreis beging Hudde alleine, da Walter bereits am 29. Oktober 1904 festgenommen worden war. Um einem ähnlichen Schicksal zu entgehen, hatte Hudde in den Tagen vor dem Schwalbacher Einbruch Ansiedlungen gemieden und in Scheunen übernachtet. Pfarrer Anton Hartleib (von 1899 bis 1919 Pfarrer in Schwalbach) und seine Schwester gaben vor Gericht an, dass im Pfarrhaus etwa 30 Mark, eine silberne Uhrkette und ein großes Tranchiermesser geraubt worden seien. In der aufgebrochenen Kirche fehlten der Inhalt des Opferstocks und ein Abendmahlskelch. Von Schwalbach begab sich Hudde nach Frankfurt, wo er das Volksbad und abends den Zirkus besuchte. In der Person des Schlossers Hermann Abele versuchte er einen neuen Komplizen zu gewinnen, trennte sich aber dann wieder von ihm.

Das schwerste Verbrechen, das Hudde angelastet wurde, beging er in der Nacht vom 11. auf den 12. November 1904, als Pfarrer Thöbes in seinem Pfarrhaus in Heldenbergen (Stadtteil von Nidderau) erstochen und ausgeraubt wurde. Die Beute bestand aus 200 bis 300 Mark, einer goldenen und einer silbernen Uhr sowie einem Revolver. Hudde versuchte, die Tat einem „großen Unbekannten" namens Willi (Nachname unbekannt) anzulasten, den er kurz vorher kennengelernt und gleich nach der Tat aus den Augen verloren haben wollte. Dieser sei, so Hudde, vor ihm durch ein Fenster in das Pfarrhaus eingestiegen und habe den Pfarrer in seinem Schlafzimmer ermordet, während er (Hudde) nur die Sachen des Geistlichen an sich genommen habe. Dagegen sprach aber, dass Hudde auf dem Weg nach Heldenbergen und in Heldenbergen selbst, zum Beispiel in der Wirtschaft „Zur Krone", von Zeugen stets alleine gesehen worden war und sich auch sonst keine Indizien bezüglich der Anwesenheit einer zweiten Person am Tatort ergaben. Der betagte, aber noch rüstige Pfarrer war offensichtlich nicht im Schlaf getötet worden, sondern hatte sich vergeblich zu wehren versucht. Zwei Zeugen gewannen bei der Besichtigung des Tatortes den Eindruck, dass das vorgefundene Messer, mit dem der Pfarrer durch neun Stiche schrecklich zugerichtet worden war, „vom Blute durch Abstreifen, wie es die Metzger zu pflegen, rein gemacht" worden war bzw. dass „ein Fachmann, ein Metzger so gearbeitet habe".[64]

Nicht lange nach dieser Tat traf Hudde bei Jülich auf einen weiteren Diebesgenossen namens Jakob Fink aus Mönchengladbach, mit dem er sich in Köln, Bonn, Euskirchen, Münstereifel und Koblenz herumtrieb und mit dem er drei weitere Einbrüche verübte, nämlich im Pfarrhaus in Elsdorf im Rhein-Erft-Kreis (der Pfarrer wachte auf und man läutete die Sturmglocke), in Linz/Rhein und in Norath im Hunsrück. Die in Heldenbergen gestohlene Uhr des getöteten Pfarrers Thöbes versetzte Hudde in Köln. Fink gab vor Gericht an, Hudde habe überall fleißig die Zeitung studiert und einmal gesagt: „Den Richtigen haben sie noch nicht." Das änderte sich, als er schließlich am 9. Januar 1905 in einer Aachener Herberge verhaftet wurde.

Mit ihrem Wahrspruch am Ende des Prozesses am Abend des 8. Juni 1905 erachteten die Geschworenen Hudde des Raubmordes und der anderen ihm zur Last gelegten Einbruchsdelikte für schuldig, was Bravorufe seitens der Zuschauerschaft provozierte. Der Vorsitzende des Gerichtshofes, Landgerichtsrat Prätorius, verkündete in leichter Abweichung von den Anträgen des Oberstaatsanwaltes das Urteil, das auf Todesstrafe und zwölf Jahre Zuchthaus (die nachträglich wegfielen) für Hudde und auf eine Gesamtstrafe von sieben Jahren Zuchthaus für Walter lautete.[65]

Nachdem Großherzog Ernst Ludwig das Todesurteil am 9. August 1905 bestätigt hatte, wurde Hudde am Morgen des 21. August 1905 mitgeteilt, dass das Urteil innerhalb von 24 Stunden vollstreckt werden würde. Während ihm einige Annehmlichkeiten in Form von gutem Essen, Bier und Zigarren nicht verwehrt wurden, traf man auf dem Hof des Gefängnisses bereits Vorbereitungen für die Hinrichtung. Ein Schreiner aus Gießen baute das diesmal braun gestrichene Schafott auf. Darüber ragte das Gerüst mit dem von Scharfrichter Brand eingeschraubten Fallbeil hinaus, welches hinter einem schwarzen Tuch hoch oben verborgen war. Gegen 16 Uhr wurde in Gegenwart des Oberstaatsanwalts das „grause Blutgerüst" besichtigt und auf seine Funktion hin geprüft.

Vor dem Schafott stand ein schwarz gedeckter Tisch, der Schreibtisch des Protokollführers, an dem am nächsten Morgen, dem 22. August, der hereingeführte Hudde erwartet wurde. Im Hintergrund befanden sich Scharfrichter Brand und seine beiden Gehilfen. Einer von ihnen war sein Sohn. Nach einem Gebet und einer kurzen Ansprache des Oberstaatsanwalts wurde Hudde, der leichte, helle Sträflingskleidung trug, die den Hals frei ließ, von Brand die Stufen hinaufgeführt und an ein aufrecht stehendes Brett angeschnallt. Dieses wurde dann umgelegt und in die richtige Position unter das Fallbeil gebracht. Nach der Enthauptung Huddes fiel sein Kopf durch einen Sack in das Brettergehäuse, wohin durch eine Falltür auch die Leiche befördert wurde. Der Rektor der Landesuniversität und andere Ärzte und Professoren begaben sich unverzüglich dorthin, „um an dem Haupte des Mörders wissenschaftliche Beobachtungen" anzustellen. Von der in Preußen üblichen Bekanntgabe der Urteilsvollstreckung durch Plakate sah man in diesem Fall ab.[66]

Untat in Nieder-Mörlen, 1911

Das Gießener Schwurgericht verurteilte am 29. September 1911 nach zweitägiger Verhandlung den 22-jährigen Schlosser und Chauffeur Wilhelm Georg Ferdinand Erbe aus Frankfurt wegen Raubmordes zum Tode, begangen an Frau Walter aus Nieder-Mörlen (Stadtteil von Bad Nauheim), und wegen Diebstahls im

Rückfall zu drei Jahren Zuchthaus. Der Mitangeklagte Schmied Heinrich Wolf, der mit 17 Jahren noch nicht im strafmündigen Alter war, wurde wegen Raubmordes und schweren Diebstahls mit einer Gesamtgefängnisstrafe von elf Jahren belegt und seine 19 Jahre alte Schwester Katharina Wolf, beide aus Nieder-Mörlen, wegen einfachen Raubes mit zwei Jahren Gefängnis.[67]

Zum Lebensweg Erbes erfahren wir, dass er als Kind seinen blinden Vater beim Betteln in Wirtschaften begleitete. Seine Mutter lebte in wilder Ehe mit einem Fuhrmann zusammen, den sie nach dem Tod ihres Mannes heiratete. Im Alter von elf Jahren wurde Erbe im Rettungshaus Wiesbaden untergebracht. Ein Jahr später kam er im Kreis Wetzlar bis zu seiner Schulentlassung in Landpflege. 1904 trat er bei einem Schlossermeister in die Lehre und führte sich eineinhalb Jahre gut, dann brannte er öfters durch. Vom Armenamt wurde ein Antrag auf Zwangserziehung gestellt, den aber das Kammergericht als obere Instanz nicht bewilligte. Daraufhin kümmerte sich das Armenamt nicht mehr um ihn. Im Rheinland, wo er bei einer Seilbahn beschäftigt war, verübte er einen schweren Diebstahl und bald darauf in Frankfurt einen Betrug, wofür er vier Monate Gefängnis erhielt. Wegen einer Unterschlagung zum Nachteil seines Stiefvaters musste er für acht Wochen ins Gefängnis. Im Jahre 1909 ging er mit einem 16 Jahre alten Mädchen aus Wiesbaden ein Verhältnis ein. Als sie in Zwangserziehung kommen sollte, flüchtete er mit ihr nach Belgien und Luxemburg, wo weitere Straftaten folgten.[68]

Nachdem er im Januar 1911 wieder nach Frankfurt zurückgekehrt war, lernte Erbe im April 1911 auf der Frühjahrsmesse das Dienstmädchen Katharina Wolf kennen. Mit ihr und ihrem Bruder Heinrich wohnte er in einem von ihm angemieteten Zimmer in Sachsenhausen. Von ständiger Geldnot geplagt, baten sie Verwandte um Hilfe und machten ein gestohlenes Fahrrad zu Geld, doch die Mittel waren schnell aufgebraucht, da alle drei täglich davon lebten. Der Plan, beim Gemeinderechner von

Nieder-Mörlen einzubrechen, wurde von einem Hofhund durchkreuzt, vor dem sie erschreckt zurückwichen.

Am Abend des 5. Juli 1911 machten sich die drei wieder auf den Weg nach Nieder-Mörlen, um einen Diebstahl beim Ziegeleiarbeiter Georg Walter und seiner Frau zu begehen. Sie fuhren nur von Frankfurt bis Friedberg, weil die Geschwister Wolf befürchteten, am Bahnhof in Bad Nauheim von Leuten aus Nieder-Mörlen gesehen zu werden. Als sie am anderen Morgen in die Nähe von Nieder-Mörlen kamen, sahen sie Walter aus dem Haus kommen, worauf Erbe meinte, es wäre besser, „mit dem Alten nichts zu tun" zu haben. Sie kehrten wieder in den Wald zurück, wo sie Katharina zurückgelassen hatten. Erbe und Heinrich Wolf warteten bis 16 Uhr, ehe sie sich wieder zum Hof der Eheleute begaben und in das Haus eindrangen.

In der Küche entwendeten sie fünf Mark, in der Wohnstube einige Postwertzeichen und Zigarren. Während sie im oberen Stock nach Beute suchten, hörten sie Geräusche einer Tür. Erbe sprang in den Flur, wo Frau Walter stand. Als sie die beiden sah, stieß sie einen kurzen Schrei aus. Erbe packte sie sofort an der Kehle und versuchte, die kräftige und sich heftig wehrende Frau zu Boden zu drücken. Erst als der zur Hilfe gerufene Wolf die Frau am Hinterkopf an den Haaren packte, gelang es ihnen, sie niederzureißen. Erbe forderte seinen Komplizen auf, mit einem in der Ecke stehenden Stock zuzuschlagen, was dieser auch tat. Als sich die Frau nicht mehr rührte, ging Erbe in ein Nebenzimmer und schnitt ein Stück Leinenstoff von einem Bettlaken ab. Diese Binde schlang er zu einer Schlinge, die er der Frau um den Hals legte. Dann zogen beide von zwei Seiten die Schlinge zu. Nachdem man nun der Frau auf diese Weise „die Luft abgestellt hatte", wie sich die beiden Angeklagten ausdrückten, knoteten sie die zwei Enden der Schlinge noch einmal besonders fest zu. Eine „viehischere und gemeinere Art, einen Menschen zu Tode zu martern", dürfte nach Ansicht des Oberstaatsanwalts selten vorgekommen sein.

Die beiden durchsuchten nun die oberen Räume des Hauses, brachen einen Koffer auf, dem sie 350 Mark in einem Beutel und zwei silberne Uhren entnahmen, und verließen dann das Haus in Richtung Frauenwald. Als sie dort Wolfs Schwester trafen, riefen sie dieser zu: „Hurra, wir haben die Beute!" In Frankfurt staffierte sich der seit einiger Zeit arbeitslose Erbe neu aus, da er eine Stelle als Chauffeur annehmen wollte. Katharina, die nach Angaben der beiden Mitangeklagten die eigentliche Anstifterin zu dem Raub gewesen sein soll, gab er ein 20-Markstück für ein neues Kleid. Mit ihr ging er später nach Colmar, wo sie verhaftet wurden.

Nach Verkündigung des Todesurteils beauftragte Erbe seinen Verteidiger, beim Reichsgericht Revision einzureichen. Er war sehr aufgeregt und erklärte, „so ruhig lasse er sich nicht köpfen".[69] Doch alle Bemühungen halfen nichts. Nachdem Großherzog Ernst Ludwig auf sein Begnadigungsrecht verzichtet hatte, wurde das Todesurteil über den jungen Raubmörder am 22. Dezember 1911 im Gießener Gefängnis durch Scharfrichter Brand mit der Guillotine vollstreckt. Unter Tränen stieß Erbe verzweifelte Rufe aus und verabschiedete sich bewegt vom Oberstaatsanwalt.[70]

Tod eines Butzbacher Gefängniswärters, 1917

Der in Wangen im Elsass geborene Hotelhausdiener Wilhelm Hans machte schon früh Bekanntschaft mit dem Gesetz. In Frankreich und verschiedenen Kantonen der Schweiz wurde er wegen Fälschung amtlicher Urkunden, schweren Diebstahls, Raubes, Gewalttätigkeiten und Hehlerei zu insgesamt 20 Jahren Zuchthaus und zur Landesverweisung verurteilt. Im Spätsommer 1916 kam er aus dem Ausland nach Bad Nauheim, wo er im „Sprudel-Hotel" vier Wochen lang als erster Hausdiener beschäftigt war. Er gab die Stelle auf, angeblich weil man ihm mehr Arbeit zumutete, als er leisten konnte, und zog nach Frankfurt. Von hier aus stattete er nachts dem „Sprudel-Hotel" unzählige Besuche ab,

Werbung für das „Sprudel-Hotel" in einem Fremdenführer aus dem Jahr 1902.

„wobei er mehrere Tausend Stück Eier, die man für den Winter eingelegt hatte, mitgehen ließ".[71]

Bei einem solchen Einbruch wurde Hans von einem Schutzmann gefasst. Er setzte sich zur Wehr und verletzte den Beamten erheblich. Wegen schweren Rückfalldiebstahls, Widerstandes gegen die Staatsgewalt und Körperverletzung wurde er daraufhin vom Landgericht Gießen zu fünf Jahren Zuchthaus verurteilt.

Während der Verbüßung dieser Strafe in der „Zellenstrafanstalt" Butzbach (Wetteraukreis) musste sich der mittlerweile 48-Jährige erneut vor Gericht verantworten. Am 5. Juni 1917 stand er vor dem Gießener Schwurgericht unter der Anklage, im Frühjahr 1917 im Butzbacher Zuchthaus den Strafanstaltsaufseher Arnold ermordet und auf der Flucht einen Diebstahlsversuch – wiederum im Nauheimer „Sprudel-Hotel" – unternommen zu haben.

Der während der ganzen Verhandlung mit Handschellen versehene Angeklagte erklärte vor dem Schwurgericht, dass im Butzbacher Zuchthaus „bei nicht auskömmlicher Nahrung von ihm ein hohes Maß von Arbeitsleistung verlangt worden sei". Er war mit der Herstellung von Körben beschäftigt. Da eine Beschwerde beim Gefängnisdirektor nicht den erwünschten Erfolg gehabt habe und er „das Hungerleiden müde" gewesen sei[72], habe er den Gedanken gefasst, gewaltsam aus der Anstalt auszubrechen. Zuerst habe er nicht Arnold „als das Opfer ausersehen, das zu seiner Befreiung hätte fallen sollen", sondern den Oberaufseher, den er mit einem Korbmachermesser habe töten wollen. Dieser Plan sei aber an der Vorsicht des Oberaufsehers gescheitert.

Aus zwei schweren Weidenknüppeln, die er als Arbeitsmaterial in seiner Zelle hatte, stellte Hans eine Art Keule her. Außerdem fertigte er aus dünnen Weidenruten, die er vorher in Wasser gelegt hatte, eine Schlinge. Als Arnold am 18. April 1917 seine Zelle betrat, versetzte ihm der Häftling mehrere wuchtige Schläge mit der Keule, legte ihm die Schlinge um den Hals und zog zu. Dann nahm er dem Wärter die Uniform ab und raubte ihm sein Geld, einen Ring und eine Uhr. Da der am Boden Liegende noch Lebenszeichen zeigte, griff der Häftling zum Messer und schnitt ihm den Hals durch. Er entledigte sich darauf der Gefangenenkleidung, die er in der Zelle versteckte, zog sich die Uniform des Ermordeten an, schnallte das Seitengewehr um, nahm die Schlüssel an sich und flüchtete über die Gefängnismauer, die er durch aufeinandergeschichtete Reisigbündel überwinden konnte. Bis zum Dunkelwerden verbarg er sich im Wald. Er versicherte, „es wäre ihm weit lieber, wenn nicht Arnold sein Todesopfer geworden wäre, sondern ein anderer von den Beamten"[73], da Arnold ihn gut behandelt habe. Dieser hatte seinen Dienst 20 Jahre lang versehen.

Als es dunkel wurde, begab sich Hans auf den Weg nach Bad Nauheim. Über eine Veranda und mehrere Dächer gelangte er in den Hof des „Sprudel-Hotels" und von dort in den Keller, wo er zuerst seinen Hunger stillte und dann einen Eimer voll Eier zum späteren Mitnehmen bereitstellte. Aus dem Keller nahm er ein schweres Beil mit und begab sich ins Erdgeschoss, um nach Geld und Zivilkleidung zu suchen. Im Hotel hatte man aber schon durch die Polizei erfahren, dass er ausgebrochen war, und stellte Wachen auf. Hans hörte das Geräusch nahender Tritte und machte sich eiligst davon, ohne den geplanten Diebstahl vollenden zu können. Er wollte nach Frankfurt, wurde aber bei Fauerbach durch einen Schutzmann und mehrere Arbeiter festgenommen und nach Butzbach zurückgebracht.[74]

Der Angeklagte wurde vom Gießener Schwurgericht wegen Raubmordes zum Tode und wegen schweren Diebstahlsversuchs zu fünf Jahren Zuchthaus verurteilt. Seine Guillotinierung im Gießener Gefängnis nahm Scharfrichter Brand am Morgen des 18. Juli 1917 vor.[75]

Darmstadt

„Wohlangebrachte Kugeln", 1816

Nachdem der um 1786 in Bischofsheim bei Mainz geborene Johann Philipp Schneider im Alter von 14 Jahren seinen Heimatort verlassen und eine dreijährige Schuhmacherlehre bei einem Onkel in Darmstadt gemacht hatte, arbeitete er etwa zehn Jahre lang als Geselle bei einem Schuhmachermeister in Frankfurt. Da er das Truppenaushebungsalter überschritt, ohne sich bei einer Musterung vorgestellt zu haben, wurde er verhaftet und 1813 einem Bataillon des großherzoglichen Garde-Füsilier-Regiments zugeteilt. Während seiner Frankfurter Zeit wurde er Vater eines unehelichen Kindes.

Mit Erlaubnis seiner Militärbehörde durfte Schneider, der von seiner Kompanie „großbeurlaubt" war, einige Monate bei einem Schuhmachermeister in Darmstadt arbeiten. Im Haus einer Witwe, in dem er Kost und Logis hatte, lernte er einen Mitbewohner kennen, den aus Schlesien stammenden Buchdruckergesellen Bernhardt Lebrecht. Dieser arbeitete in der Darmstädter großherzoglichen Hof- und Kanzleibuchdruckerei und hatte sich etwas Geld gespart, das er „gegen möglichst wucherliche Zinsen" zu verleihen suchte.

In Schneider, mit dem er mittlerweile recht gut befreundet schien, fand er einen Kunden, drängte aber nach einiger Zeit auf die Rückzahlung des verliehenen Geldes, da er angeblich Darmstadt verlassen und anderwärts Arbeit suchen wollte. Schneider versprach seinem Gläubiger, über Ostern mit ihm nach Bischofsheim zu gehen, wo er sein Geld zurückerhalten würde. Wahrscheinlich reifte schon zu jener Zeit der Plan, Lebrecht unterwegs zu ermorden, da Schneider genau wusste, dass er auch in seinem Heimatort keine finanziellen Mittel würde auftreiben können.

Auf dem Hinweg nach Bischofsheim plagten Schneider offensichtlich noch Zweifel bezüglich seines Mordplans. Auf dem Rückweg nach Darmstadt sei es, so Schneider, zu einem Streit mit Lebrecht gekommen, der sich wegen der nicht erfolgten Rückgabe des Geldes getäuscht gesehen habe. Durch einen Schlag mit einem faustgroßen Stein habe er „kaum eine halbe Viertelstunde von dem Rheinthore zu Darmstadt entfernt" Lebrecht bewusstlos zu schlagen versucht. Während eines nun entbrannten Ringens habe er mit seinem Schustermesser, das er in der Tasche mitgeführt hatte, mehrmals auf ihn eingestochen und schwerverletzt zurückgelassen. Nachdem er bei Bessungen zufällig in eine Schlägerei verwickelt worden sei, sei er wieder zum Tatort zurückgekehrt, wo er Lebrecht tot aufgefunden habe. Er habe ihn dann entkleidet, mit etwas Erde bedeckt und eine Uhr und eine Pfeife des Ermordeten an sich genommen.

Nicht viel später wurde die Leiche entdeckt und identifiziert, woraufhin Schneider in einem Wirtshaus in Darmstadt verhaftet wurde. Kurz vorher war er mit anderen Gesellen im Darmstädter Hospital gewesen, wo sie sich aus Neugierde den dort ausgestellten Ermordeten angesehen hatten. Schneider musste nach einigem Leugnen schließlich eingestehen, dass das ihm vorgezeigte Messer, dessen abgebrochene Spitze in der Hirnschale des Getöteten steckte, sein Eigentum war und er die Tat begangen hatte.

Das auf Befehl des Großherzogs einberufene Kriegsgericht verurteilte ihn wegen Meuchelmordes zum Tode. Das Urteil sah vor, dass die Vollstreckung nicht mit dem Rad, sondern durch den Strang erfolgen sollte, „welche Strafe dann, durch die Gnade des Durchlauchtigsten Souveräns, auf die Strafe des Erschießens gemildert wurde". Am 8. Mai 1816 auf dem Richtplatz angekommen, kniete sich der Verurteilte mit verbundenen Augen am Richtpfahl nieder, und die „wohlangebrachten Kugeln tödteten augenblicklich".[1]

Richtplatz Bessunger Viehweide

Der Gräflich Erbachische Unterförster Philipp Lust aus Weiten-Gesäß (Stadtteil von Michelstadt) war nach dem Dafürhalten seines ihm vorgesetzten Revierförsters einer der besten Forstschützen des Reviers. Am Nachmittag des 17. Dezember 1833 machte sich der 64 Jahre alte, aber noch rüstige Lust auf den Weg in sein Revier, da in den Tagen zuvor im Schmalbergwald mehrere „gröbere Holzfrevel" (Holzdiebstähle) verübt worden waren. Dass er in der folgenden Nacht nicht nach Hause zurückkehrte, erschien zunächst nicht besorgniserregend, da dies bei der Verrichtung seines Dienstes schon öfters vorgekommen war. Als er aber auch im Laufe des folgenden Tages nicht auftauchte, machte man sich auf die Suche nach ihm. Am 19. Dezember wurde seine Leiche in einem Fichtenschlag gefunden. Seine tödlichen Kopfverletzungen stammten von einem Beil. Das Schicksal des Getöteten sprach sich wie ein Lauffeuer herum. Hunderte von Menschen waren zugegen, als die Leiche im Wald abgeholt und nach Weiten-Gesäß transportiert wurde.

Der Ende Dezember 1809 als Zwillingskind geborene Johann Jacob Trumpfheller aus Weiten-Gesäß geriet sofort in den engsten Kreis der Verdächtigen, da er als Holzdieb bekannt war und gegen den ihm im Nacken sitzenden Lust schon des Öfteren Drohungen ausgesprochen hatte. Nach einer schlechten Schulausbildung hatte sich Trumpfheller als Hirtenjunge und Knecht verdingt, bis er im April 1830 Soldat wurde. Während seiner Beurlaubung hielt er sich in der Regel bei seiner Mutter auf, die aufgrund des frühen Ablebens ihres Mannes in Armut geraten war. Sie durfte in Weiten-Gesäß das Gemeindehirtenhaus bewohnen und ernährte sich durch Betteln. In dem Haus wohnte auch Elisabetha Uhrich, die Geliebte Trumpfhellers, die ein Kind von ihm zur Welt gebracht hatte. Trumpfheller wurde als verstockt und arbeitsscheu beschrieben: „Durch Freveln sorgte er für das nöthige Brennholz, während er die übrige Zeit mit Nichtsthun hinbrachte."[2]

Bei einer Durchsuchung des Hirtenhauses fanden sich blutbefleckte Kleidungsstücke und frisch geschlagenes Buchenholz. Die Angabe Trumpfhellers, zum Zeitpunkt der Tat zu Hause gewesen zu sein, erwies sich als unrichtig. Nach seiner Festnahme entwich er aus dem Gefängnis in Michelstadt, zog seine Uniform an und stellte sich beim Kriminalgericht Darmstadt. Hier gab er an, „das Landgericht Michelstadt thue ihm Unrecht, und er suche Schutz gegen dasselbe".³ Indessen wurde er gleich wieder verhaftet, und das Kriminalgericht führte die Untersuchung fort.

Nach langem Leugnen gab er schließlich in einem Verhör vom 7. November 1834 erstmals zu, Lust ermordet zu haben. Demnach war er von diesem am Abend des 17. Dezember 1833 beim Holzdiebstahl überrascht worden. Bei der nun folgenden Auseinandersetzung legte Lust mit seinem Gewehr auf Trumpfheller an, doch dieser entriss ihm die Waffe und schleuderte sie fort. Da ihm nun klar wurde, dass ihm für diese Widersetzlichkeit und den Diebstahl mehrere Jahre Gefängnis drohten, setzte er dem fliehenden Unterförster nach und versetzte ihm mit seinem Beil einen Schlag in den Nacken, der das Opfer niederstreckte. Vergebens bat der am Boden Liegende um sein Leben, erhielt aber noch mehrere Schläge auf den Kopf und ins Gesicht. Dann ging Trumpfheller mit dem „gefrevelten" jungen Buchenstamm auf der Schulter nach Hause.

Nach Abschluss der Untersuchung wurden die Akten an das Großherzogliche Hofgericht in Darmstadt zur Aburteilung eingesendet. Hinsichtlich der Frage, ob die Tötung als Mord oder Totschlag anzusehen sei, sprachen sich vier Stimmen für Mord aus, während eine Mehrheit von neun Stimmen von Totschlag ausging. Einstimmig war man der Meinung, dass der Angeklagte mit der im Artikel 137 der Peinlichen Halsgerichtsordnung angedrohten Strafe, also der Todesstrafe, zu belegen sei, „weil er durch sein ganzes Benehmen vor der That, während derselben und nach ihr zu erkennen gegeben habe, daß sie nicht als eine unglückliche Verirrung, eine augenblickliche Uebereilung angesehen werden könne, sondern als der Ausdruck seines auch bei ruhiger Gemüthsstimmung ihm eigenen bösartigen Characters".[4] Das Hofgericht verurteilte Trumpfheller am 13. April 1836 wegen Totschlags zum Tod durch das Schwert.

Das Oberappellationsgericht Darmstadt bestätigte am 1. September 1836 dieses Urteil und lehnte eine Empfehlung zur Begnadigung ab. Am 12. Oktober 1836 wurde Trumpfheller eröffnet, dass der Regent von seinem Begnadigungsrecht keinen Gebrauch gemacht hatte. Andern Morgens brachte man ihn aus dem Gefängnis in die „Arme-Sünderstube" (ein für zum Tode Verurteilte bestimmter Raum) ins Rathaus, wo er von einem Geistlichen einen reuevollen Brief an die Familie des Ermordeten schreiben ließ.

Auf dem Markt vor dem Rathaus wurde ihm am Vormittag des 15. Oktober 1836 in feierlicher Gerichtssitzung der Stab gebrochen. Hierauf führte man ihn zur Richtstätte auf der Bessunger Viehweide, wo bereits Tausende von Zuschauern warteten. Mit „Muth und ruhiger Fassung" bestieg er das Schafott und setzte

Darmstädter Rathaus um 1840.

sich auf den bereitstehenden Stuhl. In Ermangelung eines „inländischen zuverlässigen Nachrichters" nahm Scharfrichter Rettig die Enthauptung mit dem Schwert vor. Dieser hatte sich übrigens zusichern lassen, dass ihm der volle Betrag der von ihm geforderten Entlohnung selbst in dem Falle ausbezahlt werde, wenn er – was ihm noch nicht geschehen sei – das „Unglück haben sollte, einen Fehlhieb zu thun".[5]

Anton Fischer aus Münster, 1837

Waren nach der Hinrichtung Schneiders 20 Jahre bis zur nächsten Exekution vergangen, so währte die Pause nach der Hinrichtung Trumpfhellers nur wenige Monate. Am 21. Januar 1837 war Scharfrichter Rettig erneut in Darmstadt und enthauptete unter dem Andrang einer großen Menschenmenge den 31-jährigen Maurergesellen Anton Fischer aus Münster (Gemeinde im Landkreis Darmstadt-Dieburg). Vorher hatte der Delinquent den Wunsch geäußert, sein Verbrechen durch den Tod zu büßen, „indem er sonst doch keine Ruhe habe".

Nachdem der vorbestrafte Fischer im Sommer 1835 bei verschiedenen Maurermeistern in Offenbach gearbeitet hatte, hielt er sich in Ermangelung einer eigenen Wohnung und finanzieller Mittel im Winter bei seiner ältesten Schwester in Münster auf. Am Morgen des 21. Dezember 1835 begab er sich in den Wald, um ein Bündel Holz oder Reisig zu sammeln. Als er etwa eine halbe Stunde auf einer Straße von Münster nach Darmstadt gegangen sei, so gab er später an, „sey es ihm geworden, als ob der Teufel in ihm wäre und ihm die Brust zusammendrücke". Er wusste, dass der ihm gut bekannte Darmstädter August Heubeck, der zwischen Darmstadt und der Babenhausener Gegend einen Handel mit Butter, Eiern und dergleichen betrieb und als Bote tätig war, an jenem Tag die gleiche Straße benutzen würde, und fasste den Gedanken, ihn zu ermorden und zu berauben.

Mit einem im Wald geschnittenen Stock bewaffnet, begegnete er knapp eine halbe Stunde später dem arglos des Weges kommenden, erst 20 Jahre alten Heubeck. Ohne Vorwarnung versetzte ihm Fischer einen so heftigen Schlag auf den Kopf, dass ein Teil des Stocks absprang. Heubeck taumelte und fiel mit den Worten „Ruhe, ich will dir mein Geld geben!" in einen Graben. Nach einem weiteren Schlag versuchte er zu fliehen, wurde aber von Fischer eingeholt und weiter geschlagen. Dann versetzte ihm Fischer zwei Schnitte in den Hals, „um vor dem Verrathen sicher zu seyn", und raubte einen in der Hosentasche seines Opfers befindlichen Geldbeutel. Ohne die Trage Heubecks und dessen weitere Kleidung zu durchsuchen, machte er sich eilig davon. Währenddessen, so Fischer, habe Heubeck zwar noch geatmet, „er habe indessen vorausgesehen, daß derselbe sterben müsse, da aus dem einen Schnitt in den Hals, der in die Luftröhre gegangen, das Blut stark herausgespritzt sey".[6]

Mit seiner nur geringen Beute begab sich der Täter nach Dieburg, wo Markttag war. Anderen dort anwesenden Einwohnern aus Münster fiel auf, dass er bleich und verstört wirkte und plötzlich zu Geld gekommen zu sein schien. Voller Unruhe zog Fischer von einem Wirtshaus ins andere, „bis er endlich durch den Genuß verschiedener geistreicher Getränke seine Sinne betäubt und sich berauscht hatte".[7]

Kurz nach seiner zwei Tage später erfolgten Verhaftung legte Fischer, der auf dem Weg zum Darmstädter Wald bemerkt worden war, ein umfangreiches Geständnis ab. Wahrscheinlich hatte er eingesehen, „daß er mit seinen zu auffallenden Lügen unmöglich durchkommen könne". Durch seine Offenheit in den Verhören brachte er es dahin, dass er in Offenbach einen „möglichst leidlichen Arrest bekam" und die Generaluntersuchung schnell beendet werden konnte. Nach seiner Überführung ins Darmstädter Gefängnis am 1. März 1836 und nach dem Abschluss der „Specialinquisition" verurteilte ihn das Darmstädter Hofgericht am 31. August 1836 wegen Raubmordes zum Tode durch das Schwert. Eine gegen das Urteil eingelegte Revision wurde am 27. Oktober 1836 vom Oberappellations- und Kassationsgericht als unbegründet verworfen.

Zu seiner Hinrichtung heißt es in einem 1837 in Darmstadt erschienenen kleinen Buch, das sich mit seinem Fall befasst: „Samstag den 21. Morgens 9 ¼ Uhr wurde Fischer, eingekleidet in das Armensündergewand, unter dem Geläute mit dem Armensünderglöckchen, in die auf dem hiesigen Marktplatz errichteten Schranken geführt, daselbst von dem versammelten Criminalgerichte, unter Assistenz der Schöffen und des Defensors das hochnothpeinliche Halsgericht abgehalten, dem Delinquenten der Stab gebrochen und er sofort dem Nachrichter übergeben. Nachdem er von sämmtlichen Gerichtspersonen Abschied genommen hatte, bestieg er den Wagen. Die beiden Pfarrer begleiteten ihn auf den auf der Bessunger Viehweide (etwa eine Viertelstunde von Darmstadt) befindlichen Richtplatz und das Blutgerüste, woselbst dieselben noch mit ihm beteten, bis ihm auf dem Richtstuhle die Larve [Maske] über das Gesicht gezogen und ihm Hals und Schulter entkleidet waren. Jetzt betete Fischer noch alleine zu Gott, als ihm von dem Scharfrichter Rettig von Ettlingen in Baden der Kopf mit Einem Hiebe schnell abgeschlagen wurde."[8]

Der „Würgengel" von Seckmauern

Die 58-jährige Catharina Barbara Raubs war „zwar nicht geistesschwach, doch in solchem Zustande, daß sie sich nicht selbst vorzustehen vermochte", weshalb sie sich seit längerer Zeit in Pflege befand. Geboren in Trennfurt (Stadtteil von Klingenberg am Main im bayerischen Landkreis Miltenberg, unmittelbar an der Grenze zu Hessen), war sie nach dem Tod ihrer Eltern Anfang der 1830er-Jahre bei ihrem Stiefbruder Lorenz Raubs in Trennfurt geblieben, der das elterliche Vermögen übernommen hatte. Als dieser 1846 starb, konnte Frau Raubs auf eine von ihm gestellte Kaution von 300 Florin zurückgreifen. Zunächst übernahm ein Schreiner aus Trennfurt ihre Pflege, durch einen Vertrag vom Februar 1851 aber überließ er sie und die 300 Florin einer Tochter des verstorbenen Lorenz Raubs, Margaretha. Diese lebte mit ihrem Mann, dem Forstwart Philipp Heß, im nicht weit von Trennfurt entfernt gelegenen Seckmauern (Ortsteil der Gemeinde Lützelbach im hessischen Odenwaldkreis) und übernahm nun mit diesem die Aufgabe, ihre Tante zeitlebens „in gesunden wie in kranken Tagen" zu versorgen.

Man wunderte sich sehr in Seckmauern, auf welche Weise diese Regelung schon bald geändert wurde. Am 9. Oktober 1852 kam Frau Raubs in den ärmlichen Haushalt der Familie Vogt, die in einer etwas abseits von Seckmauern gelegenen, baufälligen Bauernhütte lebte. Die Hausherrin, Anna Maria Vogt (geborene Büchner), galt als herrschsüchtig und bösartig. Von ihr gingen bedenkliche Gerüchte im Ort um, da sie früher schon nacheinander drei alte Frauen von der Gemeinde in Pflege bekommen hatte, die jedes Mal bald nachher gestorben waren. Dies hatte ihr den Beinamen „Würgengel" eingebracht.

Die Eheleute Heß versuchten, die Sache so darzustellen, als habe Frau Raubs freiwillig ihre Pflegefamilie gewechselt. Bald aber hörte man von Klagen der Pflegebedürftigen über eine schlechte Behandlung im Vogt'schen Hause. Es kam sogar zu Tätlichkeiten zwischen ihr und der etwa gleichaltrigen Frau Vogt, und nach nur etwa vier Wochen, am 13. November 1852, hieß es plötzlich, Frau Raubs sei tot. Schon am frühen Morgen dieses Tages hatte sich der Tagelöhner Philipp Vogt, der Sohn der Eheleute Vogt, zum Leichenbeschauer des Ortes begeben und angezeigt, dass Frau Raubs am Abend zuvor gestorben sei. Er bat um eine sofortige Besichtigung, um die Beerdigung zeitig vornehmen zu können. In der Gemeinde wurde ihr Tod erst durch das „gewöhnliche Todtenglöcklein" bekannt. Vorher hatte keiner etwas über eine Krankheit oder einen Unfall der Verstorbenen erfahren. Nur einer Nachbarin hatte Frau Vogt am 12. November von deren Unwohlsein berichtet. Auch Philipp Vogt hatte im Wirtshaus erzählt, Frau Raubs sei krank, worauf ein Anwesender bemerkte: „Nun, dann wird ihr Deine Alte bald den Finger auf den Gurgelknopf gesetzt haben" – ein Indiz, welche Meinung man von Frau Vogt hatte.

Der Leichenbeschauer, dem der schnelle Todesfall und die Hast aufgefallen waren, mit der Philipp Vogt die Leichenbesichtigung und die Bescheinigung zur Beerdigung anstrebte, fand am Kopf der Verstorbenen zwei Verletzungen vor, die zu vertuschen versucht worden waren. Dies veranlasste ihn zu einer Anzeige beim Gericht. Die Familie Vogt gab an, die Verstorbene habe sich die Kopfverletzungen am Abend des 11. November zugezogen, als sie in eine Treppenvertiefung vor der Kellertür gefallen sei, „während das ganze Dorf schon entschieden an ein Verbrechen glaubte".

Die gerichtsärztliche Untersuchung ergab, dass die Kopfverletzungen durch „große äußere Gewalt, wie das Herabfallen eines stumpfkantigen harten Gegenstandes aus bedeutender Höhe", entstanden sein mussten. Bei den ersten Vernehmungen blieben die Eheleute Vogt und ihr Sohn, welche am 18. und 19. November 1852 verhaftet worden waren, bei ihren früheren Aussagen. Die Eheleute Heß bestätigten das unglückliche Hinfallen von Frau Raubs, wobei aber auffiel, dass sie nicht nach der Verletzten gesehen hatten, wie zu erwarten gewesen wäre.

Eine Wende in dem Fall ergab sich, als sich Herr Vogt Ende November 1852 zum Verhör melden ließ. Er erklärte, dass ihn bisher die Furcht vor Misshandlungen seitens seiner Frau und seines Sohnes abgehalten hätte, die Wahrheit zu sagen. Am Abend des 11. November habe ihn ein lautes Krachen aus dem Schlaf gerissen und er habe Frau Raubs schreien hören. Es habe sich gezeigt, dass die Decke mitsamt mehrerer auf ihr liegender Steine über der im Bett liegenden Frau eingebrochen und auf sie gefallen sei: „Eine Masse Wandstücke und besonders ein großer gewaltiger Stein habe auf der Raubs gelegen."[9]

Nach den Angaben des Geständigen wurden nun Anstalten gemacht, die Spuren des Geschehenen zu beseitigen. Die ohnmächtige Frau Raubs wurde in das Bett von Frau Vogt gelegt, da ihr eigenes zerstört worden war. Der Sohn räumte den Schutt weg, während Frau Vogt die Kleidungsstücke der Verletzten wusch, die mittlerweile wieder bei Besinnung war, sich aber mehrere Male übergeben musste. Auch das „Lehm- und Stückgefach der Decke" wurde am nächsten Tag wieder frisch eingezogen. Als Herr Vogt, der davon ausging, dass die Decke nicht von selbst eingebrochen war, seiner Frau und seinem Sohn vorwarf, was sie getan hätten, erhielt er zur Antwort, das ginge ihn nichts an.

Weiter gab Herr Vogt an, die Eheleute Heß seien „die eigentlichen moralischen Urheber" des Verbrechens gewesen. Offensichtlich wollten sie Frau Raubs aus dem Weg räumen, um die 300 Florin für sich zu behalten. Seine Tochter Louise Vogt, die während der Tat nicht zu Hause war, bestätigte dies. Ihre Mutter, so Louise, habe ihr gegenüber einmal geäußert, „wenn die Raubs binnen ¼ Jahr stürbe, so bekämen sie 50 fl. [Florin] von Heß und das Bett und die Kleider der Raubs". Außerdem sollte der Familie Vogt eine Geldschuld erlassen werden, die zudem weitere Geschenke von den Heß'schen Eheleuten erhielt. Als Louise Frau Heß hierüber befragte, antwortete diese, man solle von den 50 Florin nichts erwähnen, sondern auf eventuelle Fragen hin sagen, die Vogts bekämen ein Kostgeld für die Pflege von Frau Raubs. Das Ehepaar Heß hatte in Aussicht gestellt, dass der Leichenbeschauer, ein Freund von ihnen, nicht so genau hinsehen würde, wenn Frau Raubs etwas geschehen sei, was sich aber bekanntlich nicht bewahrheitete.

Bald darauf legten auch Philipp Vogt und seine Mutter ein vollständiges Geständnis ab. Hier bestätigte sich, was Herr Vogt bereits angedeutet hatte, nämlich dass Frau Raubs nicht in erster Linie an ihren bei dem Deckeneinsturz erlittenen Verletzungen gestorben, sondern am 12. November von Philipp Vogt erwürgt worden war. Dieser gab an, von seiner Mutter und Frau Heß zu

Gerichtsszene 1850. Das Darmstädter Assisengericht verhandelte hier im Ballsaal des Hotels „Darmstädter Hof".

der Tat angestiftet worden zu sein. Am Abend des 11. November hatte er sich auf dem Dachboden auf einen mithilfe seiner Mutter aufgehäuften Steinhaufen gestellt und, sich an den Dachsparren festhaltend, die vorher schon unterhöhlte Decke mitsamt den Steinen eingetreten. Da Frau Raubs überlebte und man fürchtete, von ihr beschuldigt und verraten zu werden, wurde ein neuer Mordplan geschmiedet. Unter Zureden der beiden Anstifterinnen und durch Branntwein ermutigt, begab sich Philipp am Abend des 12. November zu Frau Raubs und tötete sie, „indem er ihr mit aller Gewalt den Daumen auf den Kehlkopf setzte".[10]

Der Darmstädter Assisenhof verurteilte am 20. Juli 1853 Frau Vogt und ihren Sohn wie auch die Eheleute Heß, die kein Geständnis abgelegt hatten, nach fünftägiger Verhandlung zum Tode.

Diese Strafe wurde später für Frau und Herrn Heß auf dem Wege der Begnadigung in eine lebenslängliche Zuchthausstrafe umgewandelt. Unter dem großen Andrang des Publikums brach am letzten Verhandlungstag, der bis gegen Mitternacht dauerte, eine Schranke zusammen, welche die vordere Hälfte des Gerichtssaales von der hinteren trennte, sodass der Saal zeitweise geräumt und eine Kompanie Infanterie zur Aufrechterhaltung der Ordnung herbeigeholt werden musste. Die „Darmstädter Zeitung" plädierte dafür, dass die öffentlichen Gerichtsverhandlungen seitens des Publikums mit „dem sittlichen Ernste" betrachtet werden sollten, der ihnen gebühre, und nicht als Gegenstand bloßer Neugierde. Dieser Appell richtete sich insbesondere an Frauen: „Namentlich sollte doch das weibliche Geschlecht, welches in dieser Nacht und bei dieser traurigen Veranlassung leider wieder nur zu zahlreich vertreten war, wohl von dergleichen bedauerlichen Scenen wegbleiben."[11]

> I. Hauptgeschworne: 1) Christoph Denner, Landwirth von Wimpfen; 2) Balthasar Börstel, Landwirth von Lengsfeld; 3) G. Phil. Jungmann, Gastwirth von Neckarsteinach; 4) Chr. Fr. Meyer, Gastwirth von Wimpfen; 5) H. Heberer II., Landwirth von Dießenbach; 6) Joh. Bauer II, Gastwirth von Reinheim; 7) Joh. Har V., Müller von Naistadt; 8) Jacob Sehnert III., Landwirth von Schlierbach; 9) Peter Müller, Landwirth von Reutsch; 10) G. Chr. Schenck, Weinhändler von Kesselbach; 11) Nicolaus Bauer, Landwirth von Igelsbach; 12) Ad. Pfeiffer III., Landwirth von Unterostern; 13) Val. Pfeiffer, Landwirth von Großgumpen; 14) Peter Keil, Landwirth von Rohrbach; 15) Val. Ludwig II., Bürgermeister von Lorsch; 16) Jacob Schneider, Landwirth von Hochstätten; 17) G. Ph. Röder, Landwirth von Rodau; 18) Conr. Illert II., Bürgermeister von Spachbrücken; 19) Andreas Hartmann, Müller von Schlierbach; 20) Nic. Fay II., Eisenhändler von Pfungstadt; 21) G. Ludw. Hofferberth, Müller von Höchst; 22) Nathan Bendheim, Fruchthändler von Auerbach; 23) Fr. Scheidegger, Papiermüller von Waldmichelbach; 24) Georg Lanz II., Müller von Umstadt; 25) Eduard Gölzenleuchter, Weinhändler von Offenbach; 26) Mich. Schäfer, Landwirth von Rimbach; 27) Ph. Müller II., Fabrikant von Offenbach; 28) Ad. Hartmann II., Landwirth von Erzbach; 29) Balth. Zacheis, Landwirth von Semd; 30) Jos. Heckler I., Obereinnehmer von Bensheim. — II. Ergänzungsgeschworne: 1) Ernst Braun, Oberforstsecretär; 2) Karl Schwarz, Kaufmann; 3) Dr. Hügel, Obersteuerrath; 4) H. K. Brill, Buchdruckereibesitzer; 5) Paul Arnold, Gr. Hofbaumeister; 6) Georg Maurer, Hauptmann; 7) August Baur, Oberforstrath; 8) Dr. Walther, Hofbibliothekar; 9) L. Baur, G. Archivar, — sämmtlich von hier.

Geschworene des Darmstädter Assisenhofes für das am 15. November 1852 begonnene 4. Quartal.

Als den Vogts am Morgen des 3. Oktober 1853 mitgeteilt wurde, dass Großherzog Ludwig III. eine Begnadigung abgelehnt hatte, erklärte Frau Vogt, die während des Prozesses des Öfteren die Fassung verloren hatte, dass sie durch ihre Anstiftung ihren erst 25 Jahre alten Sohn ins Unglück gestürzt habe und „daß sie, eine alte Frau, gerne zweimal sterben wolle, wenn sie dadurch ihren Sohn retten könnte".[12] Am nächsten Morgen wurde zuerst sie, dann ihr Sohn auf einem östlich gelegenen Platz des Provinzialarresthauses mit der aus Mainz herbeigeholten Guillotine hingerichtet. Dass die Exekutionen nicht mehr öffentlich vorgenommen wurden, fand die Zustimmung der Presse, „da die Aufgabe darin besteht, zu verhindern, daß der so ernste Act zu einem Schauspiel für den Pöbel herabgezogen wird".[13] In der Provinz Starkenburg war ebenso wie in der Provinz Oberhessen 1853 die Intramuranhinrichtung eingeführt worden. Damit trotzdem ein Teil der Schaulustigen die Doppelhinrichtung beobachten konnte, hatte ein geschäftstüchtiger Bürger eine die Mauer des Gefängnishofes überragende Tribüne erbaut, die während der Exekution dicht besetzt war.[14]

Muttermord in Nieder-Ramstadt, 1880

Die Verhandlungen des Schwurgerichts der Provinz Starkenburg in Darmstadt vom 10. April 1880 enthüllten „eins jener düstern Bilder, an welchen auch die Neuzeit leider nicht arm ist", wie der „Badische Landesbote" in einem Bericht über den Prozess schrieb.[15] Das Gerichtsverfahren endete mit einem Todesurteil für den Angeklagten, den 29-jährigen Schlosser und Müller Philipp Wilhelm Pfaff, gebürtig aus Nieder-Ramstadt (Ortsteil der Gemeinde Mühltal) und zuletzt wohnhaft in Bechtolsheim (Landkreis Alzey-Worms). Er war für schuldig befunden worden, in der Nacht vom 2. auf den 3. März 1880 in Nieder-Ramstadt seine Mutter in deren Schlafkammer erwürgt zu haben.

Anschließend hängte er sie mit einem Strick an einer Tür auf, um einen Selbstmord vorzutäuschen.

Das Motiv für die Tat war offensichtlich die Hoffnung auf eine Erbschaft, denn wie der Lebenslauf des Angeklagten zeigte, hatte er sich immer mehr in Geldnöte verstrickt. Nachdem er eine Schlosserlehre abgebrochen hatte, war Pfaff nach Amerika ausgewandert, von wo er aber bald wieder zurückkam. Seine Mutter hatte es ihm nie an Geld fehlen lassen, „und das mag vielleicht zu seinem Leichtsinn Manches beigetragen haben". In Mainz, wo er sich selbstständig machte und eine Schlosserwerkstatt anmietete, entwendete er einem Verwandten mit einem selbstgefertigten Nachschlüssel eine größere Geldsumme. Als dies herauskam, musste er dem Bestohlenen einen Schuldschein über 1.200 Mark ausstellen. „Wie es nun so häufig im Leben zu gehen pflegt", schrieb das „Darmstädter Tagblatt", „dachte Pfaff sich durch eine reiche Heirath zu helfen, und dazu war als Vermittler der Makler Peter Körner von Dexheim der rechte Mann."[16]

Gegen Verschreibung von 600 Mark verschaffte ihm dieser eine Frau. Es war vorgesehen, dass Pfaff die in Bechtolsheim gelegene Mühle ihres Vaters, des Müllers Stark, übernehmen sollte. Doch die Zuschreibung kam nicht zustande, da Pfaff keine Anzahlung leisten konnte und seine Mutter, der die ganze Sache missfiel, nichts beisteuern und unterschreiben wollte. Die Heirat würde auch wieder rückgängig gemacht worden sein, wenn die Braut nicht schwanger geworden wäre. So blieb Pfaff nichts anderes übrig, als Mühlbursche bei seinem Schwiegervater zu werden: „Seine Stellung mag nicht die angenehmste gewesen sein, er war für reich gefreit worden und brachte kein Geld, das doch sein Schwiegervater so gut hätte brauchen können."

Als seine finanzielle Situation immer drückender wurde, auch gerichtliche Klagen anstanden und sein Mobiliar schon versteigert worden war, begab sich Pfaff am Sonntag, dem 29. Februar 1880, zu seiner Mutter nach Nieder-Ramstadt. Dienstags kaufte er in Darmstadt nach dem Besuch verschiedener Wirtschaften bei einem Seiler einen Strick, an dem seine Mutter am folgenden Morgen aufgehängt gefunden wurde. Sofort hieß es im Ort, dass nur der Sohn dies getan haben könne. Ein Onkel warf Pfaff vor: „Was hast Du angerichtet mit dem Prozeßkram und der Heirath?"[17]

Am 16. Juni 1880 wurde er in eine für zum Tode verurteilte Straftäter bestimmte Zelle im Parterregeschoss des Darmstädter Gefängnisses gebracht. Unter ständiger Bewachung durch zwei Gendarmen empfing er Besuche seines Schwiegervaters, seines Verteidigers und des Scharfrichters Brand, welchem er seine Unschuld beteuerte. Auch schrieb er einen längeren Brief an seine Frau. Die Guillotine traf abends aus Mainz ein und wurde im Laufe der Nacht aufgeschlagen. Die Hinrichtung am folgenden Morgen fand unter dem Läuten des Armensünderglöckleins vom Rathaus her auf einem Hof des Gefängnisses statt. Anwesend waren das Wache stehende Militär, die Richter, der Staatsanwalt, der Verteidiger des Verurteilten, ein Gerichtsschreiber, ein evangelischer Geistlicher, mehrere weitere Beamte, verschiedene Offiziere, zwölf Stadtverordnete und etwa 50 Privatpersonen. Natürlich gab es auch wieder viele Schaulustige: „Die nächsten Straßen waren durch berittene Gensdarmen und Schutzleute abgesperrt, doch waren die umliegenden Häuser und Mauern, von welchen man einen Einblick in den Gefängnißhof hat, dicht mit Neugierigen besetzt; an mehreren Häusern waren sogar die Dächer abgedeckt, und die Neugierigen saßen bis zur First und auf den Schornsteinen."[18] Die Errichtung einer von einem Nachbarn geplanten Tribüne war diesmal untersagt worden.[19]

Die Hinrichtung Pfaffs war die erste, die seit dem 14. Oktober 1864 (Hinrichtung Ludwig Hilberg in Marburg) wieder in Hessen vorgenommen wurde. In einem Bericht nach Berlin vom 20. Juni 1880 heißt es, dass alle hessischen Zeitungen über die Exekution Pfaffs berichtet hätten, in keiner aber seien missbilligende Äußerungen darüber zu finden gewesen, dass nach so langer Zeit die Todesstrafe einmal wieder zur Anwendung gekommen sei.[20]

„Wehe mir, ich habe vergeblich gelebt"

Am Morgen des 21. Juni 1881 fand man die 44-jährige Witwe von Daniel Neeb II. in Groß-Rohrheim im Kreis Bergstraße erdrosselt vor. Ein Kästchen, in dem die Ermordete ihre Wertpapiere – über 8.000 Mark – aufbewahrte, war aufgebrochen und ausgeraubt worden. Eine wertvolle, von ihrem Mann stammende goldene Uhr und die Hausschlüssel fehlten ebenfalls. Deutlich erkennbare Spuren ergaben, dass der Täter über einen angrenzenden Anbau durch ein Giebelfenster des Hauses eingedrungen war, welches die Witwe allein bewohnte.

Sofort bezeichnete die „öffentliche Stimme" den wegen Diebstahls und Urkundenfälschung vorbestraften, erst kürzlich aus dem Zuchthaus entlassenen Heinrich Wettmann aus Groß-Rohrheim als den Täter. Der 32 Jahre alte, verheiratete Metzger hatte als Nachbar mit der Ermordeten auf sehr vertrautem Fuße gestanden und kannte die Verhältnisse in deren Haus gut. Er begab sich am Tag nach dem Verbrechen angeblich nach Darmstadt, in Wahrheit aber nach Frankfurt, wo er die geraubten Papiere versilberte. In der Voruntersuchung leugnete Wettmann die Tat, später gab er zu, „daß die Neeb unter seinen Händen gestorben sei".[21]

Als ihn die Geschworenen des Darmstädter Schwurgerichtshofes am 25. September 1881 nach einer viel besuchten Verhandlung des Raubmordes für schuldig erachtet hatten und der Staatsanwalt die Verhängung der Todesstrafe beantragte, äußerte er: „Wehe mir, ich habe vergeblich gelebt." Wettmann beteuerte seine Unschuld, bat aber um Vollstreckung des Todesurteils, „da er eine langjährige Zuchthausstrafe nicht ertragen wolle, dieselbe ihn vielmehr zu einem Meuchelmord verführen würde".[22]

Die Hinrichtung wurde am Morgen des 26. November 1881 an gewohnter Stelle durch Scharfrichter Brand mit der wiederum aus Mainz herantransportierten Guillotine vorgenommen. Am Abend zuvor war Wettmann zunächst offensichtlich guter Dinge „und foppte sogar die Justiz", indem er angeblich einen Platz in seinem Garten angab, wo die Beute von 8.000 Mark zu finden sei: „Alsbald angestellte Nachforschungen ergaben", so schrieb der „Badische Landesbote", „daß der freche Mensch die Unwahrheit gesagt hatte. Kurz nach 6 Uhr trank Wettmann noch einen Schoppen Rothwein; allein als er den verhängnißvollen Gang antreten sollte, verließ ihn der Muth, er verlor das Bewußtsein und mußte von 4 Gensdarmen auf das Blutgerüst förmlich getragen werden, wo Pfarrer Sell das Gebet sprach und das Fallbeil mit gewohnter Raschheit der peinlichen Szene ein grausiges Ende machte."[23]

Jean Müller aus Darmstadt, 1889

In ihrer Ausgabe vom 17. September 1888 berichtete die „Darmstädter Zeitung" über einen Raubmord, der sich in der Nacht vom 15. auf den 16. September (Samstag auf Sonntag) gegen 2 Uhr in Darmstadt ereignet hatte. In seiner Wohnung in der Bessunger Weinbergstraße 1 war der aus Ohrum (Niedersachsen) stammende Schuhmachergeselle Heinrich Oppermann erstochen und einer silbernen Uhr sowie seiner Barschaft beraubt worden. Der Verdacht gegen zwei andere Schuhmachergesellen, mit denen Oppermann in einer Schuhfabrik in Bessungen gearbeitet hatte, bestätigte sich nicht. In einem Artikel der „Darmstädter Zeitung" über die am 19. September erfolgte Beerdigung Oppermanns heißt es: „Der Ermordete ist fast der einzige Ernährer der Familie gewesen und der Vater desselben hat infolge der Nachricht der Ermordung seines Sohnes die Sprache verloren."[24]

Bereits wenige Tage später konnte die Zeitung die Verhaftung des Täters vermelden. Es handelte sich um den im Oktober 1867 in Södel (Ortsteil der Gemeinde Wölfersheim) geborenen Steindrucker Jean Müller, der als „verschlossener, eigentümlicher und nicht umgänglicher Mensch" geschildert wurde. Wohnhaft war er im selben Haus wie Oppermann in der Weinbergstraße. Wie aus seinem Geständnis hervorgeht, hatte er an einer jungen Frau aus Bessungen, der 18-jährigen Anna Heist, Gefallen gefunden und befürchtet, dass Oppermann ihm in die Quere kommen könnte. Mit den Eltern der jungen Frau, bei denen er viel verkehrte, hatte Müller schon gesprochen. Sie hatten ihm erklärt, man wolle nach Ableistung seiner anstehenden Militärzeit einmal weitersehen, „die Sache könne sich dann machen".[25]

In der Tatnacht wartete Müller, bis sein vermeintlicher Nebenbuhler, mit dem er zuvor noch zusammen gegessen hatte, nach Hause gekommen war. Unter dem Vorwand, den Schlüssel vergessen zu haben und nicht in sein Zimmer zu kommen, erhielt er von Oppermann die Erlaubnis, die Nacht bei ihm zu verbringen. Als dieser eingeschlafen war, zündete Müller eine Lampe an und versetzte dem Schlafenden mit einem mitgebrachten Messer einen Stich in den Hals. Oppermann sprang aus dem Bett und setzte sich mit den Worten „was habe ich Dir denn gethan" zur Wehr. Müller stach wütend und blindlings weiter auf ihn ein, bis er stöhnend zu Boden sank. Im selben Augenblick hörte er Leute aus dem Nachbarhaus. Er löschte die Lampe, zog sich teilweise an und nahm die Uhr und das Geld seines Opfers an sich, um einen Raubmord vorzutäuschen und den Verdacht von sich abzulenken. Er war gerade in seinem Zimmer angekommen und hatte sein blutbespritztes Hemd versteckt, da entstand eine große Unruhe im Haus, weil die Tat bereits entdeckt worden war. Alle Anwesenden, auch Müller, eilten zum Zimmer Oppermanns, um zu sehen, was vorgefallen war. Ein von Müller herbeigerufener Arzt konnte den bewusstlosen und nur noch schwach atmenden Schuhmachergesellen, der über 40 Wunden aufwies, nicht mehr retten.

Auch an der Beerdigung nahm Müller teil und hatte die Stirn, der Mutter seines Opfers entgegenzutreten und „hierbei seinem Bedauern und Abscheu über die That Ausdruck zu geben". Seine Heuchelei, die er ebenso bei der Familie Heist an den Tag legte, fand aber bald ein Ende, nachdem man Blutspuren an ihm bemerkt hatte. Bei einer Durchsuchung seines Zimmers entdeckte man die Uhr des Ermordeten und das blutbefleckte Hemd. Während der Verhaftung Müllers am Mittag des 21. September 1888 versammelte sich eine so große Menschenmenge, dass es unmöglich war, ihn zu Fuß abzuführen, sodass er im Wagen eines Polizeiassessors mitgenommen werden musste.

Bei seiner Verhandlung am 13. Dezember 1888 vor dem Darmstädter Schwurgericht fand sich ebenfalls eine große Anzahl von Zuschauern ein. Abends gegen 19 Uhr sprach der Gerichtshof das Todesurteil wegen Mordes aus, das der Verurteilte ruhig entgegennahm. Nachdem Großherzog Ludwig IV. das Urteil bestätigt hatte, nahm Scharfrichter Brand am 8. März 1889 auf dem hinteren Hof des Provinzialarresthauses die Guillotinierung Müllers vor. Da seine Angehörigen auf die Auslieferung des Leichnams verzichteten, wurde er der Anatomie in Gießen überlassen.[26]

Christian Kuhmichel, Schuhmacher und Zuhälter

Unter dem Vorsitz des Landgerichtsrats Rohde begann am 21. März 1892 vor dem Darmstädter Schwurgericht die Verhandlung gegen den Schuhmacher und Zuhälter Christian Franz Ludwig Kuhmichel, geboren im August 1856 in Schierstein am Rhein, einem Ortsbezirk von Wiesbaden. Er war verheiratet, lebte aber von seiner Frau getrennt. In letzter Zeit hatte er nicht mehr als Schuhmachergeselle gearbeitet, sondern in einer Zuckerfabrik in Groß-Gerau. Ihm wurde angelastet, am 23. Oktober 1891 im Wald bei Mörfelden den Landwirt und Kartoffelhändler Johann Peter Arndt aus Mörfelden durch vier Stiche in den Kopf ermordet und ihm etwa 85 Mark gestohlen zu haben. Zu der Verhandlung waren über 120 Zeugen und vier Sachverständige geladen.

Zwei Tage vor der Tat war der Angeklagte aus dem Zuchthaus in Ziegenhain, wo er wegen Raubes inhaftiert war, entlassen worden und hatte sich dann nach Frankfurt begeben. Dort fiel es ihm nicht schwer, zusammen mit einigen Bekannten aus Kreisen der Unterwelt seinen im Zuchthaus ersparten Arbeitslohn in kürzester Zeit zu verjubeln. Er gab an, dass er „durch den Genuß geistiger Getränke ganz durcheinander geworden sei", sodass er in einem Café einen Stuhl zerschlug. Am Morgen des 23. Oktober hatte er mit einigen Zuhältern Streit, bei dem er ein großes Messer blicken ließ.

Gänzlich mittellos machte er sich gegen Mittag auf den Weg nach Mörfelden, angeblich, um in Groß-Gerau Arbeit zu finden. In unmittelbarer Nähe des Forsthauses Mitteldick bei Neu-Isenburg begegnete ihm das Fuhrwerk von Arndt, das den „langsam dahinschlendernden, an einem Stöckchen schnitzelnden Kuhmichel" überholte. In dem Forsthaus machte Arndt eine kurze Rast, um dann ebenfalls von Frankfurt kommend seine Fahrt nach Mörfelden fortzusetzen. Kaum hatte er sich von dem Forsthaus entfernt, als auch Kuhmichel auftauchte und zuerst langsam, dann immer schneller die Verfolgung des Fuhrwerks aufnahm. Gegen 18 Uhr kam dieses mit der darauf liegenden Leiche Arndts auf dessen Hof in Mörfelden an. Wenig später erreichte auch Kuhmichel den Ort.

Am Tatort fand man Fußspuren, in die der Stiefel Kuhmichels genau hineinpasste. Man nahm an, dass er Arndt aufgelauert hatte, hinter seinem Wagen hergelaufen war und ihn dann erstochen hatte. Ein Zeuge, dem Kuhmichel sein Messer verkauft hatte, bemerkte, dass dieses sehr blutig war. Gegen den Angeklagten sprach auch sein auffälliges Verhalten, als er von Zeugen zufällig auf den Mord angesprochen wurde. In der „Darmstädter Zeitung" vom 26. Oktober 1891 wird Kuhmichel als mutmaßlicher Täter bezeichnet und folgendermaßen beschrieben: „kräftig, untersetzt, 1,60 bis 1,65 Meter groß, mit vollem Gesicht, struppigem Stoppelbart, vielleicht rötlich, trug weißen Umlegekragen, rötlich lange Halsbinde, weichen schwarzen Schlapphut, dunklen Anzug und frisch im Walde geschnittenen Stock."

Der Gesuchte trieb sich indessen ruhelos herum. Von Mörfelden, wo er kein Quartier gefunden hatte, begab er sich nach

Höchst, dann nach Gustavsburg, Mainz und Biebrich. Dort kam er bei einer Familie unter, der er vorschwindelte, er habe Arbeit in einer Zementfabrik gefunden. Einem Sohn der Familie gegenüber äußerte er Selbstmordgedanken. In Wiesbaden erhielt er Geld von einer Dirne und versuchte, „sein Gewissen zu beruhigen und zu betäuben". Dies schien ihm nicht gelungen zu sein, denn Ende Oktober 1891 stellte er sich auf dem Polizeipräsidium in Wiesbaden, stritt aber ab, die Tat begangen zu haben.

Dabei blieb er auch in seiner Verhandlung, konnte allerdings die Geschworenen nicht überzeugen. Diese sahen ihn für überführt an, den Raubmord begangen zu haben. Das vom Schwurgericht am 24. März 1892 verhängte und am 11. Juni 1892 vom Großherzog bestätigte Todesurteil vollstreckte Scharfrichter Brand am frühen Morgen des 14. Juni 1892 an gewohnter Stelle auf dem Darmstädter Gefängnishof.[27]

„Gib dein Geld oder dein Leben!"

Bemerkenswert ist, dass die Tat, die zur nächsten Hinrichtung in Darmstadt führte, fast an der gleichen Stelle und unter ähnlichen Umständen vonstattenging wie das Vergehen, das die Exekution Kuhmichels zur Folge hatte. Dies könnte daran liegen, dass die Straße von Frankfurt nach Mörfelden für potentielle Diebe und Räuber offensichtlich sehr lohnenswert und vielversprechend erschien, da sie häufig von Händlern und Landwirten befahren wurde, die in Frankfurt ihre Waren veräußert hatten und ihren Erlös mit sich führten.

Wie der 20-jährige Tagelöhner Georg Schreck, gebürtig aus Königstein im Taunus und wohnhaft in Frankfurt, und sein Mitangeklagter, der gleichaltrige Pflasterer Philipp Kramm aus Alzey, im Dezember 1892 in ihrem Prozess vor dem Darmstädter Schwurgericht angaben, hatten sie sich im Gefängnis in Frankfurt-Preungesheim kennengelernt. Kramm erklärte,

Schreck habe dort geäußert, „wenn er herauskäme, werde er nichts mehr arbeiten, er hätte seinen Händen Ruhe geschworen; er wüßte etwas in Kronberg zu machen, es könnte sein, daß Blut dabei fließe".

Nach ihrer Entlassung aus der Haft begingen die beiden etliche Diebstähle im Frankfurter Raum sowie in Wiesbaden, Ludwigshafen und Offenbach. Sie wollten sich genügend Geld verschaffen, um nach Amerika auszuwandern. Bei einem Einbruch am 28. August 1892 in der Frankfurter Friedensstraße 10 bei einem Rechtsanwalt fiel ihnen ein Armeerevolver in die Hände, für den sie sich scharfe Patronen besorgten. Nach Angaben Kramms hatte sein Mitangeklagter einmal gesagt, „wenn er einen Revolver hätte, dann hätte er mehr Kourage, dann wäre er ein anderer Kerl, da wüßte man, wie man sich helfen könne".

Einen Tag nach dem Einbruch in Frankfurt legten sie sich nachmittags in einem Graben in der Nähe des Forthauses Mitteldick auf die Lauer.

Sie wussten, dass Kuhmichel an gleicher Stelle „seinen Streich ausgeführt" haben musste. Schreck lud den Revolver, wollte

Die Hauptwache in Frankfurt am Main.

diesen angeblich aber nur dazu benutzt haben, um einem Vorbeikommenden damit zu drohen und ihn zur Herausgabe seines Geldes zu „überreden". Tatsächlich kam einige Zeit später der Bauer Johannes Schulmeier VIII. aus Mörfelden des Weges – ausgerechnet ein Schwager des von Kuhmichel ermordeten Arndt. Nachdem sich die beiden unkenntlich gemacht hatten, hielten sie im Wald das Fuhrwerk Schulmeiers an und Schreck rief mit vorgehaltenem Revolver: „Gib dein Geld oder dein Leben!". Der Bauer hielt dies zunächst für einen Scherz und antwortete: „Geld habe ich keines und Stromern gebe ich keines."

Schreck gab in der Verhandlung an, er habe angenommen, dass Schulmeier bei einem Griff in seinen Wagen eine Waffe habe herausholen wollen. Deshalb habe er zwei Mal auf ihn geschossen. Dann habe sich der Schwerverletzte auf sein Fuhrwerk geschwungen und sei davongefahren. Während Schreck behauptete, dass sich bei den Schüssen das Fuhrwerk zwischen ihm und Schulmeier befunden habe, ergab die Verhandlung, dass sich zumindest ein Schuss aus nächster Nähe gelöst haben musste. Schreck war bei der Schilderung des Tathergangs offenkundig bemüht, den Gebrauch der Waffe als vorher nicht geplant darzustellen. Er führte an: „Wenn ich von vornherein die Absicht gehabt hätte, den Schulmeier zu ermorden, so hätte ich ihn gewiß nicht angefallen, sondern einfach von weitem vom Wagen heruntergeschossen". Dagegen sprach allerdings, dass der benutzte Armeerevolver nur schwer zu handhaben war.[28]

Der Angeschossene, der 40 Mark mit sich führte, rettete sich auf seinem Wagen zum Haus des Forstwartes Luley und sagte: „Bring mich nach Hause, ich muß sterben, ich bin geschossen, sie haben mir mein Geld nehmen wollen." Auf dem Sterbebett gab er dem behandelnden Arzt Dr. Hammacher gegenüber an, dass er nach dem ersten von Schreck auf ihn abgefeuerten Schuss auf den Wagen gesprungen sei und Schreck erst dann ein zweites Mal auf ihn geschossen habe. Dieser zweite Schuss löste sich also in einem Moment, als Schreck nicht mehr annehmen konnte, dass

Schulmeier eine Waffe habe und sich wehren würde. Es ist auch die Rede davon, dass insgesamt vier Schüsse abgegeben worden seien.

Der in Holland verhaftete Schreck geriet zudem durch die Aussage eines ebenfalls in Preungesheim inhaftiert gewesenen Zeugen unter Druck. Dieser gab an, Schreck habe etwa fünf Tage vor der Tat geäußert, er „würde jetzt eine förmliche Räuberbande bilden und aufs Ganze los gehen, er müsse sich dazu einen Revolver beschaffen". Die Besitzerin einer „Kaffeebude" in Sachsenhausen berichtete von einem interessanten Gespräch, das sie einige Tage nach der Tat verfolgt hatte. Nachdem über Kuhmichel gesprochen worden war, hatte einer ihrer Gäste geäußert, dass die Bauern jetzt nur noch zusammen in großer Zahl von Frankfurt nach Hause fahren würden, worauf Schreck geantwortet hatte: „Man feuert dann auf die Hintersten hinein, dann fahren die Vorderen fort."[29]

Der Wahrspruch der Geschworenen lautete am 10. Dezember 1892 auf schuldig des schweren Diebstahls in wiederholtem Rückfall und des Mordes in Verbindung mit dem Versuch des schweren Raubmords.[30] Das über Kramm verhängte Todesurteil wurde am 20. Februar 1893 von Großherzog Ernst Ludwig bestätigt und drei Tage später durch Scharfrichter Brand auf dem Hof des Darmstädter Gefängnisses vollstreckt. Der ebenfalls zum Tode verurteilte Schreck hatte sich Ende Januar 1893 in seiner Zelle erhängt.[31]

Dreifachmord in Hofheim, 1914

Gleich dreimal zum Tode verurteilt wurde der Bäckergeselle Philipp Flörsch, geboren 1884 in Monzernheim bei Bechtheim. In seinem Prozess im Oktober 1914 vor dem Darmstädter Schwurgericht war eine ganze Reihe von Anklagepunkten gegen ihn erhoben worden: dreifacher Mord, Mordversuch in einem Fall, Raub und Brandstiftung.

Flörsch war bereits vorbestraft. Er hatte in Rheinhessen das Bäckerhandwerk erlernt und war dann von 1904 bis 1907 in Freinsheim beschäftigt, wo er eine junge Frau kennenlernte. Das Verhältnis endete, als diese nach Krefeld in Dienste ging. Flörsch reiste ihr nach, aber sie wollte nichts mehr von ihm wissen. Nach einem kurzen Aufenthalt in Düsseldorf begab er sich Ende März 1909 wiederum nach Krefeld und streckte die junge Frau mit drei Revolverschüssen auf der Straße nieder. Er gab an, er habe ihr in seiner Eifersucht einen „Denkzettel" geben wollen. Die vom Krefelder Schwurgericht über ihn verhängte viereinhalbjährige Gefängnisstrafe hatte er im Oktober 1913 verbüßt. Ohne von seiner Vorstrafe etwas zu erwähnen, trat er im Februar 1914 beim Bäckermeister Back in Hofheim (Stadtteil von Lampertheim) bei Worms in Stellung. Flörsch wurde dort „wie zur Familie gehörig behandelt. Er erhielt 9 Mark Wochenlohn und freie Station".[32]

Die Vergangenheit holte ihn aber wieder ein, als er am 7. Juni 1914 wegen des hinter ihm liegenden Verfahrens von der Gerichtsschreiberei Krefeld eine Zahlungsaufforderung von über 2.200 Mark erhielt. Von der Polizei bereits beobachtet, kündigte er noch am 7. Juni seine Stellung. In jenen Tagen schien in ihm der Entschluss gereift zu sein, sich das Geld auf irgendeine Weise illegal zu verschaffen. Er selbst gab an, in der Kündigungszeit wiederholt mit Back in Streit geraten zu sein, da dieser immer etwas an seiner Arbeit auszusetzen gehabt habe.

Im Affekt, wie er behauptete, tötete er in der Nacht vom 12. auf den 13. Juni 1914 durch Beilhiebe zunächst seinen Meister, dann dessen Frau. Die 19-jährige Tochter Auguste wurde so schwer verletzt, dass sie im Krankenhaus starb. Die vier Jahre jüngere Tochter Anna trug ebenfalls lebensgefährliche Verwundungen davon, eine dritte Tochter war in der Mordnacht nicht zu Hause. Der Geselle raubte etwa 870 Mark und zündete das Haus an, um seine Tat zu verbergen. Der Feuerschein wurde aber bald bemerkt und der Brand gelöscht. Während der Bäckermeister beim Ausbruch des Brandes schon tot gewesen sein muss, hat seine Frau noch gelebt.

Die Sachverständigen hielten den Angeklagten „zwar für exaltiert, aber für seine Tat verantwortlich".[33] Außer der dreimaligen Todesstrafe wegen Raubmordes wurde Flörsch nach zweitägiger Verhandlung vom Darmstädter Schwurgericht am 3. Oktober 1914 wegen „Raubes im tatsächlichen Zusammenhange mit Mordversuch zu lebenslänglichem Zuchthaus und wegen qualifizierter Brandstiftung zu 15 Jahren Zuchthaus verurteilt".[34] Nachdem die Großherzogin Eleonore als Vertreterin des auf dem Kriegsschauplatz weilenden Großherzogs Ernst Ludwig von einer Begnadigung abgesehen hatte, erfolgte die Guillotinierung des Verurteilten am 4. November 1914 im Darmstädter Gefängnis durch Scharfrichter Brand.[35]

Kassel

Auf einer Kuhhaut zum Richtplatz geschleift, 1817

Der vorliegende Raubmordfall aus Kurhessen erregte so viel Aufsehen, dass er in den 21. Band des berühmten „Neuen Pitaval" aufgenommen wurde, einer 60-bändigen, von 1842 bis 1890 herausgegebenen „Sammlung der interessantesten Criminalgeschichten aller Länder aus älterer und neuerer Zeit". Der Fall ereignete sich im damaligen Amt Spangenberg (heute Schwalm-Eder-Kreis). Drei Geflügelhändler befanden sich am frühen Morgen eines Frühjahrstages des Jahres 1815 auf dem Weg zu einem Wochenmarkt, als sie bei Heina (Ortsteil der Gemeinde Morschen) die Leiche eines gut gekleideten, etwa 30 Jahre alten Mannes fanden, dessen Kopf völlig zerschlagen war. Die über den Anblick entsetzten Männer liefen sofort nach Spangenberg zurück und erstatteten bei dem noch im Bett liegenden Justizamtmann Koch Anzeige.

Dieser begab sich daraufhin mit einem Gerichtsschreiber und zwei Medizinern zum Tatort, wo er feststellen musste, dass die Geflügelhändler „das Schreckbild nicht übertrieben" hatten. Neben der entstellten Leiche lagen die Mordwerkzeuge, zwei von Blut klebende, schwere Stöcke und mehrere große Steine. Niedergetretene Sträucher und der aufgewühlte Boden zeugten von einem heftigen Kampf, welcher der Bluttat vorausgegangen sein musste. Überraschend war, dass in den Hosen- und Westentaschen des Ermordeten noch einiges an Bargeld zu finden war, nämlich über 200 Gulden „in Gold und in hamburger Silbermünze". Die Leiche brachte man dann nach Heina, wo in der Pfarrscheune die gesetzliche Leichenöffnung vorgenommen wurde.

Drei Tage später entdeckte ein Hutmacher aus Melsungen Blutspuren an einem fast neuen Hut, der ihm von dem rund 50 Jahre alten Jakob Gräbe aus Heina zum Auffärben gebracht worden war. Der Hutmacher zeigte dies an, woraufhin Gräbe verhaftet wurde, ein Mann ohne Vermögen und nicht mit dem besten Ruf. Er verwickelte sich bei seinen Aussagen über die Herkunft des Hutes in Widersprüche, sodass Amtmann Koch zu der Überzeugung kam, in Gräbe den Täter oder zumindest einen Mittäter vor sich zu haben.

Koch galt zu jener Zeit, so berichtet der Pitaval, als einer der gebildetsten Männer, der ein „eminentes Talent für die Musik, besonders das Klavierspiel", gehabt habe. Gerade aber diese zeitintensive Hingabe an die Kunst hatte offensichtlich auch eine gewisse „Bequemlichkeit im Amtsberufe" zur Folge, indem er seinen Amtsdienern oft zu freie Hand ließ – so auch in Bezug auf die Behandlung Gräbes, der mittlerweile ins Spangenberger Gefängnis eingeliefert worden war und jede Schuld von sich wies. Es kam noch ein weiteres Motiv hinzu: „Koch, als milder, guter Vorgesetzter und Herr, ward von seinen Untergebenen geliebt, sie wünschten ihm etwas Angenehmes zu erzeigen, und daher den Verbrecher zum Geständniß zu bringen."[1] Die allzu eifrigen Gefängniswärter und Amtsdiener wandten dabei auch unerlaubte Methoden an. Sie verprügelten den Häftling, ließen ihn hungern, frieren und im Dunkeln sitzen, bis dieser schließlich nachgab und den vermeintlichen Mord an dem Fremden eingestand.

Außer ihm, so Gräbe, seien noch vier weitere Täter beteiligt gewesen, nämlich der Forstarbeiter Fehr und der frühere Husar Kratzenberg aus Spangenberg, die beide sofort verhaftet wurden, sowie zwei Einwohner aus Melsungen namens Kothe, deren Vornamen er nicht zu kennen vorgab. Nun gab es derzeit aber gleich zwölf Einwohner dieses Namens in Melsungen. Alle wurden vorgeladen, und Gräbe, der sie sich der Reihe nach ansehen musste, bezeichnete den fünften und sechsten als seine Mittäter, die beide vermögende und angesehene Dielenhändler waren. All ihr Protestieren und Beteuern ihrer Unschuld half ihnen nichts. Sie wurden „in Eisen gefesselt und als Raubmörder ins Gefängnis geworfen".

Ihre Verhaftung erregte großes Aufsehen. Man konnte sich nicht vorstellen, dass sie sich zu solch einem Verbrechen hatten hinreißen lassen. Namentlich schien es von Johannes Kothe ganz undenkbar, dem „bis da redlichsten Bürger der Stadt". Seine älteste Schwester, der das Verfahren zu lange dauerte, reiste nach Kassel, um sich persönlich bei der obersten Justizbehörde zu verwenden und eine bedeutende Bürgschaft für die Freilassung ihres Bruders anzubieten.

Als sie in Kassel im Gasthaus des Wirtes Heerwegen am Markt abstieg, kam es zu einem höchst interessanten Gespräch mit der Schwester des Wirtes. Diese konnte sich erinnern, dass am 2. Mai 1815 ein aus Hamburg zurückgekehrter, im Fuldaischen geborener Leinenhändler namens Hau in ihr Gasthaus gekommen war, der offensichtlich über einige Geldmittel verfügte und einen Führer nach Heina suchte, der ihm das Gepäck tragen sollte. Sofort boten sich zwei unbekannte, junge Männer an, die sich eifrig in ein Gespräch mit ihm einließen. Als sie, so die Wirtsschwester, von dem Mord bei Heina gehört habe, sei ihr der Gedanke gekommen, dass es sich bei dem Opfer vielleicht um den Leinenhändler gehandelt haben könnte, sie sei dem aber nicht weiter nachgegangen.

Die Schwester Kothes erfuhr zudem, dass die beiden unbekannten Männer, die sich bei Hau eingeschmeichelt hatten, zu jener Zeit beim Gastronomen Ziller in der Kasseler Unterneustadt untergekommen waren. Kurzerhand begab sie sich dorthin und konnte herausfinden, wer die damaligen Gäste waren, nämlich der vormalige Plüschfabrikant Jakob Roßbach aus Sterbfritz (Ortsteil der Gemeinde Sinntal im Main-Kinzig-Kreis) und Georg Müller aus Schwarzenfels (ebenfalls zu Sinntal gehörig). Sofort meldete sie dies einem Kriminalrichter in Kassel, der entsprechende Nachforschungen einleitete.

Einige Tage später nahm der Fall eine weitere überraschende Wendung. Einer der Verdächtigen, Georg Müller, tauchte erneut im Wirtshaus Heerwegen auf, um dort zu übernachten. Wohl führte er einen anderen Namen und hatte sich auch bezüglich seiner Kleidung und Manieren geändert, die Wirtsschwester meinte ihn aber wiederzuerkennen. Als sie eine auffallende, goldene Uhr bei ihm entdeckte, die sie vor der Tat bei Hau gesehen hatte, wurde ihre Annahme zur Gewissheit. Der hierüber in Kenntnis gesetzte Kriminalrichter, der inzwischen aus Schwarzenfels amtlich eingegangene Ermittlungen „über das Leben der beiden Taugenichtse Roßbach und Müller" erhalten hatte, schritt zur sofortigen Verhaftung des Gastes.

Nachdem auch Roßbach dingfest gemacht worden war, legte er nach einigem Zögern ein vollständiges Geständnis ab, welches mit den anderweitigen Ermittlungen übereinstimmte. Er und Müller, beide noch junge Leute, waren mit ihren Handelsgeschäften gescheitert und nach Kassel gereist, um sich als Freiwillige bei der Armee zu melden. Der Zufall führte sie am Morgen des 2. Mai 1815 in die Gaststube Heerwegens, wo sie Hau kennenlernten. Dieser machte jedes Jahr eine Reise nach Hamburg, um das Geld für seine dahin gesandten Leinenstücke einzukassieren. Durch seine Gesprächigkeit und Treuherzigkeit erfuhren sie, dass die Geschäfte gut verlaufen waren und er einiges Geld mit sich führte. Man einigte sich, gemeinsam nach Heina zu gehen, und trank Brüderschaft, schon bald aber war der Plan gefasst, Hau zu berauben.

Am Abend kamen sie in Melsungen an. Hau wollte dort übernachten, seine Begleiter überredeten ihn jedoch, den „kurzen Weg" nach Heina durch ein „plaisirliches Wäldchen" fortzusetzen. Roßbach nahm den schweren Tragranzen auf die Schultern, dann folgte Hau. Müller, mit einem wuchtigen Stachelstock bewaffnet, schloss den Zug. Es war schon dunkel, als Müller plötzlich mit dem Stock auf den Unglücklichen einschlug. Ein heftiger Kampf entbrannte, bis Hau entkräftet und verzweifelt um sein Leben bat, „er wolle ihnen Alles, was er habe, geben, er betheuert, er will die That verschweigen". In Müllers Herzen schien sich noch ein Funken von menschlichem Gefühl zu regen, und er ließ den „zermalmenden Knittel" (Knüppel) fallen, doch es war bereits zu spät.

Roßbach schleppte die Leiche ins Dickicht, aber die Angst vor ihrer Tat überkam die Mörder. In ihrer Hast durchsuchten sie nicht einmal die Taschen ihres Opfers, sondern begnügten sich mit dem Tragranzen, in dem sich der Großteil des Geldes befand. Sie flüchteten nun zurück nach Melsungen, wuschen in der Fulda notdürftig ihre blutbefleckte Kleidung und schlugen dann den Weg bis kurz vor Rotenburg wieder in die andere Richtung ein. In einem abgelegenen Garten schritten sie bei Tagesanbruch zur Teilung der Beute und bedienten sich einiger Kleidungsstücke des Ermordeten. Von Rotenburg aus ging es weiter über Bebra, Hersfeld, Fulda und Schlüchtern nach Schwarzenfels zurück. Um zu erfahren, ob der Verdacht wegen der inzwischen überall bekannt gewordenen Mordtat auf ihn und seinen Genossen gefallen sei, reiste Müller später noch einmal nach Kassel, wo er, wie erwähnt, im Gasthaus Heerwegen wiedererkannt und verhaftet wurde.

Als man die beiden im Fortgang der Untersuchung nach Heina an den Tatort führte, fand Müller eine Gelegenheit zur Flucht, sodass sich nur Roßbach vor Gericht verantworten musste. Nach seiner Verurteilung zum Tode wurde er am 15. Juli 1817 in Kassel mit dem Schwert hingerichtet, nachdem er auf einer Kuhhaut zum Richtplatz geschleift worden war. Nach der Hinrichtung wurde sein Körper auf ein Rad geflochten.

Die Gefangenen, die so lange unschuldig hinter Gittern gesessen hatten – Gräbe, Johannes und Werner Kothe, Fehr und Kratzenberg –, wurden kaum oder gar nicht entschädigt. Lediglich Johannes Kothe, dessen Geschäft durch seine lange Inhaftierung stark gelitten hatte, ließ man eine Entschädigung von 2.000 Talern zukommen. Die Beamten, die durch ihre

Schleifen eines Verurteilten auf einem Holzschlitten zur Richtstätte (oben rechts, 18. Jahrhundert).

Gefangenenmisshandlungen ihre Befugnisse weit überschritten hatten, wurden zu Haftstrafen verurteilt, während ihr Vorgesetzter, Amtmann Koch, durch eine Versetzung unangefochten der Justiz entging.[2]

Andreas Viehmann aus Fürstenhagen (Hessisch Lichtenau), 1836

Von drei Todesurteilen, die dem Kurprinzen vorgelegt wurden, verweigerte er in einem Fall eine Begnadigung. Dieser Fall betraf den Schäfer Andreas Viehmann aus Fürstenhagen, der vom Kasseler Kriminalgericht wegen eines Doppelmordes zum Tode verurteilt worden war. Viehmann hatte einen anderen Schäfer namens Schmidt mit einem Besenstiel erschlagen, weil dieser einen von Viehmann begangenen Diebstahl angezeigt hatte. Als ein zehnjähriger Sohn Schmidts diesem zu Hilfe kommen wollte, wurde er auf die gleiche Weise ermordet.[3]

Wie schon bei einer am 13. Oktober 1826 in Fulda vorgenommenen Doppelhinrichtung (Noll/Stehling) sah man auch in Kassel von der Hegung eines „hochnothpeinlichen Gerichts" ab. Dieses, so hieß es in der Begründung des Kriminalsenats des Obergerichts in Kassel vom 9. April 1836, sei „mit der jetzigen Gerichtsverfassung auch nicht wohl vereinbar. Das peinliche Gericht nämlich, welches dasselbe zu hegen hatte, besteht nicht mehr; der Anklage-Prozeß und damit das Amt des Fiskals, der als öffentlicher Ankläger auftreten mußte, sind vorlängst abgeschafft [worden] und somit dürfte unseres Erachtens kein Bedenken dabei obwalten, das ohne Hegung eines solchen Gerichtes zur Execution [Viehmanns] geschritten werde."

Bei der Frage, wie die Vollstreckung des Todesurteils im Einzelnen aussehen sollte, richtete man sich in den Grundzügen nach den Bestimmungen, die am 4. Oktober 1826 vom Staatsministerium, Abteilung der Justiz, hinsichtlich der erwähnten Doppelhinrichtung in Fulda ergangen waren. Zu der anstehenden Hinrichtung Viehmanns schrieb der Kasseler Kriminalsenat: „Am Tage der Hinrichtung beabsichtigen wir den Inquisiten Vormittags 8 Uhr in weißleinenem Kittel mit schwarzen Schleifen und weißbaumwollener Mütze mit schwarzer Umfassung, auf einem gewöhnlichen Leiterwagen, auf welchem eine Vorrichtung zum Sitzen angebracht, in Begleitung der mit seiner Vorbereitung zum Tode beauftragten beiden Prediger und unter Bedeckung von vier Gendarmen, aus dem hiesigen Gefangenhause auf die Richtstätte führen zu lassen. Der mit Leitung der Execution von uns zu beauftragende Gerichtsbeamte wird sammt einem Aktuar den Inquisiten am Schaffot empfangen; auf dem Schaffot werden die Prediger ein kurzes Gebet mit dem Inquisiten verrichten und darauf wird die Hinrichtung vollzogen."⁴

Diese nahm Scharfrichter Georg Carl Daniel Goepel (1808–1858) aus Göttingen am 22. April 1836 mit dem Schwert vor. Da „seit langer Zeit kein blutiges Schauspiel der Art hier Statt gehabt hat", so hieß es in der Presse, „so war die sich um das aufgerichtete Schaffot versammelnde neugierige Menschenmenge sehr groß. Der Leichnam des Delinquenten ward nach der Execution auf ein Rad geflochten und öffentlich ausgestellt."⁵

Richtstätte auf dem kleinen Forst

Die Magd Anna Catharina Köhler aus Bosserode, einem Ortsteil von Wildeck, und der 1823 dort geborene Knecht Johannes Hellwig arbeiteten 1841 zusammen auf dem Almushof bei Bosserode, ehe sie Anfang 1842 beim dortigen Bürgermeister Wagner in Dienste traten. Obwohl Hellwig, wie im ganzen Dorf bekannt, ein Verhältnis mit einer anderen jungen Frau unterhielt, die er zu heiraten beabsichtigte, hatte er auch intimen Kontakt mit der Magd, die ihm aber ansonsten nicht viel zu bedeuten schien. Als sich im August oder September 1842 in Bosserode das Gerücht verbreitete, dass die Magd ein Kind erwarte, gab sie Hellwig als Vater an. Er wies dies von sich, kam aber im Dorf so ins Gerede, dass er Anfang November 1842 äußerte: „Laßt mich in Frieden, oder es wird bald heißen: des Bürgermeisters Magd ist todt."⁶

Dies sollte sich bewahrheiten. Am 10. November 1842 zeigte der Bürgermeister dem Justizamt in Nentershausen an, seine Magd habe sich in einem Stall erhängt. Vertreter des Justizamts begaben sich noch am gleichen Tag nach Bosserode und fanden die nur 21 Jahre alt gewordene Magd auf dem Boden des Pferdestalls liegend vor, da der Bruder des Bürgermeisters sie abgeschnitten hatte. Ihre Leiche wurde in die Wohnung ihrer Mutter gebracht, wo der Totenbeschauer vergebens die vorgeschriebenen

Wiederbelebungsversuche mit ihr anstellte. Viele der Vernommenen gingen davon aus, dass sich die Magd aus Eifersucht und aus „Verdruß über die Zurücksetzung von Seiten ihres Schwängerers" selbst getötet habe. Es gab aber auch Hinweise darauf, dass Hellwig die Magd zu vergiften versucht hatte. Die Gerichtsärzte konnten kein endgültiges Urteil abgeben, ob es sich um Selbstmord handelte. Das Justizamt hielt eine Sektion für unnötig und verfügte, „daß der Leichnam auf die für Selbstmörder gewöhnliche Weise beerdigt werden könne". Als sich aber herausstellte, dass sich Hellwig mittels eines gefälschten Schreibens aus einer Apotheke in Berka Gift besorgt hatte, wurde die Exhumierung der Verstorbenen angeordnet. In Erbrochenem fand man Spuren von Arsenik.

Im Laufe der weiteren Untersuchungen legte Hellwig einige wechselhafte Geständnisse ab. Als er in einem Verhör im Juni 1843 auf die Widersprüche seiner Aussagen und „den göttlichen Richter, welcher die verborgensten Thaten der Menschen kenne", aufmerksam gemacht wurde, gab er zu, der Magd Gift verabreicht zu haben. Er habe sie in dem Glauben gelassen, dass es sich dabei um ein Mittel zur Abtreibung handelte. In Wahrheit aber habe er sie töten wollen, weil er das öffentliche Gerede über ihn habe beenden wollen. Da er nun habe befürchten müssen, dass seine Vergiftungsversuche herauskommen könnten und da er seine Beziehung zu seiner Braut habe retten wollen, habe er sich entschlossen, die Magd aus dem Weg zu räumen und sie am Mittag jenes 10. November 1842 im Stall mit einem Seil erwürgt und aufgehängt. Später versuchte er, den Mord einem anderen Einwohner aus Bosserode anzuhängen, diese Beschuldigung nahm er aber wieder zurück. Auch widerrief er seine Behauptung, er habe die Magd auf deren Wunsch hin getötet.

Das Kasseler Obergericht sah ihn am 15. November 1844 „der Ermordung der Anna Catharina Köhler aus Bosserode mittelst Erhängung, der versuchten Abtreibung der Leibesfrucht im Komplott mit der genannten Köhler", des versuchten Giftmordes und der Urkundenfälschung für schuldig an und verurteilte ihn zur Hinrichtung mit dem Schwert. Eine eingelegte Berufung wies das Oberappellationsgericht am 31. Oktober 1845 als unbegründet zurück.

Während der Fall bearbeitet wurde, gab Hellwig plötzlich an, die mittlerweile verstorbene Frau des Bürgermeisters Wagner sei die Täterin gewesen. Er habe mit ihr ein Verhältnis gehabt, und sie habe ihren Mann vergiften wollen, um ihn, Hellwig, heiraten zu können. Als im Dorf bekannt geworden sei, dass die Magd ein Kind von ihm erwarte, sei sie eifersüchtig geworden und habe ihm geraten, die Magd zu vergiften. Da dies nicht gelungen sei, habe Frau Wagner die Magd allein und ohne sein Wissen erhängt. Dann habe sie ihm einen Eid abgenommen, „sie nicht zu verrathen, die Sache vielmehr im schlimmsten Falle auf sich zu nehmen".

Ein vom Verteidiger Hellwigs eingereichter Antrag auf Wiederaufnahme der Untersuchung wurde ebenso zurückgewiesen wie ein Begnadigungsgesuch von Hellwigs Vater. Am Abend vor der geplanten Hinrichtung gestand der Verurteilte „unter vielen Thränen und nunmehr unter allen Zeichen aufrichtiger Reue und Bekehrung", dass Frau Wagner unschuldig und er selbst der Täter sei. Sein Verteidiger gründete auf diese „Bekehrung" ein weiteres Begnadigungsgesuch, aufgrund dessen die für den 10. Juli 1846 angesetzte Hinrichtung nicht stattfand. Schon gegen vier Uhr morgens hatte sich an jenem Tag eine große Menschenmenge auf dem Richtplatz auf dem kleinen Forst, einer Wiese vor dem ehemaligen Leipziger Tor, und auf dem Weg dorthin versammelt. Dem Delinquenten waren im Gefängnis schon die Haare geschoren worden und der Scharfrichter wartete auf dem Schafott, das auf dem Richtplatz errichtet worden war, als sich gegen halb sieben die Nachricht verbreitete, „daß die Execution auf höchsten Befehl aufgeschoben sey".

Die Richtstätte nebst Richtstuhl und Sarg wurde Tag und Nacht bewacht, ehe nach Zurückweisung des Begnadigungsgesuches die Hinrichtung Hellwigs am 17. Juli 1846 gegen fünf Uhr morgens durch Scharfrichter Christian Schwarz aus Hannover vorgenommen wurde. Hellwig war erst eine Stunde vorher mitgeteilt worden, dass er hingerichtet würde, „um ihn nicht noch einmal längere Todesfurcht ausstehen zu lassen". Ungeachtet dessen, dass die Nachricht von der Hinrichtung erst am Abend des 16. Juli bekannt geworden sein konnte, fand sich am folgenden Morgen „ein sehr großer Volkshaufen" auf dem Richtplatz ein.[7]

Johann Heinrich Hildebrand aus Kassel, 1851

Der 1812 in St. Ottilien (Ortsteil von Helsa) geborene Johann Heinrich Hildebrand lernte nach seiner Konfirmation bei seinem Vater die Leinweberei und wurde in seinem 20. Lebensjahr Soldat in einem Schützenbataillon in Kassel. Während seiner fünfjährigen Militärzeit war er mit Katharine Dippel aus Quentel (Stadtteil von Hessisch Lichtenau) verlobt, die von ihm schwanger wurde und im Wochenbett verstarb. Kurz vor ihrem Tod hatte er ihr versprechen müssen, ihre jüngere Schwester Elisabeth Dippel zu heiraten, was er 1838 auch tat. Ein Jahr später wurde er Vater einer Tochter. Hildebrand bewirtschaftete einige ihm gehörige, aber hoch verschuldete Grundstücke und betrieb Leinweberei. Auf Empfehlung seines früheren Kompaniechefs wurde er 1846 als Tagelöhner beim Bahnbau eingestellt und 1847 als Bürodiener im Kontrollbüro der Staatseisenbahnverwaltung in Kassel. Seine Frau blieb mit dem Kind in St. Ottilien, besuchte ihn aber regelmäßig in Kassel.

Die Verhältnisse änderten sich, als er dort die Dienstmagd Gertrude Spilling kennenlernte, die seit einigen Jahren bei der Familie eines „achtbaren Geistlichen" arbeitete. Sie kamen sich schnell näher, „so daß sie sich Geschenke machten, Briefe schrieben, mit dem Vornamen anredeten und sich hin und wieder besuchten". Schließlich machte Hildebrand ihr Heiratsanträge und wollte sich von seiner Frau scheiden lassen, was diese aber zurückwies. Als die Dienstherrschaft von Frau Spilling im April 1850 erfuhr, dass sie „mit einem verheiratheten Manne einen Liebeshandel habe", sprach sie die Kündigung aus. Auch legte sie der Dienstmagd einen Umzug zu Verwandten nach Leipzig nahe, „um dadurch ihr Verhältniß zu Hildebrand ganz zu Ende zu bringen".

Am Morgen des 7. Juni 1850, eines Freitags, gegen 8 Uhr erschien ein Verwandter von Hildebrand, der Kohlenhändler Andreas Hildebrand aus Quentel, bei der städtischen Polizeiverwaltung in Kassel und machte eine Anzeige, durch welche Hildebrand stark belastet wurde. Er gab an, dieser habe ihm am Abend zuvor gestanden, seiner Frau am Nachmittag jenes 6. Juni in einem Waldstück bei Vollmarshausen (Ortsteil von Lohfelden) „den Hals abgeschnitten" zu haben. Hildebrand habe ihn wiederholt zum Stillschweigen aufgefordert und ihn gebeten, ihm beim Vergraben der Leiche behilflich zu sein. So wie sie jetzt da liege, nur „mit wenigem Zeug" zugedeckt, könnte sie leicht gefunden werden – sie „müsse in ein tiefes Loch". Der Polizeivorstand ordnete aufgrund dieser Anzeige die sofortige Verhaftung Hildebrands an, veranlasste die schleunige Absendung eines Gendarmeriekommandos, um nach der Leiche zu suchen, und gab das aufgenommene Protokoll an den Staatsprokurator zur weiteren Verfügung ab.

Gegen 10 Uhr morgens des 7. Juni wartete der Bürgermeister von St. Ottilien vor dem Kasseler Verwaltungsamt mit der Nachricht auf, dass er zwei Stunden zuvor die Leiche der Ermordeten bereits gefunden habe. Ihm war zu Ohren gekommen, dass Frau Hildebrand am 6. Juni gegen Mittag St. Ottilien verlassen hatte, um sich in dem besagten Waldstück mit ihrem Mann zu treffen. Als sie nicht mehr zurückkehrte, befürchtete er, dass ihr Mann ihr etwas angetan haben könnte, und rückte mit 20 Mann aus dem Dorf aus, um nach ihr zu suchen. Der Bürgermeister stellte eine Wache bei der aufgefundenen Leiche auf und eilte nach Kassel, um seine Anzeige zu machen.

Auf Antrag des Staatsprokurators wurde ein Instruktionsverfahren gegen Hildebrand wegen Ermordung seiner Frau eröffnet. Der Instruktionsrichter begab sich noch am 7. Juni an den Tatort und fand die Leiche „in einem trocknen Graben des Waldortes Trippelshaide (Schneusenbusch) eingezwängt, mit Sand und Laub umgeben". Acht große Steine lagen auf dem Leichnam, über den einige Tannenzweige gelegt worden waren. An der linken Seite des Halses befand sich eine klaffende Schnittwunde. Als Hildebrand mit dem Leichnam, den man inzwischen nach Vollmarshausen gebracht hatte, konfrontiert wurde, versicherte er unter heftigen Beteuerungen seine Unschuld. Bei einer Hausdurchsuchung bei ihm wurden blutbefleckte Kleidungsstücke gefunden. Sein ebenfalls mit Blutspuren versehenes Rasiermesser schien nach Einschätzung von Sachverständigen als Tatwaffe geeignet.

Das Instruktionsverfahren und die öffentliche Hauptverhandlung vor dem Kasseler Schwurgericht im Januar 1851 machten deutlich, dass die Ehe der Hildebrands in St. Ottilien „allgemein als eine zufriedene angesehen" worden war. Als Hildebrand aber nach Kassel umgezogen war, dort als „Bureaudiener mit einer Uniform" arbeiten konnte und seine Geliebte kennenlernte, distanzierte er sich zunehmend von „seiner einfachen und in Bauerntracht einhergehenden Frau" und äußerte schließlich bei verschiedenen Gelegenheiten unverhohlen seinen Hass gegen sie. Einmal sagte er: „Ich fange noch ein Unglück an, wenn es nicht zur Scheidung kommt – eins von uns, ich oder meine Frau, muß dann sterben."

Eine Schwester Hildebrands aus St. Ottilien bezeugte, ihre verstorbene Schwägerin habe ihr wenige Wochen vor ihrem Tod erzählt, ihr Mann sei eines Nachts überraschenderweise von Kassel nach St. Ottilien zu ihr gekommen und habe ihr vorgeschlagen, mit ihm auf eine abgelegene, ihm gehörige Waldwiese zu gehen, was dann doch unterlassen worden sei. Aus anderen Zeugenaussagen ging hervor, dass sich Hildebrand bemüht hatte, in den Besitz von Gift zu gelangen. Eine Bekannte hatte Frau Hildebrand gewarnt, sie solle nichts zum Essen oder Trinken von ihrem Mann annehmen, da er ihr nach dem Leben trachten könnte. Frau Hildebrand sah sie daraufhin groß an und sagte: „Nein, so schlecht ist er doch nicht."

Am 1. Juni 1850 war Frau Hildebrand zum letzten Mal zu Besuch bei ihrem Mann in Kassel. An jenem Tag schlug er ihr vor, sich am 6. Juni in dem Waldstück bei Vollmarshausen zu treffen. Um dieses Anerbieten zu untermauern, versuchte er, „durch freundliches zuvorkommendes Benehmen sich wieder Vertrauen zu verschaffen, was ihm auch bei der gutmüthigen lenksamen Frau gelang". Er trug ihr auf, keinem etwas von dem Treffen zu sagen, woran sie sich aber nicht hielt. Nachdem er sich also den 6. Juni zu seiner Tat ausersehen hatte, schwankte Hildebrand noch hinsichtlich der anzuwendenden Mittel. Noch am 4. Juni versuchte er vergeblich, von dem Kammerjäger Conrad Baum aus St. Ottilien Gift zu bekommen.

Gegen das Leugnen der Tat, das Hildebrand auch in der Schwurgerichtssitzung beibehielt, sprach, dass er sein Alibi für den Nachmittag des 6. Juni nicht aufrechterhalten konnte. Zwei Zeugen glaubten vielmehr, den Angeklagten in der Nähe des Tatortes gesehen zu haben. Auf seiner Arbeitsstelle fiel auf, dass er seine ungewöhnliche Abwesenheit – er war an jenem Nachmittag von zwei bis halb fünf nicht im Büro – nicht entschuldigte und „sehr angegriffen, verlegen und überhaupt verändert" erschien. Der Versuch Hildebrands, seinem Hauptbelastungszeugen Andreas Hildebrand den Mord anzuhängen, erschien äußerst unglaubwürdig, zumal dieser ein sicheres Alibi vorweisen konnte. Der Zeuge blieb bei seiner Vernehmung vor dem Schwurgericht mit Bestimmtheit bei seiner Aussage „und sagte diese mit fester Ruhe dem Angeklagten ins Gesicht. Dieser widersprach mit unruhiger Heftigkeit und suchte sein Heil hauptsächlich in der wiederholten Entgegnung, der Zeuge möge die Frau wohl selbst ermordet haben."

Die Geschworenen sahen den Angeklagten nach mehrtägiger Verhandlung am 21. Januar 1851 des Gattenmordes für überführt an, woraufhin er zum Tod durch das Schwert verurteilt wurde. Die Verteidigung erwiderte dagegen, die Todesstrafe werde nach kurhessischer Gerichtspraxis nur dann verhängt, wenn ein „direkter Beweis der That, namentlich ein Geständniß des Thäters" vorliege. Das sei aber hier nicht der Fall. Nachdem eine von Hildebrand eingelegte Berufung abgelehnt worden war, wurde das Todesurteil am frühen Morgen des 5. September 1851 in Kassel vollstreckt.[8] Zu der Hinrichtung schrieb die „Kasseler Zeitung": „Schon um 4 Uhr holte das Leibregiment unter dem Schall der Musik seine Fahnen und begab sich darauf auf den hiesigen kleinen Forst, einer Wiese vor dem Leipziger Thore, wo es um das Schaffot einen weiten Kreis schloß. Zuschauer waren aus allen Theilen der Stadt und der Umgegend in großer Menge herbeigeströmt. Um 6 Uhr erschien der Wagen, auf welchem der Delinquent saß. [...] Der Verurtheilte setzte sich auf den Stuhl, wurde festgeschnallt und im nächsten Augenblicke war der Kopf vom Rumpf getrennt."[9]

Gattenmord bei Hombressen, 1851

Der Tagelöhner Julius Herbold aus Hombressen (Hofgeismar) stand nicht in bestem Ruf. Er „ergab sich dem Müßiggang, dem Trunke und einem verschwenderischen Leben". Nach Beendigung seiner Militärzeit hatte er 1848 seine etwa 23 Jahre alte Frau Marie (geborene Brand) aus Hombressen geheiratet. Sie brachte ein uneheliches Kind mit in die Ehe, das von ihm sehr schlecht behandelt wurde und im Sommer 1850 starb. Als im Herbst darauf auch sein eigenes Kind unglücklich in einem Waschfass umkam, hieß es in der Gemeinde, das habe er an jenem (dem mit in die Ehe gebrachten) „zu Tode misshandelten Kinde verdient".[10]

Im Dezember 1849 verwundete Herbold seine Frau mit einem Schemel und stieß solche Drohungen aus, dass sie zum Fenster hinaussprang und zu Verwandten flüchtete, bei denen sie zuweilen wochenlang Schutz suchte. Als es einige Zeit später erneut zu Zwischenfällen kam, musste er vor Gericht. Wegen Verwundung seiner Frau, seiner Schwägerin und Schwiegermutter wurde er zu einer sechswöchigen Zwangsarbeit verurteilt. Seine Frau hingegen bemühte sich, den ärmlichen Haushalt durch Fleiß und Sparsamkeit zusammenzuhalten.

Am Nachmittag des 18. Februar 1851 lauerte der angetrunkene 28-Jährige in der Nähe des Dorfes seiner Frau auf, die Holz gesammelt hatte. Er ging auf sie zu und versuchte sie zu überreden, nochmals mit ihm in den Wald zu gehen, angeblich, um besseres Holz zu holen. Aus Furcht vor ihm setzte sie aber ihren Weg ins Dorf fort. Herbold verfolgte sie, riss sie zu Boden, trat auf sie ein und versetzte ihr mehrere Schläge auf den Kopf, sodass sie erhebliche Kopfverletzungen mit Knochenrissen davontrug. Als nun der in der Nähe befindliche Schäfer Heinrich Tölle herbeieilte, der Frau Herbolds Hilferufe gehört hatte und Augenzeuge der Tat wurde, ergriff der gewalttätige Ehemann die Flucht. Seine bewusstlose Frau wurde nach Hause getragen und medizinisch versorgt. Am 22. März 1851 starb sie, nachdem sie noch einmal zu sich gekommen und eidlich vernommen worden war.

Am Tag nach der Tat stellte sich Herbold dem Instruktionsrichter im Kasseler Gefängnis. Er gab an, schon morgens mit seiner Frau Streit gehabt zu haben, da sie ihn einen „Söffer und faulen Kerl" genannt habe. Als sie sich nachmittags zufällig begegnet seien, habe sie ihn weiter beschimpft und „an den Haaren gefaßt". In seinem betrunkenen Zustand habe er sie darauf mit einem Knüppel geschlagen, den sie zum Tragen des Holzes dabeigehabt habe, bis sie losgelassen habe. Den Knüppel habe er mitgenommen und in der Gegend von Grebenstein weggeworfen.

Seine Frau hingegen hatte vor ihrem Tod angegeben, sie habe ihn schon wegen ihrer Angst vor ihm keineswegs „geschimpft und angepackt". Das wurde von Schäfer Tölle bestätigt.

Auch die Aussagen des Ehemanns hinsichtlich der Tatwaffe erwiesen sich als sehr fragwürdig. In einem Bach nahe des Tatortes, den Herbold auf seiner Flucht überquert haben musste, wurde Anfang April 1851 ein etwas über ein Fuß langer und zwei Pfund schwerer, eiserner Mörserstößer gefunden, der sich als Eigentum der Herbold'schen Eheleute erwies. Am Morgen des Tattages war er noch in deren Wohnstube gesehen worden, danach wurde er vermisst. Schäfer Tölle sagte aus, dass Herbold mit einem kurzen und harten Instrument zugeschlagen haben müsse. Die Gerichtsärzte hielten den Mörserstößer „nach Beschaffenheit der Verletzungen zur Hervorbringung dieser für vollkommen geeignet".

Das Schwurgericht in Kassel, das vom 2. bis 4. Februar 1852 den Fall verhandelte, sprach Herbold von der Anklage des Gattenmords frei. Für schuldig befunden wurde er aber eines an seiner Frau verübten Totschlags, d. h. der in nicht völlig bestimmter Absicht und im Zustand der Gemütserregung verübten Tötung. Das Urteil lautete auf 22-jährige Eisenstrafe zweiter Klasse, die er am 15. Februar 1852 im Stockhaus im Marburger Schloss antrat.

Die Staatsbehörde, die sich aufgrund einer abgewiesenen Berufung des Verteidigers des Verurteilten erneut mit den Untersuchungsakten zu beschäftigen hatte, legte nun ihrerseits gegen das Urteil Berufung ein, weil die Problematik nicht hinreichend erörtert worden sei, „ob der Angeklagte mit Vorbedacht, oder in welchem Grade des Affekts er gehandelt habe". Dem Rechnung tragend, hob das Oberappellationsgericht am 4. Mai 1852 das angefochtene Urteil auf, sodass sich das Kasseler Schwurgericht vom 21. bis 23. Juni 1852 noch einmal mit dem Fall zu beschäftigen hatte. Die Geschworenen bejahten die Fragen, ob der Angeklagte seine Frau mit bestimmter Absicht getötet und ob er die Absicht, seine Frau zu töten, mit Vorbedacht (Überlegung) gefasst und ausgeführt habe. Sie verneinten die Frage, ob er so betrunken gewesen sei, dass die Freiheit seiner Willensbestimmung aufgehoben oder beschränkt gewesen sei. Dem Antrag des Staatsprokurators gemäß verurteilte das Gericht den Angeklagten wegen Gattenmordes zur Todesstrafe mit dem Schwert. Die Geschworenen und das Gericht selbst verzichteten darauf, den Verurteilten der Gnade des Landesherrn zu empfehlen, der seinerseits keine Begnadigung gewährte.[11]

Nachdem Herbold am 3. Januar 1853 mitgeteilt worden war, dass das Todesurteil vollstreckt werden würde, gestand er am letzten Abend seines Lebens, schon einige Zeit vor dem Vergehen den Gedanken gehegt zu haben, seine verhasste Frau aus der Welt zu schaffen. Am Tag der Tat habe er den Mörserstößer in der Absicht aus der Wohnung mitgenommen, seine Frau damit im Wald umzubringen. Seine Hinrichtung fand am Morgen des 7. Januar 1853 unter dem Zulauf einer großen Menschenmenge wieder auf dem kleinen Forst vor dem Leipziger Tor statt. Der Leichnam wurde der Anatomie in Marburg zugeführt.[12]

Vatermord in Rotenburg, 1881

Am 29. März 1882 stand der Schreiner Wilhelm Jakob, geboren in Rotenburg an der Fulda und wohnhaft in Sieglos (Ortsteil der Gemeinde Hauneck), unter der Anklage vor dem Kasseler Schwurgericht, am 30. Oktober 1881 in Rotenburg seinen Vater Heinrich Jakob ermordet zu haben. Seiner Mutter Elisabeth (geborene Ludwig) wurde angelastet, ihn zu der Tat angestiftet zu haben. Der Tagelöhner Johannes Däche und seine Frau Christine (geborene Greiling) sollten ihm ebenfalls Beihilfe und wissentlich Beistand geleistet haben, um ihn einer Bestrafung zu entziehen. Ehe man in die Verhandlung eintrat, gab ein als Sachverständiger anwesender Arzt aus der „Landes-Irrenheilanstalt" in Marburg ein Gutachten ab, dass Frau Jakob aus psychischen Gründen nicht vernehmungsfähig sei, sodass die Verhandlung gegen sie ausgesetzt wurde.

Wilhelm Jakob gab an, von seiner Mutter und den Eheleuten Däche, die ebenfalls im elterlichen Haus wohnten, über Jahre hinweg aufgestachelt worden zu sein, seinen Vater aus dem Weg zu räumen. Im Oktober 1881, als sich der Sohn längere Zeit bei seinen Eltern in Rotenburg aufhielt, habe Herr Däche ihm gesagt, wenn er seinen Vater töten würde, dann könne er in dessen Haus ziehen, und auch sie, die Eheleute Däche, könnten dann wohnen bleiben. Als ihn sein Vater einmal derart geschlagen habe, dass er ihn mit einer Pistole habe abhalten müssen, habe Frau Däche gesagt, „er hätte ihn nur todt schießen sollen". Bei einem Besuch seiner Mutter am Nachmittag des 29. Oktober 1881 bei den Eheleuten habe man beraten, „wie der Alte umgebracht werden sollte". Herr Däche habe dazu geraten, Spiritus und Salpeter zu vermischen, um damit den Vater betrunken und kampfunfähig zu machen. Beides sei in einer Apotheke besorgt worden und Däche habe die Substanzen in einem Gläschen vermischt.

Wie aus weiteren Aussagen Wilhelm Jakobs hervorging, überredeten die Angeklagten am Abend des folgenden Tages den Vater, mit ihnen ins Rotenburger Wirtshaus „Zum grünen Baum" zu gehen, wo sie ihm reichlich zuprosteten. Wieder zu Hause angekommen, gaben Wilhelm und Herr Däche dem Vater aus dem Gläschen mit dem Spiritusgemisch zu trinken. Als sein Vater ihn beschimpft und mit einem Messer bedroht habe, so Wilhelm, habe er ihn im Streit aufs Bett geworfen, ihm eine in der Hosentasche mitgeführte Pistole mit gespanntem Hahn in den Mund gehalten und abgedrückt. Am nächsten Morgen habe er dem Ermordeten die Pistole in die Hand gelegt, um einen Selbstmord vorzutäuschen. Die Eheleute Däche hätten ihm geholfen, die Spuren seiner Bluttat zu verwischen. In der Voruntersuchung hatte er nichts von einem der Tat vorangegangenen Streit berichtet.

Das Schwurgericht verurteilte Wilhelm Jakob wegen Mordes zum Tode und die Eheleute Däche wegen Beihilfe zu je zehn

Scharfrichter Julius Krautz in einer Darstellung von 1885.

Jahren Zuchthaus.[13] In Berliner Akten wird auf die brutale Art der Ausführung des Mordes aufmerksam gemacht und auf die „niedere Habgier" des Täters, den „Ungeduld auf die erwartete Erbschaft" zu dem Verbrechen verleitet habe. Auch sein Verhalten nach der Tat habe ihn als „völlig verkommenen Menschen" gezeigt.[14]

Das Todesurteil wurde am Morgen des 6. Juli 1882 auf dem Hof des Landgerichtsgefängnisses am Leipziger Tor vollstreckt. Eine Anzahl von Menschen vor dem Gebäude wartete mit Spannung auf die Ankunft von Scharfrichter Julius Krautz, der gegen halb sechs in Begleitung seiner Gehilfen ankam. Er trug einen schwarzen Anzug, eine weiße Halsbinde und einen hohen Zylinderhut, während die Gehilfen Mützen auf dem Kopf hatten.

Kurz vor 6 Uhr erschien der Gerichtspräsident, bei dessen Eintritt ein an der Tür stehender Gerichtsbeamter durch Winken mit einem weißen Tuch das Zeichen zum Beginn des Läutens der Armensünderglocke gab. Deren Klänge ertönten vom Turm der Unterneustädter Kirche und verkündeten, „daß in den nächsten Minuten ein Mitmensch seine Verirrungen mit dem Tode durch das Richtbeil büßen würde".[15]

In Bezug auf die Gerätschaften, die bei der Hinrichtung verwendet wurden, berichtete die „Kasseler Zeitung", „daß das Beil eine Schwere von etwa 20 Pfund haben soll; der Richtklotz, welcher unten mit Klammern an den Fußboden befestigt wird, läuft nach oben hin schmaler zu und hat auf seiner Oberfläche eine Vertiefung zum Hineinlegen des Kinns; an den Seiten des Klotzes befinden sich zwei Knöpfe, um die Oesen der dem Verurtheilten über den Hinterkopf gelegten Lederkappe daran befestigen zu können. Mehrere tief in den Klotz gedrungene Beilhiebe geben Zeugniß davon, mit welcher Wucht das Richtbeil bei den Hinrichtungen herabzufallen pflegt."[16]

Nachdem die Witwe Elisabeth Jakob in der „Landes-Irrenheilanstalt" in Marburg behandelt worden war und man festgestellt hatte, dass sie wieder in den Besitz ihrer geistigen Zurechnungsfähigkeit gelangt sei, wurde das Verfahren gegen sie erneut aufgenommen. Das Kasseler Schwurgericht verurteilte sie am 23. September 1882 wegen Beihilfe zum Mord zu einer sechsjährigen Zuchthausstrafe. Von der Anstiftung zum Mord wurde sie freigesprochen.[17]

„Zehn Kadaver der Reaktion" für Lieskes Tod

Wie gewöhnlich verließ der Chef der Frankfurter Kriminalabteilung und der politischen Polizei, Polizeirat Dr. Ludwig Rumpff, am 13. Januar 1885 gegen 19 Uhr sein Büro im Clesernhof, dem alten Polizeipräsidium nahe dem Römer in der Altstadt, und begab sich zu seiner Wohnung im Sachsenlager 5. Erst vor Kurzem war der Witwer mit seinen beiden Kindern dorthin gezogen. Als Rumpff den Vorgarten passierte und die Haustür aufschließen wollte, wurde er durch einen Dolchstoß ins Herz niedergestreckt. Von Einkäufen zurückkehrend, entdeckte ihn gegen 20 Uhr sein Dienstmädchen, in dessen Armen er starb.

Der am 9. Februar 1822 in Frankfurt geborene Rumpff, ab 1857 Kommissar im Dienst der dortigen Polizei, verschrieb sich nach dem Erlass des Sozialistengesetzes 1878 vor allem der Verfolgung und Unterdrückung der Arbeiterbewegung sowie der Bekämpfung des Anarchismus. Dabei bediente er sich allerdings zuweilen auch zweifelhafter Bespitzelungsmethoden. Er war maßgeblich an der Aufklärung des Niederwaldattentates vom September 1883 beteiligt, infolge dessen August Reinsdorf und Emil Küchler in Leipzig zum Tode verurteilt wurden. Im Oktober 1883 explodierte eine Ladung Dynamit unter einer Treppe im Frankfurter Polizeipräsidium, wodurch das Gebäude erheblich beschädigt wurde. Rumpff, dem offensichtlich der Anschlag in erster Linie gegolten hatte, blieb unverletzt. In der „Freiheit" (1879 von dem deutschen Anarchisten Johann Most in London gegründete und in Deutschland illegal verbreitete Zeitschrift) vom 31. Oktober 1883 bemerkte man dazu: „In Frankfurt am Main wurden am Gebäude der dortigen Polizeidirektion Sprengversuche angestellt, welche insofern von ganz gutem Erfolge begleitet waren, als die Fetzen nach allen Richtungen flogen. Was aber die darin befindlichen amtlichen Galgenvögel anbetrifft, so sind sie leider mit dem bloßen Schrecken davongekommen."[18]

Auch die Ermordung Rumpffs sah man allgemein als anarchistischen Racheakt an. In einigen Artikeln der „Freiheit" machte man keinen Hehl daraus, dass die „Hinrichtung" des Polizeirats mit Wohlwollen zur Kenntnis genommen wurde. In

Polizeirat Dr. Rumpff.

„Der Rebell" (Tarntitel der „Freiheit") hieß es, dass Rumpff, „die Personification preußischer Staatsschurkerei, von der sicheren Hand eines ihrer Genossen mittelst eines Dolchstoßes in das bessere Jenseits befördert worden sei".[19]

Sechs Tage nach dem Mord wurde der Schuhmachergeselle Julius Lieske, geboren am 1. Februar 1863 in Zossen bei Berlin, in einem Gasthaus in Hockenheim verhaftet, nachdem er, mit falschen Legitimationspapieren versehen, bei einer Ausweiskontrolle zu flüchten versucht und zwei Revolverschüsse auf seine Verfolger abgegeben hatte. Dem Untersuchungsrichter in Mannheim gegenüber gab er an, in Hockenheim nur in die Luft geschossen zu haben, um seine Verfolger abzuschrecken. An der linken Hand wies er eine Schnittwunde auf, die er sich zugezogen haben wollte,

Julius Lieske.

indem er in Karlsruhe in eine auf der Straße liegende Glasscherbe gefallen sei.

Die Ermittlungen hingegen gingen dahin, dass er sich die nachweislich um die Tatzeit herum entstandene Wunde bei der Ermordung Rumpffs zugezogen haben könnte.

Bis Ende des Jahres 1884 hatte sich Lieske in der Schweiz aufgehalten, wo er einem anarchistisch orientierten deutschen Arbeiterverein angehört hatte. In Frankfurt wollte er nie gewesen sein, es stellte sich aber bald heraus, dass er sich seit dem Abend des 31. Dezember 1884 dort aufgehalten und in der Nacht nach der Tat die Stadt fluchtartig verlassen hatte. An Bekannte, die er in Frankfurt kennengelernt hatte, verteilte er anarchistische Schriften und Flugblätter und holte bei ihnen Erkundigungen über

Rumpff ein, „wann er auf's Bureau gehe und dasselbe verlasse, welche Kneipen er besuche, in welcher Straße er wohne und ob dieselbe belebt und viel Verkehr in derselben sei".²⁰

Am 29. Juni 1885 begann die Schwurgerichtsverhandlung im Frankfurter Leinwandhaus, das seit Mitte des 19. Jahrhunderts als Gefängnis, Stadtschreiberei und Schwurgericht genutzt wurde.

Lieske gab jetzt zwar zu, sich in Frankfurt aufgehalten zu haben, verlegte sich aber ansonsten aufs Leugnen. Der Vorsitzende bedauerte, dass ein in Basel zurückgelassener Koffer des Angeklagten nicht mehr aufzufinden war, „weil darin wohl manch' interessantes Beweisstück enthalten gewesen sein dürfte".²¹ Ein Tapezierlehrling hatte zur Tatzeit den mutmaßlichen Täter gesehen, konnte Lieske aber nicht als solchen identifizieren. Eine Zeugin, die am Vorabend der Tat einen Verdächtigen

Lieske vor Gericht.

am Rumpff'schen Haus bemerkt hatte, gab hingegen an, in Lieske mit Bestimmtheit diesen Verdächtigen wiederzuerkennen, was große „Sensation" im Gerichtssaal hervorrief.

Obwohl der viel Aufsehen erregende Indizienprozess – mit 30 Berichterstattern aus dem In- und Ausland – für viele Betrachter den letzten Beweis schuldig blieb, bejahten die Geschworenen am Ende der Verhandlung am 1. Juli 1885 die Frage, ob der Angeklagte schuldig sei, Rumpff allein oder mit einem oder mehreren anderen vorsätzlich getötet und die Tat mit Überlegung ausgeführt zu haben. Ebenfalls sahen sie ihn des in Hockenheim begangenen Totschlagsversuchs für überführt an, worauf er zum Tode und vier Jahren Zuchthaus verurteilt wurde. Ehe man ihn ins Gefängnis abtransportierte, rief er den Wartenden mit lauter Stimme zu: „Werft Dynamit-Bomben! Sie haben mir das Leben genommen. Es lebe das Dynamit!"[22]

Am Morgen des 3. Juli 1885 wurde der Verurteilte, der bis zur letzten Minute seine Unschuld beteuerte, mit einem planmäßigen Schnellzug der Main-Weserbahn nach Kassel-Wehlheiden überführt. Der Hof des Klapperfeld-Gefängnisses in Frankfurt hatte sich für eine Hinrichtung als ungeeignet erwiesen, da die Fenster der Nachbarhäuser in den Hof mündeten. Die Enthauptung mit dem Beil nahm am 17. November 1885 Scharfrichter Krautz auf dem Hof des Wehlheidener Zuchthauses vor.[23]

Lieskes Rolle bei dem Attentat ist bis heute noch nicht endgültig geklärt. Volker Eichler wies 1983 nach, dass Lieske wohl nicht der alleinige Täter war. Möglicherweise hatte er Rumpff nur festgehalten, während ein anderer den tödlichen Stich ausführte. Unter Anarchisten, so legen Dokumente nahe, war der wahre Täter bekannt, der in der Person des ungestraften Schneiders August Peschmann zu finden sein könnte.[24] Für Lieskes Hinrichtung schwor die anarchistische Szene bittere Rache. Auf einer Gedächtnisfeier, die im November 1885 in New York zu seinen Ehren abgehalten wurde, sprach Johann Most davon, dass im Gegenzug für Lieskes Tod „zehn Kadaver der Reaktion" gefordert würden.[25] Eine Wirkung dieser Drohungen blieb offensichtlich nicht aus. Der Staatsanwalt in Lieskes Prozess, Julius Frehsee, verfiel einige Monate nach der Hinrichtung Lieskes dem Wahnsinn: „Er starb in geistiger Umnachtung, gequält von der Furcht, dass die Anarchisten ihren Genossen rächen würden, in einer Irrenanstalt."[26]

Jakob Licht aus Landershausen, 1896

Erst 18 Jahre alt war der vorbestrafte Dienstknecht Jakob Licht, geboren und wohnhaft in Landershausen (Ortsteil von Schenklengsfeld), als er am 11. November 1895 auf der Anklagebank des Kasseler Schwurgerichts saß. Nach dem Eröffnungsbeschluss war er beschuldigt, am 21. Juni 1895 in Konrode die 30-jährige Dienstmagd Elisabeth Bach ermordet zu haben. Seit Weihnachten 1892 hatte er bei dem Landwirt Ludwig Mohr in Konrode in Diensten gestanden, bei dem auch die Dienstmagd arbeitete. Im Mai 1895 eröffnete sie ihm, dass sie schwanger von ihm sei. Er wies das von sich, da sie auch mit anderen verkehrt habe, was sie wiederum bestritt.

Die Aussagen Lichts bei den verschiedenen Vernehmungen vor dem Amtsrichter in Schenklengsfeld sowie vor dem Kasseler Untersuchungsrichter und dem Staatsanwalt waren widersprüchlich. Während er zu Beginn der Voruntersuchung gestand, der alleinige Täter zu sein, behauptete er bei seiner sechsten Vernehmung plötzlich, dass ein Kollege von ihm, der Tagelöhner Wilhelm Diehl, der Haupttäter gewesen sei, der ihn zu dem Verbrechen verleitet habe. Dies nahm er später wieder zurück, um es dann erneut zu behaupten.

Vor dem Schwurgericht blieb der Angeklagte bei seinen Beschuldigungen gegen Diehl. Auf dessen Geheiß habe er sich am Morgen jenes 21. Juni auf Strümpfen an die im Kuhstall melkende Magd herangeschlichen, sie am Hals gepackt und ihren Kopf auf den Melkschemel gelegt. Dann habe Diehl ihr einen Schnitt in den Hals versetzt. Auf die Frage des Gerichtspräsidenten, ob die Magd stark geblutet habe, antwortete der Angeklagte, das wisse er nicht, „er hätte nicht mehr hinsehen können". Diehl habe dann ein Rübenmesser an der Kleidung der Ermordeten blutig gemacht und ihr in die Hand gedrückt, um einen Selbstmord vorzutäuschen. Licht bestritt, im Vorfeld der Tat geäußert zu haben: „Wenn es wahr wäre, daß sie von mir schwanger wäre, würde ich sie lieber aufhängen oder ihr den Hals abschneiden."[27]

Als erster Zeuge wurde Diehl vernommen, ein 64 Jahre alter Mann, der schon 30 Jahre lang auf dem Mohr'schen Gut beschäftigt war. Er hatte nach eigenen Angaben die Leiche der Magd in dem Kuhstall entdeckt und dies sofort gemeldet. In „glaubhafter Weise" beteuerte er, an dem Verbrechen gänzlich unbeteiligt gewesen zu sein. Nach der Aussage einer Freundin der Ermordeten hatte Licht dieser geraten, etwas einzunehmen, um das Kind abzutreiben oder „in's Wasser zu gehen oder sich den Hals abzuschneiden".

Aufgrund des § 211 des Reichsstrafgesetzbuches wurde der Angeklagte vom Schwurgericht wegen Mordes zum Tode verurteilt. Nachdem Kaiser Wilhelm II. am 16. Juni 1896 das Urteil bestätigt hatte, fand die Hinrichtung des mittlerweile 19 Jahre alten Delinquenten am Morgen des 30. Juni 1896 auf dem Hof des Kasseler Landgerichtsgefängnisses statt. Die Enthauptung mit dem Beil nahm diesmal Scharfrichter Friedrich Reindel vor.[28]

Mord bei Kassel, 1900

Am Morgen des 28. April 1900 durcheilte Kassel die Nachricht, dass in einem in der Gemarkung Harleshausen (heute nordwestlichster Stadtteil von Kassel) gelegenen Kiefernwäldchen, dem Jungfernkopf (heute Stadtteil von Kassel), die furchtbar zugerichtete Leiche einer Frau aufgefunden worden sei. Dies beunruhigte die Einwohner umso mehr, weil in den vorangegangenen Tagen Gerüchte über ein spurloses Verschwinden mehrerer in Kassel bediensteter junger Frauen in Umlauf gewesen waren. Bei der Getöteten handelte es sich um eine der Vermissten, die Dienstmagd Anna Fuhrmann, die beim Kaufmann Eimer am Holzmarkt beschäftigt gewesen war. Ein „Schrei der Entrüstung und des Abscheues ging aber durch die ganze Stadt und weit darüber hinaus", als kaum 20 Stunden nach dem Auffinden der Leiche bekannt wurde, dass der eigene Schwager der Getöteten, der in Kassel in der Wildemannsgasse wohnhafte Arbeiter Georg Wilhelm Pläging, der Mörder sei und die Tat aus den „trivialsten Gründen (Erlangung eines auf 600 Mk. lautenden Sparcassenbuches)" begangen habe.[29]

Trotz strömenden Regens fand sich am 14. Juni 1900 eine „colossale Menschenmenge" beim Kasseler Gerichtsgebäude ein, um dem Prozess gegen Pläging beizuwohnen. Viele mussten allerdings wieder den Heimweg antreten, da der Zutritt in den Sitzungssaal nur mit einer Eintrittskarte möglich war. Davon waren etwa 100 Stück ausgegeben worden.

Pläging war angeklagt, am Sonntag, dem 22. April 1900, Frau Fuhrmann getötet und „diese Tödtung mit Ueberlegung ausgeführt zu haben". Auf dem Gerichtstisch befanden sich ein Messer, ein Stein und ein Knüppel sowie der Schädel der Ermordeten, einige ihrer Kleidungsstücke und diejenigen, die der Angeklagte am Tag der Tat getragen hatte.

Der am 21. Dezember 1871 in Heckershausen (Ortsteil der Gemeinde Ahnatal) geborene Angeklagte ging nach seiner Konfirmation bei einem Kasseler Weißbinder in die Lehre. Als er nach deren Abschluss nicht gleich eine Beschäftigung in seinem Metier fand, nahm er eine Stelle als Kohlenträger an. Dabei zog er sich 1888 eine hartnäckige Knieverletzung zu. Drei Jahre brachte er in einem Landkrankenhaus zu, aus welchem er mit einem steifen Bein als geheilt entlassen wurde. Nach einer zweijährigen, wegen Diebstahls verhängten Gefängnisstrafe

Justizvollzugsanstalt Kassel III in der Leipziger Straße 11.

fand er Anfang 1898 Arbeit in einer Kasseler Kartonagenfabrik, die er aufgab, „weil sein Meister ihn fortgesetzt chikanirt habe". Im Oktober 1898 heiratete er die Schwester der Getöteten und wurde Vater.

Pläging, der bereits Anfang Mai 1900 ein umfassendes Geständnis abgelegt hatte, gab an, durch finanzielle Nöte zu der Tat getrieben worden zu sein. Arbeit zu finden, sei ihm schwergefallen, weil ihn wegen seines steifen Beins niemand habe anstellen wollen. Die Sorge um seine Familie – seine Frau erwartete ein zweites Kind – sowie drückende Schulden hätten in ihm den Plan reifen lassen, seine Schwägerin aus dem Weg zu räumen. Hierdurch wäre seine Frau als Erbin in den Besitz des Sparkassenbuches der Schwägerin gelangt „und alle Noth hätte ein Ende gefunden". Er musste aber zugeben, dass bislang keiner seiner Gläubiger ernsthaft auf eine Begleichung der ohnehin nicht erheblichen Schulden gedrängt hatte. Im Laufe der Verhandlung kam der Verdacht auf, dass er seine Schwägerin ermordet hatte, „um mit dem Gelde derselben durchzugehen und seine Familie im Elend zurückzulassen".

Zum Tathergang befragt, gab Pläging an, am späten Nachmittag des 22. April 1900 auf der Straße seine Schwägerin getroffen und mit ihr einen Spaziergang zum Jungfernkopf gemacht zu haben. Dort angekommen, habe der Gedanke, sie zu ermorden, vollends von ihm Besitz ergriffen. Nach dem Verzehr eines Butterbrotes hätten sie sich zum Ruhen ins Gras gelegt – zwischen ihnen ein Messer, mit dem das Brot durchschnitten worden war. Als sich seine Schwägerin auf die Seite gedreht und ihm den Rücken zugekehrt habe, „so sei von ihm die Gelegenheit benutzt worden, nach dem Messer zu greifen und mit demselben seiner Schwägerin den Hals zu durchschneiden". Da sie noch nicht tot gewesen sei, habe er ihr mit einem Stein mehrere Schläge auf den Kopf versetzt. Er hätte sich dann 15 Minuten neben sie gesetzt, um den vollständigen Eintritt des Todes abzuwarten. Ein als Sachverständiger geladener Arzt war hingegen der Meinung, dass die Schläge auf den Kopf vor dem Gebrauch des Messers erfolgt sein mussten. Seiner Ansicht nach sprachen die Schädelverletzungen dafür, dass der Täter mit einem Knüppel zugeschlagen hatte.[30]

Am 13. November 1900 war in Kassel auf roten Plakaten an den Anschlagsäulen zu lesen: „Bekanntmachung. Der durch rechtskräftiges Urtheil des Königlichen Schwurgerichts hierselbst vom 14. Juni 1900 wegen Mordes, begangen auf dem Jungfernkopf bei Harleshausen an der Dienstmagd Anna Elisabeth Barbara Fuhrmann aus Cassel zum Tode verurteilte Fabrikarbeiter Wilhelm Georg Pläging, genannt Pfläging, von hier, ist heute Vormittag 7 Uhr im Hofe des hiesigen Gerichtsgefängnisses hingerichtet worden. Cassel, den 13. November 1900." Die Exekution hatte Scharfrichter Wilhelm Reindel, der Sohn und Nachfolger von Friedrich Reindel, mit dem Beil vorgenommen.[31]

Wilhelm Aßhauer aus Diemelstadt-Orpethal, 1901

Kaum war Pläging hingerichtet worden, stand am 15. November 1900 erneut ein „Mordbube" vor dem Kasseler Schwurgericht. Der am 21. November 1875 in Ammenhausen (heute südlichster Stadtteil von Diemelstadt) im Fürstentum Waldeck als Sohn eines Landwirts geborene Wilhelm Aßhauer war geständig, seine aus Wetterburg (Stadtteil von Bad Arolsen) stammende Geliebte Auguste Volkwein getötet zu haben. Er hatte sie auf dem Gut Billinghausen bei Orpethal (Stadtteil von Diemelstadt) kennengelernt, wo sie seit längerer Zeit als Dienstmagd arbeitete und wo auch er ab Mitte Februar 1899 als Kutscher beschäftigt war.

Nach den Beweggründen für seine Tat befragt, gab der nicht vorbestrafte Aßhauer an, die von ihm schwanger gewesene Dienstmagd habe ihn am 21. Mai 1900 vor die Wahl gestellt, sie entweder zu heiraten oder ihr Alimente zu zahlen. Da er beides nicht gewollt und im Übrigen bereits seit 1894 ein Verhältnis mit einer anderen Dienstmagd namens Fießler aus Külte (später in Volkmarsen wohnhaft) gehabt habe, sei er auf den Gedanken gekommen, Auguste Volkwein zu erwürgen. Auf seinen Vorschlag hin hätten sie sich am Mittag des 27. Mai 1900 in dem Waldstück Wetterholz bei Wetterburg getroffen, und als er wieder von ihr mit Forderungen bedrängt worden sei, habe er sie mit beiden Händen an der Kehle ergriffen und mit aller Kraft gewürgt. Um sie am Schreien zu hindern, habe er ihr ein Tuch in den Mund gesteckt.

Bereits am nächsten Tag wurde die Leiche der 23 Jahre alten Magd von deren Vater gefunden und Aßhauer verhaftet. Zuerst leugnete er die Tat, legte aber am gleichen Abend ein Geständnis ab. Einige Tage vor dem Tötungsdelikt hatte er einen Streit mit einem Knecht herbeigeführt, „um an diesem die Wirkung des Würgens festzustellen". Wie sich herausstellte, hatte Frau Fießler ein gewisses Barvermögen – mit ihr wäre also auch die „bessere Partie" zu machen gewesen.[32]

Vom Schwurgericht wegen Mordes zum Tode verurteilt, wurde Aßhauer am Morgen des 5. Februar 1901 in Gegenwart der vorgeschriebenen Zeugen auf dem Hof des Kasseler Landgerichtsgefängnisses durch Scharfrichter Wilhelm Reindel mit dem Beil enthauptet. Sein Landesherr, Fürst Friedrich von Waldeck, der von 1893 bis 1918 der letzte Herrscher des Fürstentums Waldeck-Pyrmont war, hatte von seinem Begnadigungsrecht keinen Gebrauch gemacht, während dies in früheren Jahren sehr oft in Anspruch genommen worden war.[33]

Mainz

Am Sonntag, dem 27. April 1817, rückte in Worms das großherzogliche Regiment Prinz Emil ein, was zu einem Fest Anlass gab, um die „tapfern Mitbürger" zu würdigen. Während dieses Festes wurde im sogenannten Obernbusch, einem Wäldchen bei Worms, der herzoglich Dalbergische Jäger ermordet. Man fand die Leiche „auf fürchterliche Art mit einer Axt zerstückelt".[1] Bei dem rasch verhafteten und in Ketten gelegten Täter handelte es sich um Christoph Bayer, der am 29. August 1817 in Mainz guillotiniert wurde.[2]

Die „schönste Institution" des Volkes

Vom Mainzer Assisenhof wurden am 30. April 1819 die „Strohschnitter" (Strohschneider) Johann Ante und Conrad Schittler, beide aus Eppe im Fürstentum Waldeck (heute Stadtteil von Korbach im Landkreis Waldeck-Frankenberg), wegen Mordes an einem anderen „Strohschnitter" aus Schornsheim (Landkreis Alzey-Worms) zum Tode verurteilt. Sie legten kein Kassationsmittel ein und stellten auch kein Gnadengesuch, da sie auf eine Begnadigung verzichteten. Trotzdem mussten sie auf die Entscheidung des Großherzogs Ludwig I. warten. Er entschied am 22. Mai 1819, von seinem Begnadigungsrecht keinen Gebrauch zu machen, woraufhin zwei Tage später in Mainz der 42-jährige Ante und der 19 Jahre alte Schittler mit der Guillotine hingerichtet wurden.

Erst nach Verkündigung des Todesurteils hatten die beiden ein Geständnis abgelegt und auf diese Weise den Schuldspruch der Geschworenen gerechtfertigt. Dieser Fall bewies wieder, so die „Mainzer Zeitung", „wie richtig Männer von gesundem Verstande und unbefangener Urtheilskraft [gemeint sind die Geschworenen], ohne die theoretischen Vorschriften über den Beweiß zu Hilfe rufen zu müssen, die Wahrheit finden, und dazu das Geständniß des Angeklagten nicht nöthig haben", und dass das öffentliche Gerichtsverfahren die „schönste Institution" sei, „die ein Volk besitzen kann".[3]

Brudermord in Hechtsheim, 1825

Aus Mainz berichtete die Presse über folgendes Vorkommnis vom 22. Mai 1825: „In dem eine kleine Stunde von hier entlegenen Dorfe Hechtsheim ist diesen Morgen das gräßliche Verbrechen des Brudermords begangen worden. Einer der achtungswürdigsten und wohlhabendsten Bürger und Adjunkt der Bürgermeisterei dieses Dorfes, Herr Klein, wurde von seinem Bruder, dem sogenannten Jagd-Klein, auf dem Wege zur Kirche meuchelmörderisch erschossen. Letzterer der durch eine ungeregelte Lebensweise seine ökonomischen Verhältnisse zerrüttete, hatte gegen seinen fleißigen, ordnungsliebenden und wohlhabenden Bruder seit vielen Jahren einen Groll, und drohte öfters laut ihn bei erster Gelegenheit zu erschießen."[4]

Hinter einem Fenster hatte der Täter, der Ackersmann Jakob Klein „der 3te", geboren und wohnhaft in Hechtsheim, mit mehreren geladenen Flinten bewaffnet seinem Bruder Martin Klein aufgelauert. Mit dem ersten Schuss traf er ihn nur am Arm, das zweite Mal soll ihm die Flinte versagt haben und „neu gesammelt mit dem Muth und der Rache des Teufels zielte er zum drittenmale und traf nur zu gut sein Ziel, das Bruderherz". Mit einem bereits vorher gesattelten Pferd jagte Jakob Klein zum Dorf hinaus und bedrohte Leute, die ihn aufzuhalten versuchten, mit einem Messer. Seine Flucht war indes nur von kurzer Dauer – schon am gleichen Nachmittag wurde er ins Mainzer Gefängnis eingeliefert.[5]

Der Liebfrauenplatz, aufgenommen 1890.

Der dortige Assisenhof verurteilte ihn am 13. Juni 1825 in Anwesenheit eines zahlreichen Publikums wegen Mordes zum Tode.[6] Sein Verteidiger, seine Kinder und die Kinder des Ermordeten begaben sich persönlich nach Darmstadt, um den Großherzog um Gnade zu bitten, doch ohne Erfolg. Klein, der angegeben hatte, dass „seine Geistesfähigkeiten während der That zerrüttet gewesen seyen", wurde am Morgen des 29. Juni 1825 im Alter von 59 Jahren auf dem Liebfrauenplatz in Mainz durch den Tagelöhner und Scharfrichter Joseph Schillinger (1771–1844, Nachrichter seit Dezember 1822) guillotiniert. Am Abend zuvor hatte er von seinen Kindern Abschied genommen, „und dieses soll eine erschütternde Scene gewesen seyn".[7]

Johann Adam Borninger aus Gau-Weinheim, 1829

Im Jahre 1828 kam in Mainz der seltene Fall vor, dass an zwei aufeinanderfolgenden Tagen zwei Todesurteile gefällt wurden. Am 28. November 1828 verurteilte der Assisenhof den Bäcker Jacob Zimmer, gebürtig aus Wackernheim und zuletzt als Tagelöhner in Mainz-Drais beschäftigt. Er war für überführt angesehen worden, am 10. August jenes Jahres den Ackersmann Friedrich Porth aus Wackernheim ermordet zu haben. Am 2. März 1829 wurde die Todesstrafe in eine lebenslängliche Zwangsarbeitsstrafe umgewandelt, wofür er die Brandmarkung T.P. erhielt. Außerdem wurde Zimmer zu einer Ausstellung am Pranger verurteilt.[8]

Die zweite Todesstrafe vom 29. November 1828 betraf den Bäckergesellen Johann Adam Borninger, geboren und wohnhaft in Niederweinheim, das 1869 in Gau-Weinheim im heutigen Landkreis Alzey-Worms umbenannt wurde. Er hatte in der Nacht vom 14. auf den 15. September 1828 in Niederweinheim den Ackersmann Johann Peter Mann von dort ermordet. Durch Urteil des Kassations- und Revisionshofes in Darmstadt vom 13. Januar 1829 wurde das vom Verurteilten eingelegte Kassationsgesuch verworfen. Die öffentliche Guillotinierung des 21-Jährigen fand am 24. Januar 1829 wiederum auf dem Liebfrauenplatz statt.[9]

Hinrichtung durch Erschießen, 1832

Die „Karlsruher Zeitung" meldete unter dem 19. September 1832 aus Mainz: „Heute ist dem österreichischen Soldaten, welcher vor einiger Zeit in einem benachbarten Gehölze eine junge Bauersfrau schamlos mißhandelt, beraubt und dann auf das Grausamste erwürgt hatte, sein Todesurtheil gefällt, verkündigt und ihm der Stab gebrochen worden." Bei dem „benachbarten Gehölze" handelte es sich um den Mombacher Wald. Die getötete Frau kam aus Mainz-Gonsenheim.

Das militärgerichtliche Urteil lautete auf Hinrichtung mit dem Strang, wurde aber durch das Regimentskommando dahingehend abgeändert, dass der Verurteilte erschossen werden sollte. Er wurde in einem eigenen Zimmer in der Mainzer Kaserne öffentlich ausgestellt. Nach drei Tagen, am 22. September 1832, wurde das Todesurteil vollstreckt.[10]

Anna Maria Margraf aus Mainz-Kastel, 1835

Etwa im Jahre 1818 heiratete der Schuhmacher Peter Margraf aus Mainz-Kastel seine Frau Anna Maria (geborene Kaufhold), die ein Kind mit in die Ehe brachte und ein weiteres erwartete. Die aus Kastel gebürtige Ehefrau „setzte ihren schlechten Lebenswandel fort, der Mann war und wurde immer mehr ein fürchterlicher Trinker". Zu Tätlichkeiten übergehende Misshelligkeiten nahmen stetig zu, besonders als Herr Margraf neben seinem Handwerk seit Mitte 1833 eine Wirtschaft in Kastel betrieb und noch öfter betrunken war. Seine Frau begann ein Verhältnis mit einem fast 20 Jahre jüngeren Gesellen ihres Mannes, Lorenz Staudt. Ihre „verbrecherische Leidenschaft" zu ihm war so groß, dass sie ihm später noch aus dem Gefängnis einen „glühenden Liebesbrief" schickte. Oft hörte man sie äußern, dass sie ihren Mann loswerden wollte – nach „seinen Völlereien stopfte sie ihn noch mit Speise und Trank, wohl in der Hoffnung, daß er zu Grunde gehen möge".[11]

Am Morgen des 25. Mai 1834, einem Sonntag, erschien ihre 16-jährige Tochter beim Kasteler Bürgermeister Busch, um bei diesem ein halbes Pfund Arsenik zu holen, das angeblich zum Vergiften von Mäusen auf dem Feld dienen sollte. Als ihr Mann abends etwas angetrunken nach Hause kam, bereitete sie ihm einen Salat, in welchen sie einen Teil des Gifts mischte. Schon eine halbe Stunde später stellten sich Bauchschmerzen, Erbrechen und starker Durst ein. Ein erst mittwochs von Frau Margraf

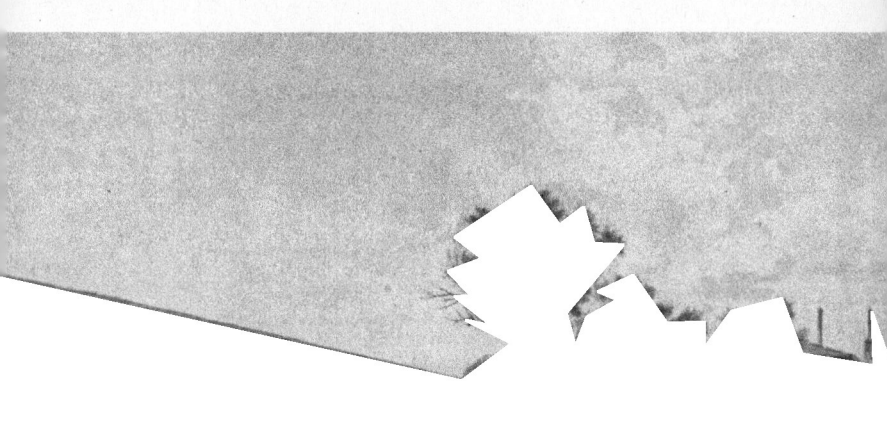

Das Gautor von innen vom Gautorplatz aus gesehen.

herbeigerufener Arzt vermutete eine Vergiftung; einen Tag später starb ihr Mann „unter den schrecklichsten Leiden". Auf eine Anzeige des misstrauisch gewordenen Bürgermeisters hin begab sich der Staatsprokurator mit Gerichtspersonal in das Haus des Verstorbenen, „wo die Wittwe mit ihrem Beihalter [Geliebten] in einem Bette beisammen überrascht wurde, während die Leiche ihres Gatten noch im Nebenzimmer stand". Beide wurden festgenommen, den Schustergesellen ließ man später aber wieder frei. Bei der Obduktion des Verstorbenen zeigten sich „Spuren der grausamsten Vergiftung".[12]

Das am 17. Dezember 1834 nach mehrtägiger Verhandlung vom Mainzer Assisenhof wegen „freiwilliger Vergiftung ihres

Ehemannes" über Frau Margraf verhängte Todesurteil wurde am 10. April 1835 vollstreckt. Diesmal wählte man nicht den Liebfrauenplatz als Richtstätte, sondern die Guillotine wurde auf der sogenannten Eisgrube aufgestellt, einem freien Platz in der Nähe des Gautores.

Gegen 10 Uhr morgens öffnete sich das Gefängnistor und die 42-jährige Verurteilte trat in Begleitung eines Geistlichen heraus. Von der Gendarmerie begleitet, wurde sie nun auf einem Wagen durch eine große Menschenmenge, die „ehrerbietig" dem Gefährt Platz machte, zum Richtplatz gefahren, wo Tausende von Menschen Zeugen der Urteilsvollstreckung wurden.[13]

Die Presse nannte in einem Bericht über die Hinrichtung einen Aspekt, wodurch die Tat begünstigt worden sein könnte: „Die unselige Leichtigkeit, sich das Mäusegift zu verschaffen, ist das traurige Vehikel zu dergleichen schwarzen Verbrechen, die unserm glücklichen Lande früher fremd waren und die sich nun zum Erschrecken häufen."[14]

Anklage der achtfachen Vergiftung

Einen Beleg für die These sich häufender Vergiftungsmorde könnte man darin sehen, dass Frau Margraf nicht die einzige Giftmörderin war, deren Vergehen im gleichen Jahr in Mainz gesühnt wurde. Der 1835 in Mainz herausgegebene Band mit dem Titel „Verhandlungen des Assisenhofes in Mainz über die der Giftmörderin Margaretha Jäger und ihrer Mitschuldigen Sibilla Katharina Renter zu Last gelegten Verbrechen" weiß über eine „in den Annalen der deutschen Gerichtsverhandlungen beispiellose Anklage" zu berichten. Der 38-jährigen Dienstmagd Jäger, geborene Toll, gebürtig aus Abenheim (heute ein Stadtteil von Worms), wurde in der am 23. März 1835 begonnenen Verhandlung zur Last gelegt, acht Menschen vergiftet zu haben, davon sieben aus ihrem engsten Verwandtenkreis, und zwar:

- im Mai 1825 ihren Onkel Mathias Toll,
- im Juni 1826 ihre 68-jährige Mutter Regina Toll,
- im Dezember 1830 ihren 70-jährigen Vater Georg Toll,
- im August 1831 ihren Mann Leonhard Jäger,
- im Dezember 1831 ihre Töchter Anna Maria (zwei Jahre alt), Katharina (fünf Jahre) und Regina Susanna (zehn Jahre) sowie
- im August 1833 zusammen mit Frau Renter (geborene Süß) aus Worms deren Ehemann Johann Philipp Heinrich Renter.

Nachdem Frau Jäger ihren Mann geheiratet hatte, kam es schon bald zu Auseinandersetzungen und Tätlichkeiten, da Herr Jäger ein eher sparsamer Mann war, während man seiner Frau „von jeher ein leichtfertiges Leben und große Genuß- und Vergnügungssucht" nachsagte. Auch die Eltern von Frau Jäger, bei denen die beiden lebten, hatten unter diesen Verhältnissen zu leiden. Bei der Heirat hatten sie zwar ihrer Tochter ihr nicht unerhebliches Vermögen überlassen, sich aber auch ihren eigenen Unterhalt gesichert. Da die abgetretenen Mittel durch die Nachlässigkeit und den verschwenderischen Lebensstil der Tochter bald schwanden, kam bei ihr der Wunsch auf, sich in den Besitz des gesamten Vermögens zu bringen und sich ihrer Familie zu entledigen. Ihr war zu Ohren gekommen, dass dies mit in Wasser abgekochtem Arsenik zu bewerkstelligen sei, und so bediente sie sich dieses Mittels. Die drei Kinder (von insgesamt fünf) räumte sie der Darstellung des oben erwähnten Bandes zufolge deshalb aus dem Weg, weil sie in ihnen ein Hindernis für eine anderweitige Verheiratung sah. Als der Bürgermeister des Ortes nach dem Tod des dritten Kindes endlich Verdacht schöpfte, wurde eine gerichtliche Untersuchung gegen Frau Jäger eingeleitet, die aber ergebnislos verlief.

Unter Zurücklassung ihrer zwei verbliebenen Kinder bei „mildthätigen Personen, die sich ihrer angenommen hatten", wandte sie sich, inzwischen gänzlich mittellos geworden, zunächst nach Bretzenheim, dann nach Worms. Hier trat sie 1833 bei

Der als Gefängnis genutzte Mainzer Holzturm, 1830 bis 1840.

Frau Renter in Dienst, die mit ihrem Mann eine Gastwirtschaft betrieb. Die finanzielle Situation der Wirtsleute war ebenfalls angegriffen. Frau Renter, welche die Trunksucht ihres Mannes dafür verantwortlich machte, wurde hellhörig, als Frau Jäger ihr sagte, sie kenne ein Mittel, durch welches man ihm das Branntweintrinken abgewöhnen könne. Den „Einflüsterungen" der neuen Magd vertrauensselig Glauben schenkend, wurden „Versuche mit Scheidwasser gemacht, das man dem Manne in der Suppe geben wollte, dann mit Quecksilber und endlich mit Arsenik". Als daraufhin Herr Renter schwer erkrankte, holte seine Frau einen Arzt herbei. Sie und die Magd erzählten diesem aber nichts von ihren „Versuchen". Stattdessen wurde dem Ehemann in jedes Getränk, das er zu sich nahm, weiteres Gift gemischt – von wem, ist ungeklärt –, sodass er am zweiten Tag starb.

Jetzt wurde aber Frau Jäger selbst schwer krank und ins Wormser Hospital gebracht. Vielleicht um ihr „Seelenheil" zu retten – sie hatte vorher in Todesangst eine Beichte abgelegt –, ließ sie im Krankenhaus verlauten, Herr Renter sei keines natürlichen Todes gestorben, woraufhin man sogleich eine gerichtliche Untersuchung einleitete und beide Frauen nach Mainz abführte. Im dortigen Gefängnis im Holzturm legte Frau Jäger nach anfänglichem Leugnen ein umfassendes Geständnis ab.

Sie gab nicht nur zu, an der Vergiftung Herr Renters beteiligt gewesen zu sein, sondern gestand auch die Ermordung ihrer Familienangehörigen: „Meinem Vater", so ihre Aussage, „gab ich Gift, weil er mit meinem Manne stets in Unfrieden lebte, dieser ihn sehr oft und heftig geschlagen hatte, und mir immer den Vorwurf machte, daß mein Vater noch seinen ganzen Vorbehalt aufzehre. Meinen Mann vergiftete ich, weil er der Trunkenheit sehr ergeben war und mich in diesem Zustande häufig mishandelte, dann reizte er mich auch dadurch, daß er meine Mägde stets zu einem unerlaubten Umgange zu verleiten suchte. Meine Kinder, weil mein Vermögen sehr zerrüttet war und ich darum befürchtete, ich müßte sie Almosen sammeln schicken; ich dachte daher, sie wären besser bei Gott, als auf der Welt. Meine Mutter war übergeschnappt, so daß mein Mann mir darüber unaufhörlich Vorwürfe machte; ich beschloß daher, ihrem Leben ein Ende zu machen."[15]

Kurios ist, wie Frau Jäger zu dem plötzlichen Geständnis gekommen sein sollte. Wie aus der Mainzer Verhandlung hervorgeht, war sie einige Male wegen „Unverträglichkeit" und „Zanksucht" aus ihrer normalen Haft im Vikariat entlassen und in den als „Disziplinargefängnis" bezeichneten Holzturm gesteckt worden, wo sie sich mit zwei weiblichen Mitgefangenen ein Zimmer teilte. Einige Nächte lang, so hatte ein Verwalter dem Untersuchungsrichter gemeldet, „hätten die 2 Mitgefangenen die Erscheinung eines Geistes bemerkt, der Stunden lang vor dem Bette der Jäger gestanden und diese angesehen hätte; die Jäger hätte damals geschlafen und nichts bemerkt; nach einigen Nächten hätte sie aber nicht geschlafen und hätte die Erscheinung gesehen. Von diesem Augenblicke an hätten die 2 andern Frauen nicht mehr in dem Gefängnisse bleiben wollen und die Jäger wäre durch den Gedanken, daß durch ihr hartnäckiges Läugnen ihre Verwandten selbst in der andern Welt keine Ruhe finden könnten, so sehr beängstigt worden, daß sie den beiden Frauen [und anschließend dem Untersuchungsrichter] eingestanden, sie hätte den Renter vergiften helfen und einige ihrer Verwandten selbst vergiftet."[16]

Peter von Kobbe weist auf die Möglichkeit hin, dass hinter diesen „Geistererscheinungen" der Gefängniswärter gesteckt haben könnte – „man kennt ja die Versuche solcher Leute", wie er schrieb.[17] Obwohl Frau Jäger ihr Geständnis in allen Einzelheiten mehrere Male wiederholt hatte, leugnete sie plötzlich alles wieder und behauptete, sie habe nur gestanden, um aus dem Holzturm herauszukommen.

Auch in der Mainzer Verhandlung blieb sie bei ihrem Widerruf. Sie gab zu Protokoll, sie wisse von der ganzen Sache weiter nichts, als dass sie auf Geheiß von Frau Renter Arsenik besorgt habe, das diese dann in Wasser gekocht ihrem Mann verabreicht habe. Sie habe Frau Renter deshalb Vorwürfe gemacht, doch sie habe geantwortet: „Sei Sie still, Sie ist Magd, ich kann mit meinem Manne thun, was ich will." Wenn sie früher etwas anderes ausgesagt habe, dann deshalb, weil sie von Frau Renter bestochen worden sei. Auch habe sie Angst gehabt, ebenfalls von ihr vergiftet oder in ihrem Auftrag auf offener Straße erschossen zu werden, womit ihr gedroht worden sei. Die Beschuldigte hielt dagegen, Frau Jäger sei die Anstifterin und Hauptakteurin gewesen. Sie selbst sei sich nicht der Gefährlichkeit der ihrem Manne eingegebenen Substanzen bewusst gewesen, sondern habe ihm lediglich „das Branntweintrinken verleiden wollen".

Nach der Befragung von mehr als 30 Zeugen ergriff der Staatsprokurator als Vertreter der Staatsbehörde das Wort. Für ihn schien es erwiesen, dass beide Frauen den Tod Renters durch eine

Arsenikvergiftung herbeigeführt hatten. Er bezweifelte, dass Frau Renter nicht die Schädlichkeit des ihrem Mann verabreichten Giftes erkannt hätte: „Sah sie nicht seine fürchterliche Wirkung, und fuhr sie nicht immer damit fort, oder gestattete sie nicht, daß fortgefahren wurde? Sagt sie dem Arzte, als er kömmt, ein Wort von dem, was sie oder eine andere gethan?" In Bezug auf die Angeklagte Jäger sah er allein in der Tatsache, dass in ihrer Familie sieben Mitglieder unter sonderbaren Umständen gestorben waren, während nur sie und zwei Kinder überlebten, einen erheblichen Verdachtsgrund. Im Übrigen verwies er auf ihre detaillierten Geständnisse, „über die während eines ganzen Monats protokollirt wurde". Wenn „überwiesene Giftmischerinnen der Gesellschaft zurückgegeben würden", so der Staatsprokurator, „so würde das nur eine Ermunterung zu diesem Verbrechen sein, die die entsetzlichsten Folgen haben würde".[18]

Der Verteidiger von Frau Jäger ging in einem mehr als dreistündigen Vortrag auf jeden der acht Todesfälle ein. Er kam zu dem Schluss, dass in keinem Fall bei den zum Teil lange nach dem Tod ausgegrabenen Leichen eindeutige Spuren von Arsenik gefunden worden seien und dass die Symptome, die man vielfach auf eine Arsenikvergiftung zurückgeführt habe, auch von anderen Krankheiten herrühren könnten. Dasjenige, was in Ermangelung eindeutiger Beweise bliebe, sei das einer Geistererscheinung zu verdankende Geständnis seiner Mandantin, welches den Stempel von Wechselhaftigkeit, „offenbarem Wahnsinn" und „Verrücktheit" trage. Seine Rede war so eindrucksvoll, dass es in dem Buch über die Verhandlung hieß: „Wäre nach ihrem Schlusse das Urtheil erfolgt, wer weiß, ob die Geschworenen ein Schuldig ausgesprochen hätten."[19]

Tatsächlich sahen die Geschworenen am letzten Verhandlungstag, dem 26. März 1835 (die Verhandlung dauerte in der Nacht bis in den 27. März hinein), Frau Jäger als des Giftmordes für überführt an, wenn auch nicht in allen acht Fällen. Die Fragen nach der Vergiftung des Onkels und der Tochter Regina Susanna verneinten sie, die Frage nach der gemeinsamen Vergiftung Herrn Renters bejahten sie. Auf die Frage an die Angeklagten, ob sie zum Ausspruch der Geschworenen etwas zu sagen hätten, erwiderte Frau Renter, „das wäre zu hart, dieses hätte sie nicht verdient". Das Urteil des Gerichtshofes lautete für beide Frauen auf Todesstrafe durch Abschlagen des Kopfes.[20]

Während Frau Renter die Todesstrafe von Großherzog Ludwig II. „allergnädigst erlassen" bekam und diese in eine lebenslängliche Zwangsarbeitsstrafe verwandelt worden war, wurde ihre Mitverurteilte am 2. Juli 1835 gegen 11 Uhr in Mainz auf der Eisgrube in Anwesenheit Tausender Menschen guillotiniert. Sie wurde dem Urteil gemäß „baarfuß, mit übergeworfenem Hemde und umgehängtem schwarzen Schleier" zum Richtplatz geführt und auf dem Blutgerüst ausgestellt, während ein Gerichtsdiener das Urteil verlas. Durch einen Gnadenakt war ihr eine weitere in dem Urteil vorgesehene Verschärfung, das Abhauen der rechten Hand vor der Hinrichtung, erlassen worden.[21]

Für Peter von Kobbe war in einem 1836 erschienenen Beitrag der Fall Jäger ein Beispiel für die Unzulässigkeit der Geschworenengerichte und der Todesstrafe. Er kritisierte die mangelhafte Beweisführung sowie das Voreingenommensein des Verfahrens und machte keinen Hehl daraus, dass er das „Unwesen der Geschwornen-Gerichte" mit der „Freiheit und Sicherheit der Staatsbürger durchaus unvereinbar" hielt.[22]

Doppelmord durch einen Mainzer Zuhälter, 1885

Eine grausige Entdeckung machten am Morgen des 27. August 1885 Arbeiter einer Mainzer Lagerhalle „am Fischthor". Sie zogen ein fest verschnürtes Bündel aus dem Rhein, das sich an einem Floß verfangen hatte und dessen äußere Umhüllung aus einem Frauenmantel bestand. Beim Öffnen kam zu ihrem Entsetzen der Rumpf eines unbekannten Mannes zum Vorschein, dessen Kopf,

Arme und Beine fehlten. Nach Verbreitung der Nachricht besichtigten innerhalb von kürzester Zeit Tausende von Menschen die Fundstelle. Nach Ansicht der Medizinal- und Kriminalbehörde, die in einem Mainzer Hospital eine Untersuchung des Rumpfes vornahm, „konnte kunstgerechter eine Amputation nicht vorgenommen werden", die erst vor Kurzem erfolgt sein musste.[23]

Die Aufregung in der Bevölkerung steigerte sich noch, als am Nachmittag desselben Tages eine zweite Leiche gefunden wurde. Eine Bewohnerin des Hauses Fürstenberger Hof 1 zeigte einem Schutzmann an, dass sich an der Tür des im selben Haus wohnhaften Schuhmachers Jean Baptist Wothe Blutspuren zeigten. Man verschaffte sich Zugang zu der verschlossenen Wohnung und fand die schrecklich zugerichtete Leiche seiner Frau Margaretha Wothe, geborene Hettner, auf einem Bett liegend vor. Der ganze Fußboden war mit Blut getränkt, die Wände wiesen Blutspritzer auf. Unter dem Bett befand sich ein großer Topf, der ebenfalls mit Blut gefüllt war. Sollte hier die Zerstückelung des am Morgen gefundenen Leichnams stattgefunden haben? Die Obduktion der Ermordeten ergab, dass sie durch eine Zertrümmerung der Hirnschale mittels eines stumpfen Gegenstandes gestorben war. Danach war ihr ein Lederriemen um den Hals gewunden worden, um sicher zu sein, dass sie tot sei. Die Tat war am Abend zuvor, also am 26. August 1885, verübt worden.

Von Herrn Wothe und seinem Gehilfen, dem im Mai 1835 geborenen Schuhmachergesellen Georg Friedrich Herbst, fehlte jede Spur. Wie die Presse schrieb, hatten beide einen schlechten Ruf und waren mehrmals vorbestraft. Herbst war nach fast zehnjähriger Haft, der ein schwerer Diebstahl in Osthofen zugrunde lag, erst im Juni 1885 aus dem Zuchthaus Marienschloß entlassen worden. Insgesamt hatte er rund 30 Jahre hinter Gittern verbracht. Wothe war vor einigen Jahren zu zweieinhalb Jahren Zuchthaus verurteilt worden, weil er in ein Zimmer des Mainzer Justizgebäudes eingebrochen war, um Beweisstücke an sich zu nehmen. Die unter dem Spitznamen „rothe Grethel" bekannte

Tote war als Prostituierte tätig gewesen. Bei einer Durchsuchung des Zimmers von Herbst, der in einem Nebengebäude des Hauses Fürstenberger Hof 1 wohnte, stieß man auf blutbespritzte Kleidungsstücke, woraufhin die Fahndung nach ihm anlief.

Wie sich schnell herausstellte, hatte er sich am 27. August 1885 nach Laubenheim begeben und geplant, Mainz für immer zu verlassen. Unter falschem Namen versuchte er, ein Nachtquartier in Laubenheim zu finden. Da er dem Polizeidiener und dem Nachtwächter keine Legitimationspapiere vorzeigen konnte, wurde er kurzerhand ins Gefängnis gebracht, wo er sich sehr ungehalten zeigte. Er öffnete ein Fenster und rief auf die Straße: „Helft, Ihr Laubenheimer Bürger einem Mainzer Bürger, der unschuldig eingesteckt worden ist!"24 Man hielt ihn aber weiter in Haft, da er in Verdacht geriet, der gesuchte Herbst zu sein. Dies bestätigte sich, als er Ende August nach Mainz zurückgebracht wurde. In Laubenheim entdeckte man von ihm versteckte Schlüssel, die zu der Wohnung der Wothe'schen Eheleute passten, und Ringe, die sich in deren Besitz befunden hatten.

Indessen mehrten sich die Anzeichen, dass es sich bei dem im Rhein gefundenen Toten um den etwa 32 Jahre alt gewordenen Wothe handelte, dessen Rumpf Bekannte von ihm wiedererkannten. Der Mantel, in den der Rumpf eingewickelt worden war, stammte von seiner Frau, und ein rotes Tuch, das sich bei dem Rumpf befand, war Teil der Vorhänge in seiner Wohnung. Auch wies der Mageninhalt der beiden Toten eine nahezu identische Beschaffenheit und den gleichen Verdauungsgrad auf, was darauf schließen ließ, dass sie vor der Tat noch gemeinsam gegessen hatten. An der Stelle, wo der Rumpf in den Rhein geworfen worden war, fand sich ein Schuhmacherklopfstein, der Wothe gehörte. Er war an das Bündel gebunden worden, um es untergehen zu lassen, hatte sich aber gelöst.

Wie die Untersuchungen weiter ergaben, war Herbst, der bei einem der ersten Verhöre eine Geistesstörung simulierte und „die verkehrtesten Antworten" gab, nicht nur der Zuhälter von

Frau Wothe, sondern hatte auch ein Verhältnis mit ihr gehabt. Mit ihrem Mann hatte er vor Jahren engen Kontakt, und selten verübte der eine ein Verbrechen, an welchem der andere keinen Anteil gehabt hätte. Als aber Wothe heiratete, kam es zu Spannungen zwischen den ehemaligen Komplizen. Wenige Wochen vor seinem Tod hatte Wothe die Entlassung seiner Frau aus der Sittenkontrolle bei der Polizeibehörde beantragt, wollte sie also offensichtlich „von der Bahn des Lasters" abbringen. Dies war sicher nicht im Sinne ihres Zuhälters. Der Grund für die Ermordung Wothes könnte für Herbst in der Furcht vor finanziellen Einbußen gelegen haben. Er hatte sich in Mainz eine Reisetasche gekauft, in der er offensichtlich die Leichenteile Wothes wegtransportiert hatte.

Herbst hatte sich am Abend des 26. August in einer Mainzer Wirtschaft mit Frau Wothe getroffen und mit ihr „geheimnißvoll" geredet. Für die Ermittler stellte sich die Frage, ob sie an der Ermordung ihres Mannes beteiligt gewesen war. Auffallend erschien, dass ihr Kleidersaum bei ihrem Auffinden auf dem Bett mit Blut getränkt war, während oberhalb des Saumes außer an den Armen kein Blut wahrzunehmen war. Daraus schloss man, dass sie sich in dem mit Blut überschwemmten Zimmer noch stehend befunden hatte. Für die Mainzer Presse ergab sich daraus eine „hohe Wahrscheinlichkeit, daß die Frau bei der Ermordung und Zerstückelung ihres Mannes hilfreiche Hand geleistet und jedenfalls die Extremitäten des Ermordeten gehalten hat, als sie Herbst abtrennte. Dafür, daß die Wothe auch bei der Fortschaffung der Leiche half, liegen keinerlei Momente vor. Sicher aber ist sie nachher als unbequeme Zeugin von Herbst erschlagen worden."[25]

An dem aufgefundenen Rumpf waren die Schenkelknochen durchsägt worden. Wahrscheinlich war dies mit Wothes eigenem Messer geschehen, das über eine Sägeklinge verfügte. Dass die Zerstückelung des Körpers mit großem Geschick ausgeführt wurde, passte zu der Tatsache, dass Herbst einmal als Metzger gearbeitet hatte. Da man annahm, dass er die fehlenden Körperteile und die Tasche auch in den Rhein geworfen haben könnte, engagierte die Staatsanwaltschaft zwei Taucher von der Ostsee, die den entsprechenden Rheinabschnitt absuchten. Als deren Bemühungen erfolglos blieben, wurde eine Belohnung von 300 Mark ausgesetzt, die viele Schiffer und Fußgänger dazu veranlasste, nach dem Gesuchten zu forschen. Schließlich wurde man aber an ganz anderen Orten fündig. Den in ein Tuch eingewickelten Kopf Wothes und einen Oberschenkel barg man am 20. Oktober 1885 aus dem Abort (Toilette) der Mainzer Wirtschaft „Zum Tannenbaum". Im Abort der Gastronomie „Stadt Mainz" stieß man auf einen weiteren Schenkel, und auch die Reisetasche wurde im Abort einer Mainzer Wirtschaft („Täubchen") gefunden.

Vor Beginn seiner Verhandlung im Dezember 1885 vor dem Mainzer Schwurgericht beging Herbst einen Selbstmordversuch, indem er sich mit einem an einer Mauer geschärften Löffel Schnittverletzungen zufügte. In der Verhandlung beteuerte er wie schon zuvor seine Unschuld. Er sei am Abend der Tat mit Frau Wothe in einer Wirtschaft gewesen und dann mit ihr in ihre Wohnung gegangen, wo sie ihren Mann getroffen hätten. Als die Eheleute Streit bekommen hätten, sei er weggegangen und wisse nicht, was weiter vorgefallen sei. Er habe keinerlei intime Beziehung zu Frau Wothe gehabt und „was ihr Gewerbe beträfe, sei ihr Mann damit zufrieden gewesen".[26]

Zu der Verhandlung waren über 80 Zeugen geladen. Ein als Experte und Zeuge fungierender Medizinalrat bestätigte, dass in der Wothe'schen Wohnung der Doppelmord und die Zerstückelung der männlichen Leiche vorgenommen worden waren. Ein Assistenzarzt aus dem ehemaligen Rochusspital kam zu dem Schluss, dass Herr Wothe erwürgt wurde, nachdem er durch einen Schlag mit dem runden Teil eines Schusterhammers auf den Kopf betäubt worden war. Von der Nachbarschaft waren am Mordabend Schreie aus der Wothe'schen Wohnung vernommen worden, da aber „Zänkereien und Schlägereien keine Seltenheit in der fraglichen Wohnung waren", legten die Leute dem keine besondere Bedeutung bei. Ein im selben Haus wohnhafter Zeuge hatte außer Hilferufen einer Frau und dumpfen Schlägen auch gehört, wie Frau Wothe gerufen habe: „Fritz, hör' auf, ich will's nicht mehr thuen!" Der von Frau Wothe mit diesem Vornamen benannte Angeklagte wollte diese schwerwiegende Aussage entkräften, wurde aber „sichtlich noch blässer", als er sowieso schon war.

Der Staatsanwalt sagte in seinem Plädoyer, die „glänzenden Erfolge" der Untersuchung seien nicht Verdienst der Justiz allein gewesen, sondern vor allem auch ein Verdienst der Mainzer Bevölkerung, die bestrebt gewesen sei, bei der Aufklärung des Falles zu helfen. Den Tathergang stellte er so dar, als habe Herbst an jenem 26. August Wothe allein in dessen Wohnung umgebracht. Als dann Frau Wothe hinzugekommen sei, habe er auch sie „als lästige Zeugin" getötet. Sie habe sich wohl im ersten Moment des Schreckens zu einer Äußerung hinreißen lassen, die ihn befürchten ließ, von ihr verraten zu werden. Dann habe er den Leichnam des Mannes zerstückelt und beiseitegeschafft, um glauben zu machen, Wothe habe seine Frau ermordet und sei dann geflüchtet. Herbst habe, so der Staatsanwalt in einer späteren Replik, „ohne zu arbeiten, gut leben wollen und dies als Zuhälter der Wothe zu erreichen geglaubt, darum mußte der Wothe verschwinden". Die Verteidigung bestritt die Vorsätzlichkeit des Mordes und plädierte auf Totschlag im Affekt.

Nach viertägiger Verhandlung wurde der Angeklagte am 18. Dezember 1885 von den Geschworenen des vorbedachten Mordes an Herrn Wothe und des qualifizierten Totschlags an dessen Frau für schuldig befunden. Das Urteil lautete auf Todesstrafe und lebenslängliche Zuchthausstrafe. Das Interesse des Publikums und auch der auswärtigen Presse an dem Fall war sehr groß.[27] Nachdem das Urteil rechtskräftig geworden war und Großherzog Ludwig IV. am 19. Februar 1886 erklärt hatte, von seinem Begnadigungsrecht keinen Gebrauch machen zu wollen,

Die Kirche St. Quintin von der Schustergasse aus gesehen.

nahm Scharfrichter Brand am 4. März 1886 die Guillotinierung des nach wie vor nicht geständigen Verurteilten auf dem Hof des Justizpalastes vor. Während der Exekution läutete die Pfarrkirche St. Quintin das Armesünderglöckchen.

Seit der letzten Hinrichtung in Mainz (Margaretha Jäger) waren mehr als 50 Jahre vergangen.[28]

Den Fall Herbst nahm die Mainzer Presse zum Anlass, im Kampf gegen das „Louisthum" („Louis" war die Bezeichnung für Zuhälter) radikalere Mittel zu fordern, um die Sicherheit der Mainzer Einwohner zu gewährleisten: „Es muß tabula rasa gemacht werden: Alle nichthiesigen Dirnen und Zuhälter sind unverzüglich auszuweisen und die hiesigen, sobald sie nicht einen Erwerb nachzuweisen vermögen, sind in's Arbeitshaus zu stecken!"[29]

Peter Eschbach aus Fürfeld, 1892

Der als Wilderer bekannte Schuhmacher Peter Eschbach aus Fürfeld südlich von Bad Kreuznach wurde am 13. Oktober 1891 vom Schöffengericht Wöllstein wegen Beleidigung und Bedrohung des Feldschützen Michaelis aus Fürfeld zu 40 Mark Geldbuße verurteilt. Michaelis und der Schuhmacher Schmitt aus Fürfeld waren die Hauptzeugen. Eschbach fühlte sich von dem Feldschützen besonders verfolgt und war von ihm schon mehrfach wegen Wilderei angezeigt worden. Den Rückweg von Wöllstein traten Eschbach und alle Zeugen über Neu-Bamberg an, wo gerade Kirmes war. Man kehrte in die Schamp'sche Wirtschaft ein, die Michaelis und Schmitt zwischen 17 und 18 Uhr wieder verließen. Da Letzterer ziemlich angetrunken war, wurde er von dem Feldschützen heimwärts nach Fürfeld geführt. Als sie an der Haustür Schmitts ankamen, fiel plötzlich ein Schuss. Von einer Ladung Schrot getroffen, fiel Michaelis zu Boden und starb bald darauf; Schmitt wurde verletzt.

Unter Ausschluss mildernder Umstände verurteilte das Mainzer Schwurgericht Eschbach nach zweitägiger Verhandlung am 16. Dezember 1891 wegen Mordes und Totschlagsversuchs aufgrund des § 211 des Strafgesetzbuches zum Tode. Erst danach legte der Schuhmacher vor dem Staatsanwalt ein Geständnis ab und fügte hinzu, dass er die in Aufregung begangene Tat bereuen würde. Eine beim Reichsgericht eingelegte Revision wurde verworfen.[30]

Am Morgen des 18. Februar 1892 teilte der Staatsanwalt dem Verurteilten mit, dass die Hinrichtung in 24 Stunden vollzogen werde. Der 51-Jährige schien anfangs gefasst, geriet aber im Laufe des Tages in völlige Verzweiflung. Mittags erhielt er Besuch aus Fürfeld von einem Bruder sowie einem 21-jährigen Sohn und einer zwölf Jahre alten Tochter (insgesamt hatte er sechs Kinder, seine Frau war vor drei Jahren gestorben). In dem Zimmer, in welchem er sich mit zwei Gendarmen aufhielt, spielte sich eine „herzzerreißende Scene" zwischen ihm und seinen Kindern ab.

Besonders „das 12jährige Mädchen jammerte so, daß selbst den beiden Gendarmen die Thränen in die Augen traten".[31]

Die Hinrichtung Eschbachs vollzog Scharfrichter Brand am nächsten Morgen auf dem hinteren Hof des Justizpalastes, der direkt an das Untersuchungsgefängnis grenzte. Am Tag zuvor war das Blutgerüst aufgeschlagen und „das haarscharfe Messer, das sonst in einem Etuis auf dem Bureau des Staatsanwaltes ruht", eingesetzt worden. Als Eschbach dem Scharfrichter übergeben wurde, ergriff dieser ihn mit seinen beiden Gehilfen und führte ihn die Treppe hinauf zur Plattform des Schafotts. Nach der Hinrichtung wurde die Leiche nicht der Anatomie in Gießen zugeführt, da die Angehörigen Eschbachs eine Beerdigung auf dem Mainzer Friedhof erwirkt hatten.[32]

Franz Rohrbacher aus Worms-Heppenheim, 1894

Vor dem Mainzer Schwurgericht stand am 7. Juni 1894 der 19-jährige Küfergeselle Franz Rohrbacher, gebürtig aus Pleisweiler-Oberhofen (Ortsgemeinde im Landkreis Südliche Weinstraße) und zuletzt wohnhaft in Worms-Heppenheim (bis 1969 Heppenheim an der Wiese). Ihm wurde angelastet, den 71 Jahre alten Händler Hilarius Schreiber aus Heppenheim in seinem Bett ermordet und ihn beraubt zu haben.

Aus den von ihm vor Gericht nur zögerlich vorgetragenen Informationen zu seinem Lebensweg geht hervor, dass Rohrbacher in seinem zweiten Lebensjahr seinen Vater verlor. Seine Mutter „zog eine Zeit lang in der Welt umher". Später heiratete und lebte sie in Frankenthal. Rohrbacher wurde einem Onkel in Pflege gegeben, erhielt dort aber auch keine gute Erziehung, sondern lief „oft Tage lang in Feld und Wald herum". 1884 kam er für fünf Jahre in ein Waisenhaus, ehe er als Knecht in St. Martin bei Edenkoben tätig war und sich eine erste Vorstrafe wegen Diebstahls einhandelte. Dann arbeitete er bei einem Landwirt in

Worms-Heppenheim und trat schließlich bei dem dortigen Küfer Möder in die Lehre. Zu seiner damaligen Lebenssituation und dem Anlass zu dem Verbrechen gab Rohrbacher an: „Ich erhielt keinen Lohn, ich konnte mir nicht meine Schuhe flicken lassen und kein Bier trinken. Neben uns wohnte Schreiber, ich war oft bei ihm, wußte, daß er Geld hatte und wollte es ihm stehlen, um mir eine neue Montur zu kaufen."[33]

Am Abend des 3. März 1894 schlich er sich durch eine Hintertür in die Wohnung Schreibers. Als er auf der Suche nach Geld eine Tischschublade durchwühlte und einen Schrank aufbrach, erwachte der 71-Jährige und rief um Hilfe. „Ich öffnete mein Messer", so der Angeklagte, „und ging an das Bett des Alten. Dieser richtete sich auf und ich stach nach ihm; er wehrte sich, fiel aus dem Bett und ich stach auf ihn los; dann wurde es still." Anschließend verdeckte er die Fenster und raubte etwa 16 Mark aus dem besagten Schrank. Dem Untersuchungsrichter gegenüber hatte Rohrbacher vor dem Prozess angegeben, dass er die schon lange zuvor geplante Mordtat zuerst mit einem Küferhammer hätte ausführen wollen, doch dann habe er sich entschlossen, von einem Messer Gebrauch zu machen. Er sei auf direktem Wege zum Bett Schreibers gegangen und habe ihn erstochen, ohne schon vorher nach Geld gesucht zu haben.

Des Mordes und des Diebstahls für überführt erklärt, wurde Rohrbacher zum Tode und einem Jahr Zuchthaus verurteilt.[34] Nachdem Großherzog Ernst Ludwig „der Gerechtigkeit freien Lauf" gelassen hatte, fand die Hinrichtung des Verurteilten am Morgen des 11. August 1894 auf dem Hof des Mainzer Provinzialarresthauses in Anwesenheit von 50 bis 60 Personen statt, darunter Ärzte, Offiziere und Vertreter der Presse. Auch den Arbeitern des Zimmermeisters Gerster, welche die Guillotine auf dem Hof aufgeschlagen hatten, wurde der Zutritt gestattet. Sie standen zusammen in einer Ecke des Hofes, der größtenteils mit Sand bestreut war. Die Hinrichtung nahm der mit einem Zylinder und weißen Handschuhen bekleidete Scharfrichter Brand vor,

„eine mittelgroße, bärtige Erscheinung, die gar nichts Unheimliches an sich hat, die im Gegentheil sehr sanft in die Welt guckt". Vor dem Justizgebäude, das durch Schutzleute und Gendarmen abgeschirmt wurde, hatten sich einige hundert Menschen eingefunden, „und mit angehaltenem Athem lauschte man dem Todtenglöckchen".[35]

Ein „äußerst roher Mensch"

Die etwas über 20 Jahre alte Dienstmagd Charlotte Uhrig hatte seit dem Frühjahr 1897 ein Verhältnis mit dem aus Bonn gebürtigen Simon Merz. Die Dienstmagd war bei einem Metzgermeister in Worms beschäftigt, während ihr ein Jahr älterer Freund als Hausbursche in der Wormser Wirtschaft „Zur Ebertsburg" tätig war.

An Weihnachten 1897 kündigte Charlotte Uhrig ihre Stelle und kehrte in ihr Elternhaus nach Worms-Leiselheim zurück, da sie Merz als „äußerst rohen Menschen" kennengelernt hatte. Bei einer

Wintergarten des Restaurants „Ebertsburg", um 1900 bis 1910.

Tanzveranstaltung in Leiselheim hatte er sie öffentlich beleidigt und angegriffen. In der Zwischenzeit lernte sie den Fabrikarbeiter Georg Pauli kennen, mit dem sie sich an Weihnachten verlobte.

Merz, der davon erfuhr, stahl am Abend des 2. Februar 1898 bei einem Wormser Zahnarzt, bei dem er mittlerweile beschäftigt war, einen großen Dolch. In der Nacht trieb er sich in verschiedenen Wirtschaften mit „Damenbedienung" herum und begab sich morgens in die Bahnhofsrestauration. Hier traf er einen Bekannten, dem er sagte, man werde im Laufe des Tages von ihm hören. Um 7 Uhr machte er sich auf den Weg nach Leiselheim, das er eine Stunde später erreichte. In der Wohnung der Familie Uhrig traf er seine frühere Freundin und deren Mutter an. Beide begrüßte er und setzte sich an den Tisch. Im Laufe des Gesprächs fragte er Charlotte Uhrig, ob es wahr sei, dass sie sich verlobt habe, was sie bestätigte. Mit den Worten „wenn Du mich nicht willst, soll Dich auch kein Anderer haben" sprang er vom Tisch auf, umfasste die junge Frau und versetzte ihr mit dem mitgebrachten Dolch mehrere Stiche, bis sie leblos niedersank. Die Mutter flüchtete angsterfüllt auf die Straße und rief um Hilfe. Als die ersten Nachbarn heraneilten, lief Merz davon. In Worms stellte er sich der Polizei mit den Worten: „Soeben habe ich in Leiselheim die Charlotte Uhrig ermordet!"[36]

Am 11. März 1898 wurde er vom Mainzer Schwurgericht, dem Schwurgericht der Provinz Rheinhessen, wegen Mordes zum Tode verurteilt. Tausende von Menschen standen vor dem Gerichtsgebäude, um das Urteil abzuwarten, das „mit Befriedigung" aufgenommen wurde. Bereits ein Jahr zuvor hatte Merz mit anderen zusammen bei einem Totschlagsprozess infolge einer großen Schlägerei in der „Ebertsburg" auf der Anklagebank des Schwurgerichts gesessen und war wegen Körperverletzung zu dreieinhalb Monaten Gefängnis verurteilt worden. Die Guillotinierung des 23-Jährigen nahm Scharfrichter Brand am Morgen des 7. Juni 1898 auf dem hinteren Hof des Mainzer Justizgebäudes vor.[37]

Der Mainzer „Justiz-Palast" (Dalberger Hof).

Raubmord in Sponsheim, 1903

Im Juni 1903 saß der junge Maschinenschreiner Magnus Anton Detrois, gebürtig aus Montigny, zuletzt wohnhaft in Sablon (Metz), auf der Anklagebank des Mainzer Schwurgerichts. Ihm wurde zur Last gelegt, Anfang April 1903 seine 72-jährige Tante, die angesehene frühere Ordensschwester Honorine Steimer aus Sponsheim (Stadtteil von Bingen), ermordet und beraubt zu haben. Erst 20 Tage vor der Tat war er 18 Jahre alt geworden. In der Voruntersuchung hatte er eingestanden, die Tat „vorher genau überlegt und dann ausgeführt" zu haben.[38]

Nachdem er die Maschinenschreinerei erlernt hatte, ging der aus der zweiten Ehe seines Vaters stammende Detrois am 26. März 1903 von Sablon weg, angeblich um Kellner zu werden. Mit einem seinem Vater gestohlenen Anzug und ebenfalls entwendeten 43 Mark in der Tasche begab er sich nach St. Johann bei Sprendlingen. Als er dort mit zwei jungen Kellnerinnen sein Geld ausgegeben hatte, reiste er am 30. März nach Bingen und noch am gleichen Abend nach Sponsheim zu seiner Tante, die ihn gut bewirtete und ihm zwei Mark gab. Wie es genau um deren Vermögensverhältnisse bestellt war, versuchte er am nächsten Tag in einer Sponsheimer Wirtschaft zu erfragen. Er wanderte dann nach Laubenheim und kehrte in einer weiteren Wirtschaft ein. Hier erzählte er von einer angeblich in Bingen oder Bingerbrück verübten Mordtat, die genau mit der von ihm wenig später ausgeführten Tat übereinstimmte.

Am Vormittag des 1. April kehrte er zu seiner Tante zurück, die sich über sein erneutes Erscheinen wunderte. Zwei bei ihr für mehrere Wochen wohnhafte Nichten aus St. Wendel waren gerade in der Sponsheimer Schule. Er habe dann, so der Angeklagte, von seiner Tante 50 Mark gefordert, die sie ihm nicht habe geben wollen. Plötzlich sei er „in große Erregung gekommen und der Tante an den Hals gesprungen". Er habe sie mit einer Halsbinde erdrosselt und in den Keller geschafft. Dort wurde die Tote später mit eingeschlagenen Zähnen, gefesselt und geknebelt vorgefunden. Man fand heraus, dass Frau Steimer zuerst durch Schläge auf den Kopf betäubt und dann erwürgt worden war.

Nach der Bluttat nahm Detrois ca. 5.000 Mark an sich, Wertpapiere seines Opfers in Höhe von 30.000 Mark ließ er aber unberührt. Als die Kinder aus der Schule zurückkamen, sagte er ihnen, die Tante sei in Bingen. Er aß mit ihnen, ließ sich Zigaretten holen, rauchte diese und verzog sich dann. Über Kreuznach begab er sich zurück nach St. Johann, um die beiden Kellnerinnen wiederzusehen. Einer von ihnen zeigte er 1.000 Mark in Gold. Neu ausstaffiert unternahm er nun mit seinen beiden Begleiterinnen Ausflüge nach Trier und Köln. In der Domstadt verbrachten sie mehrere Tage, besuchten Theateraufführungen und sahen sich die Stadt an. Detrois soll dabei „sehr lustig" gewesen sein und „Witze und Zoten" erzählt haben. Auch soll er gesagt haben, „daß er nach Frankfurt fahre, sich dort einen Revolver kaufe, dann gebe es noch Leichen".[39]

Am 8. April begab er sich zurück nach St. Johann und einen Tag später nach Koblenz, wo er sich ein „Benzin-Zweirad" zulegte. Mit diesem fuhr er anderntags nach Mainz, wo er „nur in einem Hotel eingekehrt und nicht im Bordell gewesen" sein wollte. Dann ging die Fahrt weiter nach Frankfurt. Im „Café Kronprinz" feierte er mit mehreren Dirnen in einem Nebenzimmer „wahre Orgien" und machte großzügige Geschenke. Als er am Abend des 15. April eine Frankfurterin, die er in einem Laden kennengelernt hatte, zu einem Theaterbesuch abholen wollte, wurde er auf der Straße verhaftet. Die Frankfurter Polizei hatte erfahren, dass er sich unter dem Namen Sturm in der Stadt aufhielt. Von dem gestohlenen Geld wurden nur noch 1.300 Mark aufgefunden.

Die Geschworenen bejahten die Frage, ob der Angeklagte schuldig sei, „die Privatin Honorine Steimer vorsätzlich getötet und diese Tötung mit Ueberlegung ausgeführt zu haben", woraufhin er am Ende des zweiten Verhandlungstages, des 18. Juni 1903, zum Tode verurteilt wurde. Wenn er das Verbrechen vor seinem 18. Geburtstag verübt hätte, wäre er mit 3 bis 15 Jahren Freiheitsstrafe davongekommen. Das Motorrad im Wert von 750 Mark und andere Dinge, die er sich gekauft hatte, wurden in Bingen gerichtlich versteigert.[40]

Nachdem ihm am 3. September 1903 vom Staatsanwalt mitgeteilt worden war, dass das Todesurteil am nächsten Tag vollstreckt werden würde, kam der 18-Jährige unter Bewachung von zwei Gendarmen in die „Totenzelle". Seine Eltern sandten ihm noch in der Nacht ein Telegramm, in dem sie ihm ihre Verzeihung aussprachen und ihn ersuchten, in Reue zu sterben. Das Zeichen, dass der Augenblick der Hinrichtung gekommen war, gab am Morgen des 4. September das Läuten des sogenannten Lumpenglöckchens auf dem Quintinsturm. Es erinnerte im Alltagsbetrieb jeden Abend kurz vor 23 Uhr die Säumigen im Wirtshaus ans Heimgehen. Die Guillotinierung auf dem kleinen Hof des Provinzialarresthauses ging nicht ohne Probleme vonstatten. Nach dem Fallen des Beiles hing der Kopf noch an einer Hautstelle der rechten Halsseite.

Grab des 1903 hingerichteten Detrois auf dem Mainzer Friedhof, aufgenommen im November 1904.

Nachdem die etwa 100 Anwesenden die Richtstätte verlassen hatten, trennte Scharfrichter Brand mit einem Messer den Kopf vollständig ab und legte ihn im Sarg zwischen die Beine des Gerichteten. Das in der Stadt verbreitete Gerücht, das Fallbeil sei ein zweites Mal heruntergelassen worden, war unzutreffend.[41]

Drama in der Wormser Noltzstraße, 1909

Die neunjährige Loni Scheid kam am Morgen des 11. November 1909 zu einem Hausmitbewohner in der Wormser Noltzstraße und bat ihn um Hilfe. Schnell ging er in deren Wohnung und fand in der von Gasgeruch erfüllten Küche Lonis Mutter – Witwe eines Notariatsgehilfen – und Lonis jüngeres Brüderchen Adam bewusstlos vor. Sofort öffnete er alle Fenster und Türen und benachrichtigte die Polizei. Offensichtlich hatte die Witwe versucht, sich und ihren Sohn umzubringen. Im Schlafzimmer machte man eine weitere grausige Entdeckung. Dort lag die Leiche des Lehrers Christian Kruger aus Wachenheim, dem eine Schusswunde am Kopf zugefügt und die Kehle durchschnitten worden war. Ein Arzt brachte die Witwe und ihren Sohn wieder zu Bewusstsein.

Wie sich herausstellte, hatte diese einen Bekannten, den mittellosen Hausdiener Franz Selzer aus Worms-Pfeddersheim, zu dem Mord an dem Lehrer angestiftet. Als Belohnung versprach sie, ihm ihr ganzes Vermögen in Höhe von rund 20.000 Mark zu vermachen, „da sie sich mit ihren Kindern auch umbringen werde". Ein entsprechendes vordatiertes Testament verfasste sie noch kurz vor der Tat. Sie wollte sich an dem Lehrer rächen, der sie einige Monate zuvor verlassen und sich geweigert hatte, sie zu heiraten. Außerdem schuldete er ihr Geld. Sie strengte einen Beleidigungsprozess gegen ihn an und beschuldigte ihn bei seiner vorgesetzten Behörde der Heiratsschwindelei. Anfang November 1909 begegnete sie ihm auf dem Allerheiligenmarkt in Worms und überredete ihn, einige Nächte bei ihr zu verbringen. Dies tat sie wahrscheinlich schon in der Absicht, ihre Rachepläne zu verwirklichen. Sie hatte wiederholt erklärt, sie werde sich umbringen, „vorher müsse aber Kruger daran glauben".[42]

Selzer, der einige Tage nach dem Auffinden der Leiche in Heidelberg verhaftet wurde, hatte am 10. November 1909 im Auftrag der Witwe ein Rasiermesser gekauft und es schärfen lassen. Einen Revolver, den ihm die Witwe gegeben hatte, probierte er nachmittags außerhalb der Stadt aus. Am Abend versteckte die Witwe Selzer in ihrer Wohnung, er wurde aber trotzdem von Loni gesehen, die ihn schon länger kannte. Die Witwe ging dann mit Kruger aus und sorgte dafür, dass er viel Alkoholisches trank, damit er später fest schlafen würde. Gegen Mitternacht kehrten sie in die Wohnung zurück. Nachdem der Lehrer eingeschlafen war, kam Selzer in das Schlafzimmer und schoss ihm eine Kugel in die Schläfe. Um zielen zu können, leuchtete ihm die Witwe mit einer Taschenlampe. Als Selzer sah, dass Kruger noch nicht tot war, schnitt er ihm mit dem Rasiermesser die Kehle durch. Der Täter erhielt nun von der Witwe Kleidungsstücke ihres Mannes und Geld, das er in Mannheim und Heidelberg verjubelte. Seine blutbeschmierte Kleidung warf er in einen Bach, sie wurde später aber gefunden. Sein Hemd ließ er aus Versehen in der Wohnung zurück.

Die Witwe legte am 20. November 1909 im Untersuchungsgefängnis ein fragwürdiges Geständnis ab. Sie gab an, mit Kruger wiederholt den Entschluss gefasst zu haben, gemeinsam mit den Kindern in den Tod zu gehen. Auch nach ihrer Versöhnung auf dem Allerheiligenmarkt sei viel darüber gesprochen worden. Außerdem behauptete sie, Kruger vorgeschlagen zu haben, dass Selzer sie alle erschießen sollte. Kruger sei damit einverstanden gewesen, „er habe nur die Befürchtung ausgesprochen, der Selzer werde sich betrinken und dann schlecht treffen, so daß man noch lange zu zappeln hätte".[43] Tatsächlich habe Selzer dann in der Nacht Kruger mit dessen Billigung umgebracht. Da sie selbst aber „den Mut zum Erschossenwerden verloren" habe, habe sie Selzer gebeten, den Gashahn aufzudrehen, was auch geschehen sei. Später unternahm die Witwe im Gefängnis durch das Umwerfen einer Petroleumlampe einen weiteren Selbstmordversuch. Sie verbrannte sich schwer und erlag einem Herzschlag.

Am 10. März 1910 begann der Prozess gegen Selzer vor dem Mainzer Schwurgericht. Er versuchte, die verstorbene Witwe als diejenige darzustellen, die den Mord begangen habe, während er nur geholfen habe. Sie habe auch von ihm verlangt, dass er sie und ihre beiden Kinder umbringen sollte, was er aber nicht hätte tun wollen. Beim Verlassen des Hauses habe er gehört, dass der Gashahn aufgedreht worden sei. Auch die mittlerweile zehn Jahre alte Loni Scheid, die bei einem Onkel untergebracht war, wurde als Zeugin vernommen. Sie gab an, sofort nach dem Schuss ihre neben ihr im Bett liegende Mutter umklammert zu haben. Diese konnte also nicht, wie Selzer behauptete, vor dem Bett stehend den Schuss auf Kruger abgegeben haben. Loni bemerkte im Dunkeln eine Gestalt im Zimmer, und auf Nachfrage bei ihrer Mutter, von der sie zum Schlafen in die Küche gebracht wurde, erhielt sie zur Antwort, es sei Selzer. Morgens bemerkte Loni in der Küche einen starken Gasgeruch und wurde nun von der Mutter ins Wohnzimmer getragen. Zweimal kletterte Loni aus dem Wohnzimmerfenster in den Hof und schaute von dort durch das Küchenfenster. Sie sah ihre Mutter und ihr Brüderchen auf einem improvisierten Lager liegen. Loni ging in die Küche, drehte den Gashahn zu und alarmierte den Nachbarn.

Nachdem auch die Gutachten der Sachverständigen besonders durch die Untersuchung der bei der Tat getragenen Kleidungsstücke erschwerend für den Angeklagten ins Gewicht gefallen waren, wurde der 24-Jährige am 12. März 1910 vom Schwurgericht wegen Mordes zum Tode verurteilt. Seine Hinrichtung mit der Guillotine nahm Scharfrichter Brand am Morgen des 3. Juni 1910 auf dem Hof des Mainzer Gefängnisses vor. Die Armesünderglocke ertönte nicht mehr vom Quintinsturm, sondern von St. Emmeran.[44]

Höchst

Die Großherzoglich-Hessische, Fürstlich-Löwensteinische und Gräflich-Erbaische Justizkanzlei in Michelstadt (auch als „Gesammt-Justiz-Canzlei" bezeichnet[1]) verurteilte am 11. März 1820 Michael Schanz aus Kirchbrombach (heute Ortsteil von Brombachtal, früher Amt Breuberg) wegen eines an seinem Schwiegervater Georg Reeg mit einem Beil begangenen Totschlags unter Anwendung des Artikels 137 der Carolina zur Todesstrafe durch das Schwert. Eine vom Verteidiger eingelegte Revision wurde vom Oberappellationsgericht verworfen und das Urteil am 19. Mai 1820 von Großherzog Ludwig I. bestätigt.

Der 1788 im Amt Breuberg geborene Schanz wurde 1807 dem großherzoglichen Leibregiment zugeteilt. Er desertierte aber und arbeitete bis 1810 als Knecht im Großherzogtum Frankfurt. Wieder in die Heimat zurückgekehrt, wurde er wegen seiner

Amtsgericht Michelstadt im Jahre 1879.

Desertion gerichtlich belangt und war danach als Trainsoldat tätig. Nachdem er sich auf Zureden seines Vaters entschlossen hatte, Catharina zu heiraten, die Witwe seines in Kirchbrombach verstorbenen Bruders, beendete er eine Beziehung zu einer anderen Frau, die ein Kind von ihm erwartete. Da sich seine Entlassung aus dem Militärdienst verzögerte und er sie deshalb nicht heiraten konnte, lebte er einstweilen ohne Trauschein mit seiner Schwägerin zusammen, „die amtlichen Verbote und Strafen nicht achtend". Schon in jener Zeit verstand er sich mit seinem künftigen Schwiegervater nicht gut und wurde wegen Misshandlung desselben mit Arrest von einigen Tagen bei Wasser und Brot verurteilt.

Nach dem Ausscheiden aus dem Militärdienst im Frühjahr 1817 kam es schließlich zu der hinausgeschobenen Eheschließung. Dadurch gelangte er in den Besitz eines Hauses und Bauerngutes in Kirchbrombach, wofür er aber bestimmte Naturalleistungsverpflichtungen (Leibgedingsleistungen) gegenüber seinem Schwiegervater eingehen musste, der die obere Hälfte des erwähnten Hauses als „Leibgedingswohnung" für sich beanspruchte. Solche an Verpflichtungen gebundene und oft übereilte Gutsübergaben konnten mitunter für den Übernehmenden eine Überforderung darstellen und „Unmuth, Familienzwist, kostspielige Processe und Verarmung" hervorrufen, wie es in einem 1824 in Darmstadt erschienenen Buch über das „Institut des Leibgedings" im Odenwald heißt.[2]

Auch im Hause Schanz herrschte immer wieder Unfrieden. Nachdem der Schwiegersohn schon im Sommer 1818 wegen Forderungen des Schwiegervaters belangt worden war, kam es einige Zeit später zu einer weiteren Auseinandersetzung. Am Morgen des 24. Dezember 1818 gerieten beide im Stall in Streit, woraufhin Schanz seinen Schwiegervater hinausdrängte und ihn wiederholt auf den Misthaufen niederwarf. Durch den Lärm kamen einige Leute hinzu und mahnten zur Ruhe. Der aufgebrachte Reeg aber drohte seinem Schwiegersohn, den Vorfall auf der Burg Breuberg, dem Sitz des Justizamtes, anzuzeigen und sagte: „Du wirst schon sehen, wo du deine Feiertage hältst!"

Er kleidete sich an und verließ gegen acht Uhr morgens das Haus. Nachdem er einem Gerichtsschöffen in Kirchbrombach und einem Verwalter in Niederkinzig die „erlittene Mißhandlung" angezeigt hatte, machte er sich gegen neun Uhr auf den Weg zur Burg (in der Quelle als „Bergschloß" bezeichnet). Kaum eine Stunde später wurde dem Verwalter mitgeteilt, dass auf dem Weg von Niederkinzig nach Mümling-Grumbach „ein Mann im Blute liege". Es handelte sich um die Leiche des erschlagenen Reeg, die nur etwa 1.000 Schritte vom Haus des Verwalters entfernt war.

Unter Tatverdacht nahm man Schanz fest, an dessen Beil deutliche Blutspuren zu erkennen waren. Ebenso wurde seine Frau verhaftet, die verdächtigt wurde, ihn angestiftet zu haben. Im November 1819 erweiterte und berichtigte er bereits früher abgelegte Geständnisse. Nachdem sein Schwiegervater das Haus verlassen hatte, so gab er an, habe er „auf Anreizung seiner Frau" sein Beil ergriffen und sei ihm über die Berge nachgeeilt. Als sie zusammengetroffen seien, habe er ihn gepackt und aufgefordert, zurückzukehren. Sein Schwiegervater habe sich aber gewehrt und ihm mit einem Stock Schläge versetzt, worauf er ihm im Zorn mit dem Beil auf den Kopf geschlagen habe. Warum er seinem Schwiegervater nicht auf dem gewöhnlichen Weg nachgegangen sei, wusste er nicht zu beantworten. Mehrere Leute, denen er begegnet war, bezeugten sein „auffallendes eiliges Laufen und verdächtiges Aussehen".[3]

Am 29. Mai 1820 gegen sechs Uhr morgens traf ein Militärkommando von 30 Mann aus Höchst in Michelstadt ein, um den Verurteilten auf dem Weg nach Höchst zu eskortieren, wo die Hinrichtung stattfand. Dem ausdrücklichen Wunsch des Delinquenten, die Strecke nach Höchst statt in einem Wagen zu Fuß zurückzulegen, wurde stattgegeben. Als er dort ankam, wurde er in eine neben dem Rathaus gelegene Wohnung gebracht und mit den „gewöhnlichen Sterbekleidern" versehen. Über das weitere Prozedere heißt es in einem Bericht eines hessischen Justizamtmanns: „Um 9 Uhr wurde das Gericht zum erstenmale, um ¼ nach 9 Uhr zum zweiten Male und um ½ 10 Uhr zum dritten Male eingeläutet. Auf das dritte Zeichen verfügte sich das gesamte Gerichtspersonale vom Rathaus auf den Marktplatz, wo das Blutgericht auf die altherkömmliche Weise eröffnet und, nachdem auch der Delinquent vorgeführt worden war, herkömmlichermassen abgehalten wurde. Nach geendigtem Blut-Gericht verfügte sich das Gericht auf den Richtplatz, wohin auch der Delinquent und zwar abermals auf sein Verlangen, zu Fusse, unter Beistand der Geistlichen, gebracht wurde. Von Seiten des Grossherzoglichen Militärs war der gehörige Kreis formiert und die Ordnung aufs vollständigste gehandhabt."[4]

Bei der durch den betagten Scharfrichter Johannes Nordt aus Höchst vollzogenen Hinrichtung gab es einen Zwischenfall. Auf eine Frage nach seinem vorgerückten Alter hin hatte er noch einige Tage zuvor geantwortet, „er habe noch nicht die mindeste Abnahme seiner Kräfte verspürt und getraue sich, wenn es Noth thue, noch 15 Köpfe in einem weg ohne Anstand abzuhauen; auch würde er es sich zur Schande rechnen, wenn hierzu ein fremder Scharfrichter beigezogen würde." Dennoch passierte ihm bei der Hinrichtung von Schanz das Missgeschick, etwas zu hoch zu schlagen und so den Kopf nicht mit dem ersten, sondern erst mit dem unmittelbar hierauf erfolgten zweiten Hieb vom Rumpf zu trennen. „Doch gereicht es zur Beruhigung", so heißt es in dem Bericht, „dass nicht nur nach dem Augenschein, sondern auch nach der Versicherung des anwesenden Physicats schon nach dem ersten Hieb das Leben völlig entflohen sein musste, indem der Kopf von hinten her bis an das Kinn durchgehauen war. Die Schuld dieses Unfalls lag offenbar darin, dass, nachdem der Delinquent schon mit verbundenen Augen auf dem Richtstuhle sass, und der Scharfrichter mit gehobenem und gezücktem Schwerte hinter ihm stand, die Geistlichkeit mit ihren Segnungen zu lange zögerte und dadurch die Kräfte des sonst so rüstigen Scharfrichters ermüdete."[5]

Die Hinrichtung von Schanz ist die einzige, die aus Höchst bekannt ist. Seine Frau wurde zu einer dreimonatigen Korrektionshausstrafe verurteilt.[6]

Fulda

Regelung der Hinrichtungsmodalitäten

Zwei verschiedene Fälle lagen einer Doppelhinrichtung zugrunde, die am 13. Oktober 1826 in Fulda stattfand. Der 23-jährige, vorbestrafte Johann Adam Noll aus Rimmels (Ortsteil von Nüsttal) war am Nachmittag des 23. September 1825 mit einem Leinenhändler auf dem Rückmarsch von Langenselbold in die Heimat. Unterwegs, so gestand er später, „habe ihn der Gedanke angewandelt", seinen Weggenossen „zu überfallen und ihm das Geld aus dem Ranzen zu rauben, worauf er auch alsbald den Entschluß zum Morde gefaßt" habe. Mit einem scharfkantigen Stein schlug er mehrere Male auf ihn ein und schnitt ihm mit einem Messer die Kehle durch, ehe er ihn ausraubte. Das Messer und der blutbefleckte Stein blieben ebenso am Tatort zurück wie die Jacke des Täters.

Der Kriminalsenat des kurhessischen Obergerichts der Provinz Fulda verurteilte Noll am 2. Januar 1826 wegen vorsätzlichen Raubmordes zum Tode durch das Schwert. Zwar sah der Artikel 137 der Carolina vor, dass ein „fürsetzlicher mutwilliger mörder mit dem rade" hingerichtet werden sollte, im modernen kurhessischen Gerichtsgebrauch wurde aber „statt der Strafe des Rades die des Schwertes angenommen". Nachdem das Urteil Noll bekannt gemacht worden war, wurden die Akten gemäß des § 39 der Verordnung vom 29. Juni 1821 an das kurfürstliche Oberappellationsgericht in Kassel eingesendet. Dieses – aufgrund der Vorschrift des § 40 der angeführten Verordnung mit sieben Mitgliedern besetzt – erkannte nach der amtshalber vorgenommenen Revision am 1. Mai 1826 für Recht, dass das vom Obergericht Fulda gefällte Urteil „lediglich zu bestätigen sey", wie die damalige Formulierung in der Regel lautete. Am 26. August 1826 wurde das Kasseler Urteil dem Obergericht in Fulda mit der Bemerkung zugesandt, dass der Kurfürst in seiner „allerhöchsten Entschließung" vom 13. August keine Gründe gefunden hätte, eine Begnadigung des Verurteilten vorzunehmen. Zugleich wurde dem Obergericht aufgegeben, die Todesstrafe „gehörig vollziehen zu lassen".

Gerade die Frage nach den Hinrichtungsmodalitäten aber war für das Obergericht unklar, da es sich lange nicht mehr damit beschäftigt hatte. Am 23. September 1826 schrieb es an das Justizministerium: „Ehedem wurden solche Hinrichtungen (die letzte hat vor 25 Jahren dahier statt gehabt) unter Beobachtung bestimmter, wohl auch anderwärts herkömmlichen, Feierlichkeiten, mittelst Hegung eines hochnothpeinlichen Gerichtes, Vorlesung des Urtheils unter freiem Himmel, Brechung des Stabes u. dgl. vollzogen. Die Ausführung des Verbrechers zu dem beiläufig ¾ Stunden von der Stadt entlegenen Richtplatze geschah, während des Läutens mit einer besonders dazu bestimmten Glocke in der Stadtpfarrkirche und unter einer zahlreichen Bedeckung von Land-Miliz und bewaffneten Bauern, welche um den Richtplatz einen Kreis zogen."[1]

Diese Modalitäten erschienen dem Obergericht aber nicht mehr zeitgemäß, da beispielsweise ein „förmliches Centgericht" und eine Landmiliz gar nicht mehr existierten. Die Hinrichtungen sollten zwar nicht heimlich geschehen, aber auch nicht als „ein öffentliches Spectakel für Schaulustige". Folgende Punkte schlug das Obergericht zur künftigen Vollstreckung von Todesurteilen vor:

1) Das Urteil wird dem Delinquenten drei Tage vor der Exekution eröffnet und ihm der zur Hinrichtung bestimmte Tag bekannt gemacht,
2) von dieser Zeit an ist einem Geistlichen von der Konfession des Verurteilten der Zutritt zu ihm gestattet,

3) am Hinrichtungstag wird der Inquisit mit einer weißen Leinenjacke, einer langen Leinenhose und einer weißen, mit einem schwarzen Band versehenen Baumwollmütze bekleidet auf einen vor dem Gefängnis wartenden Karren platziert,
4) dann wird er unter Bewachung von sechs Gendarmen und einem „Stockmann" (Gefängniswärter) zum Richtplatz gefahren,
5) das Mitglied des Landgerichts und der Aktuar begleiten den Zug in einem Wagen,
6) dem Geistlichen steht es frei, mit dem Inquisiten zu fahren oder sich früher auf den Richtplatz zu begeben (vor Zeiten musste er bei dem Delinquenten auf dem Karren sitzen),
7) der Richtplatz muss vor der Ankunft des Zuges von einer zur Aufrechterhaltung der Ordnung erforderlichen Militärmannschaft umgeben werden,
8) auf dem Richtplatz angekommen, besetzen die den Karren begleitenden Gendarmen die auf den Richtplatz führende Tür, bei welcher der Inquisit den Gehilfen des Nachrichters übergeben wird,
9) auf den Richtplatz darf außer dem Verurteilten niemand eingelassen werden als das Gerichtspersonal, der Geistliche sowie der Nachrichter und seine Gehilfen,
10) am Richtplatz ist dem Delinquenten noch eine Unterredung mit dem Geistlichen (bei Katholiken die Beichte) gestattet,
11) dann wird die Todesstrafe durch den Nachrichter vollzogen und darüber vom Gerichtspersonal am Richtplatz eine Registratur geführt,
12) die Leiche wird, insofern sie nicht an die Medizinische Fakultät in Marburg abgeliefert wird, von den Gehilfen des Nachrichters beim Richtplatz bekleidet verscharrt.

Das Staatsministerium war mit diesen Vorschlägen einverstanden, ordnete aber an, dass statt sechs nur vier Gendarmen zur Bewachung des Karrens eingesetzt werden sollten.[2]

Hinrichtungsszene einer Enthauptung mit dem Schwert.

Für die am 13. Oktober 1826 vormittags 9 Uhr vollzogene Hinrichtung war der Kasseler Scharfrichter Johann Jacob Christoph Rathmann angestellt worden, der an jenem Morgen auch den 23-jährigen Knecht Johann Stehling aus Wiesen (Ortsteil von Hofbieber) enthauptete. Dieser war am 30. März 1826 vom Obergericht Fulda wegen Mordes zum Tode durch das Schwert verurteilt worden.

Er hatte gestanden, am Abend des 31. Oktober 1825 einer Dienstmagd seines Schwagers, die ein Kind von ihm erwartete, den Hals umgedreht zu haben, damit sie ihn nicht als „Schwängerer" angeben konnte. An jenem Abend habe er die in ihrer Kammer schlafende Magd „am Halse und gleich darauf mit beiden Händen, und zwar mit aller Kraft, an den zwei Ohren angefaßt und ihr den Kopf, welcher mit einem Tuche umbunden gewesen sey, geschwind nach der linken Seite herum gedreht, so daß es gekracht, dieselbe geröchelt und nach dem Athem geschnappt habe". Dann habe er die Getötete eine Treppe hinabrollen lassen, „damit, wenn die Leiche des Morgens gefunden werde, man glauben solle, die Entleibte sey die Treppe herunter gestürzt und habe hiervon den Hals gebrochen".[3]

Mord bei Bad Hersfeld, 1828

Anfang März 1830 fand in Fulda die Hinrichtung eines 38-jährigen Buchbinders statt, der bei Bad Hersfeld seine schwangere Geliebte ermordet hatte. Sie hatte ihn bezichtigt, der Vater ihres ungeborenen Kindes zu sein, und verlangte Geld von ihm. Am Abend des 17. Juni 1828 führte er seinen etwa sechs Tage zuvor beschlossenen Plan aus, sie zu ermorden. Als sie wieder nach Geld fragte, forderte er sie auf, ihn an die Fulda zu begleiten. Dort erdrosselte er sie und warf ihre Leiche an die Uferböschung, wo sie zwei Tage später gefunden wurde. Als Motiv für die Tat gab er an, er habe das Bekanntwerden seiner angeblichen Vaterschaft und den Unwillen seiner Frau gefürchtet.

Das wegen Mordes verhängte Todesurteil des Kriminalsenats des Obergerichts in Fulda vom 10. Januar 1829 wurde am 23. November 1829 vom Oberappellationsgericht Kassel bestätigt. Nachdem auch Kurfürst Wilhelm II. am 13. Januar 1830 eine Vollstreckung des Urteils befürwortet hatte, fand die Hinrichtung mit dem Schwert am 5. März 1830 in Fulda statt. Der Hingerichtete hinterließ seine Frau mit vier Kindern.[4]

Tod eines Forstläufers bei Keulos, 1855

Der in Künzell, Forstrevier Thiergarten, stationierte Forstläufer Johann Adam Maul entfernte sich am Allerheiligentag, dem 1. November 1855, frühmorgens mit einer Doppelflinte aus seinem Wohnort, um in seinem Revier „auf Wilddiebe zu spähen".

Vergeblich wartete seine Familie auf seine Rückkehr, bis zwei Tage später seine mit Blut und Lehm befleckte Leiche in der Gemarkung des Dorfes Pilgerzell hinter einer Dornhecke aufgefunden wurde. Neben ihm lagen sein Filzhut, sein Jagdranzen und seine Flinte. Die gerichtsärztliche Besichtigung ergab, dass eine Schrotladung auf ihn abgegeben worden war, von der nur wenige Schrotkörner in den Körper eingedrungen, viele aber in der dicken Bekleidung steckengeblieben waren. Nicht der Schrotschuss hatte den Tod herbeigeführt, sondern dem am Boden liegenden Forstläufer beigebrachte Hals- und Kopfverletzungen.

Die Rückverfolgung von vorgefundenen Spuren ergab, dass der Forstläufer an anderer Stelle ermordet worden war. Die Tat war in einem Waldstück nahe bei Keulos (Ortsteil von Künzell), der sogenannten Tränkhecke, verübt worden. Von hier war der Leichnam auf einem Schiebkarren wegtransportiert und das letzte Stück zum Fundort in Pilgerzell geschleift worden. Man hatte versucht, Radspuren des Karrens zu verwischen. In der Nähe entdeckte man Abdrücke eines entblößten Fußes mit einer auffallend großen Zehe.

Der Verdacht fiel auf den als Wilddieb bekannten und vorbestraften Benedict Blösser aus Keulos, geboren in Dammersbach (Stadtteil von Hünfeld), der am 4. November 1855 verhaftet wurde. Der 51-jährige Vater von fünf Kindern arbeitete als Schmied, verstand sich aber auch auf das Schlachten von Vieh. An seinem Schiebkarren fanden sich Hinweise darauf, dass derselbe zum Transport der Leiche gedient haben könnte. Auch war Blösser im Besitz von Gegenständen, die als Mordwerkzeuge infrage kamen, wie eines sogenannten Knickers (ein herzförmiges, zweischneidiges Instrument, womit man Vieh durch einen Stich in den Nacken tötete) und einer Barte (Axt). An Kleidungsstücken des Verdächtigen waren – obwohl frisch gewaschen – Blutflecken festzustellen, die Blösser durch Fingerwunden zu erklären suchte. Die aufgefundene Fußspur wies ebenfalls auf ihn als Täter hin.

Am Morgen jenes 1. November war aus der Gegend der Tränkhecke ein Schuss zu hören gewesen. Drei Kinder aus Keulos, die sich zu jener Zeit auf dem dort vorbeiführenden Weg zur Kirche auf dem Florenberg befanden, vernahmen ein „Gezänke", bei welchem sie die Stimme Mauls zu erkennen glaubten. Ein Nachbar Blössers sah diesen zur fraglichen Zeit von der Tränkhecke her schnellen Schrittes quer über eine Wiese nach Hause laufen. Als der Nachbar das Fenster öffnete, duckte sich Blösser und verschwand hinter einem anderen Haus.

Nur wenige Tage vor der Tat war der ermordete Forstläufer mit illegal gelegten Hasenschlingen, die er in der Tränkhecke gefunden hatte, zu dem ihm vorgesetzten Revierförster Kaufholz gegangen. Dieser erklärte sogleich, dass die Schlingen von einem Schmied hergestellt worden sein mussten, „indem er aus der Regelmäßigkeit, mit der dieselben gedreht waren, schloß, daß solche nicht mit der Drahtzange, sondern auf dem Schraubstocke gearbeitet seien".[5] Kaufholz erteilte dem Forstläufer daraufhin den Auftrag, an jenem Allerheiligentag die Tränkhecke und das Haus Blössers zu beobachten.

Letzterer hatte keinen Hehl daraus gemacht, dass er sich auf keinen Fall ergeben würde, wenn er beim Wildern erwischt werden sollte. Als der Forstläufer Stey ihn einmal beim Anfertigen von viereckigen Schrotkörnern antraf und ihn fragte, was er damit anfangen wolle, erwiderte er: „Die sollen auf einen Forstlaufer, wenn einer bei mich kommt; so eine Hand voll in die Leber sind genug."[6] Dass solche Worte bei ihm keine leeren Drohungen waren, zeigte eine acht Jahre zurückliegende tätliche Auseinandersetzung, bei welcher Blösser dem Forstschutzjäger Cäsar in der Gegend von Fulda nach dem Leben getrachtet hatte.

Vom 14. bis 16. Januar 1856 musste er sich vor dem Schwurgerichtshof in Fulda verantworten. Wegen des zu erwartenden großen Publikumsandrangs fand die Verhandlung nicht in den etwas beengten Räumlichkeiten des Landgerichtsgebäudes in Fulda statt, sondern im „Wahler'schen Saale". Während beim

Abgeben des Schrotschusses auf den Forstläufer nicht unbedingt eine Tötungsabsicht angenommen werden musste, so lag eine solche nach Einschätzung des Neuen Pitavals beim weiteren Vorgehen des Angeklagten eindeutig vor: „Wenn nun gleichwol Blösser auf den zu Boden Liegenden zuging und im ungleichen Kampf unter anderm ihm den Hals zu durchschneiden, ihn am Nacken, gleichwie das Schlachtvieh, abzustechen unternahm, und zuletzt mit der Barte oder einem ähnlichen, gleich gefährlichen Werkzeug ihm den Schädel von einem Ende bis zum andern spaltete, welcher letzte Act alsbald den Tod herbeiführen mußte, so kann wenigstens von da an die bestimmte Absicht, den Maul zu tödten, nicht bezweifelt werden."[7]

Bei der Frage, ob es sich um Totschlag oder Mord handelte, fiel für den Angeklagten außerdem erschwerend ins Gewicht, dass er nach der blutigen Tat „kalt und gleichgültig, mit ungewöhnlicher Schlauheit" versucht hatte, den Verdacht von sich abzulenken: „Nach Verübung des Verbrechens schleift er sein Opfer in den nahen Waldgraben, verbirgt sein Schießgewehr im Walde, schafft sodann, absichtlich mit bloßen Füßen, den Leichnam ohne Empfindung und Furcht im schaurigen Dunkel der Nacht theils auf einem Schiebkarren, theils in rohester Weise schleifend, durch Wald und Flur in eine fremde Gemarkung bis nahe an bewohnte Häuser, reinigt die Füße vom verdächtigen Lehm, wäscht die verrätherischen Blutflecken aus den besudelten Kleidern und zieht andern Tags mit der Schippe auf sein Feld, um auf dem anliegenden Acker die gefahrdrohende Radspur zu verwischen."[8]

Die Verhandlung endete mit der Verurteilung Blössers wegen Mordes zum Tode, nachdem ihn die Geschworenen für schuldig befunden hatten, den Entschluss, Maul zu töten, „zwar nicht mit Ueberlegung gefaßt, jedoch mit Ueberlegung ausgeführt" zu haben. Blösser hoffte bis zum Schluss auf eine Begnadigung. Dafür wollte er „gerne in lebenslänglicher Haft schmachten, die entweder in Eisen- oder im gelindesten Falle Zuchthausstrafe bestanden haben würde".[9]

Um einer Begnadigung den Weg zu ebnen, legte er einige Tage nach der Urteilsverkündung ein Geständnis ab. Demnach war er am Morgen des 1. November in die Tränkhecke gegangen, „um nach den von ihm gelegten Hasenschlingen zu sehen und einen Hasen zur Kirchweihe zu schießen". Beim Zusammentreffen mit dem Forstläufer habe dieser zweimal auf ihn geschossen, und als er nun habe flüchten wollen, habe sich zufällig ein Schuss entladen, durch den Maul verwundet worden sei. Dann habe sich ein heftiger Kampf zwischen ihnen entwickelt, bei dem er in Notwehr mit seinem Taschenmesser auf Maul eingestochen und ihm mit dem Gewehrkolben Schläge auf den Kopf versetzt habe. Beim Weggehen habe er Maul aufrecht stehend gesehen, ihn abends aber für tot gehalten, als er zum Tatort zurückgegangen sei, um die Spuren des Kampfes zu verwischen. Um Mitternacht habe er sich dann nochmals dorthin begeben und die Leiche mit einem Karren abtransportiert. Auf dem Rückweg von Pilgerzell habe er den Karren stellenweise getragen, um eine Radspur zu vermeiden.

Das Geständnis erwies sich in einigen Punkten als unglaubwürdig. So erklärten die Gerichtsärzte, dass das Taschenmesser Blössers nicht geeignet gewesen sei, um den Rockkragen des Ermordeten zu durchdringen und die Verletzungen am Nacken zu verursachen. Außerdem hatte sich herausgestellt, dass aus Mauls Gewehr kein Schuss abgefeuert worden war. Später gab Blösser zu, dass der Forstläufer nicht auf ihn geschossen hatte.[10]

Das Oberappellationsgericht bestätigte das Todesurteil, und der Landesherr sah sich nicht veranlasst, von seinem Begnadigungsrecht Gebrauch zu machen. Als dies dem Verurteilten am 17. November 1856 mitgeteilt wurde, zeigte er fortwährend „eine namenlose Furcht" vor der herannahenden Hinrichtung: „Die ihn quälende Angst wirkte so sichtbar auf seine physischen Kräfte, daß der sonst gerade aufgerichtete athletisch gebaute Mann in eine gebückte Jammergestalt zusammenkroch, die Gesichtszüge fielen immer mehr ein und zeigten eine bleiche todtenähnliche Färbung."[11]

Scharfrichter Christian Schwarz.

Am Morgen des 21. November 1856 bestieg Blösser, der die Witwe des Ermordeten um Verzeihung gebeten hatte, vor dem Fuldaer Landgerichtsgebäude einen Leiterwagen. Mit ihm wurde er zu dem eine Dreiviertelstunde entfernten Richtplatz unter dem Rauschenberg gebracht. Unter dem Geläute einer Glocke der Domkirche bewegte sich der Zug langsam durch die Stadt. Der Delinquent war in ein „langes weißes, talarähnliches Kleid gehüllt", trug eine weiße Mütze und hielt ein hölzernes Kruzifix in den Händen. Die weiße Kleidung hob sein „todesmattes Aussehen" noch hervor, und so „war er der Gegenstand allgemeinen Bedauerns. An die Stelle der früheren Entrüstung gegen den grausamen Mörder war das Gefühl des Mitleids getreten".[12]

Auf dem Richtplatz bildete eine Militärabteilung einen Kreis um das Schafott, um den herum sich eine große Menschenmenge versammelt hatte. Außerdem waren Vertreter des Kriminalgerichts sowie der Staatsprokurator und Scharfrichter Schwarz mit seinen Gehilfen anwesend.

Blösser erstieg langsam mit den ihm folgenden Geistlichen die auf das Schafott führende kleine steinerne Treppe. Man führte ihn zum Richtstuhl, auf dem er sich mit gebeugtem Nacken und gesenktem Kopf niederließ: „Schnell wurde Hals und Nacken von der Kleidung entblößt, die Arme am Stuhle befestigt, die Augen verbunden und eine Vorrichtung von Riemen, die um den Hals und unter dem Kinn hinwegliefen und sich auf dem Scheitel in mehreren Richtungen vereinigten, um den Kopf gewunden. Einer der Gehülfen des Nachrichters faßte diesen Riemen über dem Scheitel und zog den Kopf nach oben, wodurch der vorher zusammengekrümmte Körper sich streckte und der Hals frei aus den Schultern gehoben wurde, worauf das Schwert des auf die andere Seite des Delinquenten getretenen Scharfrichters das Haupt zischend vom Rumpfe trennte, welches von dem Gehülfen in die Höhe gehoben wurde, um es dem Publikum einige Augenblicke zur Anschauung zu bieten."[13]

Dillenburg

In der regnerischen und stürmischen Nacht vom 18. auf den 19. September 1825 wurde an der Hermolder Brücke im damaligen Amt Meudt ein preußischer Postwagen überfallen, der zwischen Montabaur und Limburg an der Lahn verkehrte. Ein Mittelsmann hatte verraten, dass sich in der Kutsche viel Bargeld und reiche Kaufleute aus der Frankfurter Gegend befanden. Ein Postpferd wurde erschossen, man plünderte die Mitfahrenden aus und erbeutete um die 9.000 Taler. Die Anführer waren die schon über 65 Jahre alten Johann Adam Braun und Christian Wörsdörfer aus Elgendorf bei Montabaur, die einige Nachbarn und Verwandte zu dem Überfall überredet hatten.

Der mit der Untersuchung der Tat beauftragte Kriminalrichter fand heraus, dass sich einige Räuber vorher gebrüstet hatten, „den preußischen Gickel schlachten zu wollen". Man kam ihnen

Früherer Aussichtspunkt auf dem Galgenberg im 19. Jahrhundert.

auf die Schliche und inhaftierte sie im Oktober 1825 im Dillenburger Stockhaus. Bis auf 400 Taler konnte das geraubte Geld, das auf Feldern und in Gärten vergraben worden war, geborgen werden. Im April 1827 wurden alle Beteiligten zum Tode durch das Schwert verurteilt. Herzog Wilhelm von Nassau wandelte später die Todesstrafen in lebenslängliche bzw. vieljährige Haftstrafen um, im Falle von Braun und Wörsdörfer aber gewährte er keine Begnadigung.

Am Morgen des 9. November 1827 wurden sie in einem Zug aus Reitern und Wagen vom Dillenburger Gefängnis zum Richtplatz auf dem Galgenberg bei Dillenburg gebracht.

Der Zug wird folgendermaßen beschrieben: „Die Spitze bilden einige Beamte zu Pferd, hinter ihnen folgen 24 Reservisten. Dann folgt je eine Chaise mit den beiden Verurteilten und ihren Seelsorgern, auf jeder Seite 6 Reservisten. Hinter diesen kommen wieder 3 Mann von der Gefängniswache; den Schluß bildet die Droschke mit den Beamten des Kriminalgerichts."[1]

Da sich viele Schaulustige, etwa 8.000 an der Zahl, eingefunden hatten, kam der Zug nur langsam voran und erreichte den Galgenberg erst gegen halb zwölf mittags. Dort war in den Tagen zuvor ein hölzernes Schafott errichtet worden, das gleich nach dem traurigen Akt wieder abgebaut wurde. Der für die Doppelhinrichtung angeheuerte Scharfrichter Hoffmann nahm zuerst die Enthauptung Wörsdörfers vor, dann folgte sein Komplize Braun. Außer freiem Transport und freier Verpflegung verlangte Hoffmann 60 Gulden für seine Tätigkeit. Die Hinrichtungen der beiden waren die letzten, die auf dem Galgenberg stattfanden.[2]

Rinteln

In den Jahren um 1825 trieb eine Diebesbande in der hessischen Grafschaft Schaumburg ihr Unwesen, einem vom hessischen Kernland weit entfernten Landstrich mit dem Hauptort und Regierungssitz Rinteln an der Weser. Die Bande bestand im Wesentlichen aus dem Tagelöhner und Hausierer Johann Heinrich Seidenfaden, geboren am 2. Juli 1797 auf einem Gut bei Rolfshagen zwischen Obernkirchen und Rinteln und wohnhaft in Obernkirchen, dem gelernten Schmied und Tagelöhner Wilhelm Mühlhaus und dem Nagelschmied Wilhelm Faul, beide aus Obernkirchen. Die Bande handelte im Auftrag einer Hehlerin, der fast 70 Jahre alten Sophie Eleonore Schröder, die in ihrem Geschäft in Obernkirchen das Diebesgut verkaufte.[1]

Als der 27-jährige Faul bei einem nächtlichen Einbruch in Sachsenhagen fast erwischt wurde, flüchtete er nach Alfeld (Leine), wo er Anfang März 1826 bei einem Nagelschmied Arbeit fand. Nach einigen Wochen wurde er auf Requisition des Justizamtes Obernkirchen verhaftet, bei der Überführung dorthin gelang ihm aber am 12. April 1826 in Elze die Flucht. Er begab sich nun zurück nach Obernkirchen zu seiner Mutter und seinen Komplizen. Nach Rücksprache mit ihnen versteckte er sich in einem abgelegenen Walddistrikt auf dem Bückeberg bei Obernkirchen, wo er in einem selbst gegrabenen Erdloch hauste. Mehrere Tage brachte er hier zu. Von seinen Komplizen notdürftig versorgt, ließ er es sich aber nicht nehmen, nächtliche Streif- und Diebeszüge zu unternehmen. Als Frau Schröder davon erfuhr, befürchtete sie, durch die Unbesonnenheit Fauls verraten zu werden. Sie versprach Seidenfaden und Mühlhaus Geld und Branntwein, wenn sie ihn aus dem Weg räumen würden.

Eines Morgens Ende April 1826 begaben sich die beiden unter dem Vorwand zu Faul, ihm bei der Erweiterung seiner Erdbehausung behilflich zu sein. In Wirklichkeit halfen sie ihm, sein eigenes Grab zu schaufeln. Auf Zuprosten seiner Komplizen, die Essen und Branntwein mitgebracht hatten, wurde er müde und legte sich in der Nähe des Erdlochs nieder. Einer von ihnen, Mühlhaus oder Seidenfaden (vieles sprach für Mühlhaus), zertrümmerte ihm mit einer Axt den Kopf, und er starb, ohne einen Laut von sich zu geben. Die Leiche wurde in die Grube gelegt und verscharrt.

So blieb Faul längere Zeit vermisst, bis am 19. Januar 1827 der Obernkirchener Steinhauergeselle Wilhelm Krückeberg verhört wurde. Nach seinen Angaben hatte ihm Mühlhaus, mit dem er zusammen in einem Bückeberger Steinbruch arbeitete, im August 1826 eröffnet, dass er und Seidenfaden den Verschollenen getötet hätten. Dann habe Mühlhaus ihn zu der Stelle geführt, wo die Leiche vergraben liege. Über all dies habe er bisher aus Angst vor den beiden Tätern geschwiegen. Krückeberg wurde sofort verhaftet und die bereits zwei Tage zuvor wegen Diebstahls inhaftierten Mühlhaus und Seidenfaden legte man in ihrer Zelle in Ketten.

Nach einigen fehlgeschlagenen Suchaktionen konnte am 23. Januar 1827 die stark verweste Leiche Fauls gefunden und zur Obduktion nach Obernkirchen gebracht werden. Mühlhaus und Seidenfaden, die erkannten, dass es nicht mehr nur um Diebstahl ging, legten mehrere Geständnisse ab, wobei sie sich gegenseitig die Haupttäterschaft bei der Ermordung Fauls und Frau Schröder die Rolle der Anstifterin zuwiesen. Seidenfaden gab an, Krückeberg sei in die Mordpläne eingeweiht gewesen. Frau Schröder und ihr Mann, der auch im Verdacht stand, von der Tat gewusst zu haben, wurden ebenfalls verhaftet.

Nach dreijähriger Untersuchung verurteilte das Obergericht in Rinteln am 24. Dezember 1829 Mühlhaus und Seidenfaden wegen Mordes und anderer Vergehen in Berufung auf Artikel 148 der Carolina zum Tod durch das Schwert. Frau Schröder wurde

Rinteln um 1845, links der Heinekamp.

wegen Beihilfe zum Mord und Begünstigung von Diebstählen mit sechs Jahren Zuchthaus belegt. Ihr Mann und Krückeberg wurden freigesprochen. Nach der Bestätigung des Rintelner Urteils am 9. September 1830 durch das Oberappellationsgericht in Kassel wurde Mühlhaus am 15. Januar 1831 auf dem Heinekamp östlich von Rinteln durch Scharfrichter Johann Heinrich Dietz aus Nienburg hingerichtet.[2]

Währenddessen war dem mitverurteilten Seidenfaden in der Nacht vom 13. auf den 14. April 1830 der Ausbruch aus dem Gefängnis in Rinteln gelungen. Unter falschem Namen, Wilhelm Wiggers aus Lübeck, ließ er sich in Holland für den Kriegsdienst in der Kolonie Surinam (Südamerika) anwerben. Da aber infolge der Julirevolution der Belgisch-Holländische Krieg ausgebrochen war, wurde er zunächst im Kampf gegen die Belgier eingesetzt. Man beförderte ihn nach eigenen Angaben zum Korporal, nachdem er sich im September 1830 besondere Verdienste bei der Erstürmung Antwerpens erworben hatte. Später bekam er außerdem „das Ritterkreuz zweiter Classe des Wilhelms-Ordens mit 175 Gulden" verliehen. Auch an der Besetzung und Plünderung der belgischen Stadt Hasselt war er beteiligt.

Gegen Ende November 1830 wurde „Corporal Wiggers" zusammen mit anderen Soldaten nach Surinam verschifft, das sie Ende Januar 1831 erreichten. In der Kolonie hatte er die Aufgabe, flüchtige Sklaven zu verfolgen und Aufstände zu verhindern. Auch in dieser Funktion erhielt er offensichtlich ein Ehrenzeichen, „eine silberne Nadel mit silberner Kette, welche vor die Brust gesteckt wird". Wie er dazu kam, schilderte Seidenfaden später folgendermaßen: „Ich hatte mir diese bei einer s. g. Buschpatrouille, d. h. einer Streiferei durch die hinter den Vorposten gelegenen Wildnisse erworben. Bei dieser Gelegenheit stießen wir auf eine Bande Neger, welche sämmtlich aus den Plantagen entlaufen waren, und diesen vielen Schaden zufügten, namentlich daraus auch ein Indianer-Mädchen gestohlen hatten. Wir waren mit 180 Jägern ausgezogen, und die Negerbande mochte ungefähr 150 Mann zählen. Es kam zu einem Gefechte, das glücklich für uns ausfiel, entrissen den Negern das geraubte Mädchen, und machten 67 von ihnen zu Gefangenen. Unter ihnen war der Anführer der Neger, Montag, den ich auf der Flucht in die Schulter schoß, wodurch er weiter zu fliehen gehindert wurde."[3]

Die Truppen wechselten jährlich ihren Dienst in den Grenzforts mit dem Garnisonsdienst in Paramaribo, der Hauptstadt von Surinam. Nachdem der nach eigenen Angaben zum Sergeant beförderte Seidenfaden einige Jahre lang seine Pflicht als Kommandeur verschiedener Grenzkastelle erfüllt hatte, hielt er sich ab Februar 1835 wieder in Paramaribo auf. Hier lernte er zufällig einen Matrosen namens Wilhelm Null kennen, der, wie sich herausstellte, aus Krainhagen bei Obernkirchen stammte. Als sich Seidenfaden nun etwas neugierig nach den Verhältnissen in der Heimat und nach dem Ausgang des Mordes an Faul erkundigte, wurde Null misstrauisch und erwiderte: „Da seid ihr wohl selbst der Seidenfaden?" Er ließ nun unter den Seeleuten verlauten, dass

„die Landratten einen Sergeanten hätten, der ein Dieb, Straßen- und Raubmörder gewesen" sei.[4]

Da es den Matrosen gelegen kam, den ungeliebten „Landratten" etwas anhängen zu können, sorgten sie dafür, dass sich das Gerücht vom flüchtigen Raubmörder schnell verbreitete. Schließlich wurde der Druck auf Seidenfaden so groß, dass er sich vor einem Kriegsrat verantworten musste. Hier wurde er mit Null und einem Schwager von ihm konfrontiert, der ebenfalls Matrose war. Vor Gericht beschworen sie, dass es sich bei ihm nicht um Wilhelm Wiggers aus Lübeck, sondern um den gesuchten Seidenfaden aus Obernkirchen handele. Dieser habe „nicht weniger als 7 Mordthaten in der Heimat begangen und sei der Hauptmann einer Bande von 300 Mann gewesen". Der Schwager behauptete zudem, Seidenfaden habe dessen Schwester ermordet.

Als Gefangener verließ Seidenfaden alias Wiggers am 1. August 1835 auf einem Handelsschiff den Hafen Paramaribos mit Kurs auf Europa. Wochen später erreichte er die Niederlande, wo er zunächst in der Festung Harderwijk am Ysselmeer untergebracht wurde, dann im wesentlich sichereren Gefängnis in Arnheim. Nachdem die niederländischen Behörden Kontakt zum Obergericht in Rinteln aufgenommen hatten, wurden ein Gerichtsdiener aus Obernkirchen und ein Gendarm aus Rinteln nach Arnheim geschickt, die ihn persönlich kannten und als den gesuchten Seidenfaden identifizierten. Am 24. Februar 1836 traten die Schaumburger Beamten mit ihm die Rückreise nach Rinteln an, das sie sechs Tage später erreichten. Ungeachtet der Frage, ob Seidenfaden sich zu einem besseren Menschen entwickelt habe, bestätigte das Oberappellationsgericht am 31. Oktober 1836 das Todesurteil von 1829. Durch Beschluss vom 4. Januar 1837 sah der Landesherr von einer Begnadigung ab, und auch ein letztes Gnadengesuch Seidenfadens wurde abschlägig beschieden.

Am 6. Februar 1837, also zehn Jahre nach seiner ersten Verhaftung, wurde Seidenfaden auf der städtischen Kuhweide, dem Heinekamp, hingerichtet. Dort befindet sich heute ein

Das Richtschwert, mit dem Seidenfaden enthauptet wurde, befindet sich im Museum in Rinteln.

Erinnerungsstein, an dessen Stelle das Schafott aufgebaut war, eine schlichte, hölzerne Bühne mit dem rot gestrichenen Richtstuhl in der Mitte. Die Enthauptung mit dem Schwert ging aber nicht ohne Probleme vonstatten. Scharfrichter Dietz musste dreimal zuschlagen, ehe der Kopf nur auf die Brust sank. Dann musste er noch zweimal zum Schnitt ansetzen, um den Kopf endgültig vom Rumpf zu trennen. Man behauptete, „gerade die Fassung, mit der Seidenfaden zu Tode ging, habe ihn [Dietz] außer Fassung gebracht".[5]

Die zahlreichen Zuschauer, so hieß es in der Presse, waren „durch diese Metzelei so empört, daß es ein Glück für den Scharfrichter war, daß er auf Verfügung des mit auf dem Schaffot anwesenden Polizeibeamten durch die Gensd'armerie verhaftet und unter dem Schutze der Bürgergarde in das Gefangenhaus nach Rinteln transportirt wurde".[6]

Erinnerungsstein auf dem Heinekamp.

Johanna Lindner hat 2002 ein 64-seitiges Buch zum Fall Seidenfaden herausgegeben, das dem interessierten Leser empfohlen sei.[7]

Hanau

Peter Kitzler aus Hanau, 1831

Der Fall des Raubmörders Peter Kitzler aus Hanau ist in der Literatur schon eingehend behandelt worden, nämlich im Neuen Pitaval (Bd. 25 von 1857) und besonders von Erich Brücher 1973, wobei einige Ungenauigkeiten des Pitavals zum Vorschein kommen.[1] Peter Kitzler war erst wenige Jahre alt, als seine Eltern in rascher Folge starben. Das Vormundschaftsgericht übertrug das Pflegeamt einem Hanauer Kirchendiener, der es aber – ebenso wie seine Frau – mit dem Erziehungsauftrag nicht so genau nahm. Im Gegenteil, die Ziehmutter Kitzlers hielt ihn zum Diebstahl von Feldfrüchten an, und so lernte er „betrügen und Diebereien vertuschen".[2] In der Schule bekam er den Rohrstock zu spüren, da er einige Kreuzer entwendete, die er mit anderen Messbuben bei Leichenbegräbnissen ersungen hatte. Nach seiner Konfirmation, zu der er nur eben noch zugelassen wurde, da sich herausgestellt hatte, dass er kaum das Nötigste gelernt hatte, kam er beim Hanauer Lackierermeister Morba in die Lehre. Auch hier verfiel der nun 17-Jährige aufs Stehlen, was ihm eine siebenwöchige Haftstrafe im Neustädter Rathausgefängnis einbrachte. Sein Meister scheute sich, ihn nach der Lehre zu behalten, da er weitere Straftaten befürchtete.

Mit dem Gesellenbrief in der Tasche trat Kitzler die Wanderschaft an. Er hielt sich in Darmstadt, Mannheim, Zürich und München auf, ehe er krankheitsbedingt wieder nach Hanau zurückkehren musste. Danach ging er nach Frankenthal und wieder nach Mannheim. Nachdem er wegen eines 1828 in München begangenen Taschenuhrendiebstahls schon mit zwei Monaten Gefängnis bedacht worden war, wurde er im folgenden Jahr während seines zweiten Mannheimer Aufenthalts wegen eines weiteren Diebstahls zu zwei Jahren und drei Monaten Zuchthaus verurteilt.[3]

Nach Angaben des Neuen Pitavals geriet er im Mannheimer Zuchthaus in eine Zelle, in der auch drei ehemalige, zu lebenslänglichen Haftstrafen verurteilte Mitglieder der bekannten Hölzerlips-Bande saßen, die Anfang des 19. Jahrhunderts am Oberrhein, im Spessart und Odenwald zahlreiche Straftaten verübt hatte (Hölzerlips wurde am 31. Juli 1812 als „Odenwälder Räuberhauptmann" in Heidelberg hingerichtet). Die drei hartgesottenen Mitsträflinge pflegten offensichtlich gerne in Erinnerungen an ihre verbrecherische Vergangenheit zu schwelgen. Dazu sagte Kitzler in einem späteren Verhör, anfangs „habe er geschaudert, sein Inneres hätte sich bei den Erzählungen der unzähligen Räubereien und Mordthaten, die sie als glänzende Siege und Heldenthaten zu rühmen wußten, oft empört; aber nach und nach gewöhnten sich Herz und Gemüth daran."[4]

Infolge einer Begnadigung wurde Kitzler schon nach 15-monatiger Haft in seine Heimatstadt zurückgeführt, wo man ihn am Nachmittag des 5. Juni 1830, eines Samstags, endgültig auf freien Fuß setzte. In ihm, so geht aus Kitzlers späteren Angaben hervor, kam nun der Wunsch auf, seine abgerissene Kleidung durch bessere zu ersetzen, selbst wenn dies mit illegalen Mitteln geschehen sollte. Auch wollte er unbedingt an dem einige Tage später stattfindenden traditionsreichen Hanauer Lamboyfest teilnehmen. Er machte sich kurz nach seiner Freilassung auf den Weg nach Dörnigheim, um unterwegs jemanden zu berauben, doch es ergab sich keine Gelegenheit.

Als er an jenem 5. Juni wieder nach Hanau zurückgekehrt war und im Wirtshaus „Zum roten Ochsen" einen Bittbrief an seinen Bruder Johannes schrieb, einen angesehenen Hanauer Metzger, betrat ein Fremder die Gaststube und fragte Kitzler nach dem Weg nach Frankfurt. Im Abstand von einer Viertelstunde folgte ihm Kitzler raschen Schrittes und sah ihn auf der Pappelallee nach Kesselstadt vor sich. Als Kitzler näher heran war, griff er ihn an und stach ihm ein Messer in den Hals. Der sich verzweifelt Wehrende rief um Hilfe, aber niemand hörte ihn. Kitzler bewarf ihn nun mit Chausseesteinen, stach weiter mit dem Messer zu und nahm dem wie tot Daliegenden das Felleisen (Rucksack) von den Schultern. Als sich der Überfallene dabei unerwartet wieder aufrichtete, schlug ihm Kitzler einen Wanderstock auf den Kopf und schleppte ihn in eine Ackerfurche, um ihn zu vergraben. Er hatte auch schon ein paar Handvoll Erde auf ihn geworfen, als er einen herannahenden Wagen hörte. Schnell zerrte er sein Opfer in einen mit hohem Gras bewachsenen Chausseegraben und machte sich mit dem Rucksack und dem Wanderstab des Ausgeraubten davon. Nach einigen Schritten angstvoll noch einmal zurückschauend, sah er zu seinem Erschrecken, dass sich der Totgeglaubte aufs Neue aufrichtete. Am Dorfbrunnen in Kesselstadt wusch sich Kitzler das Blut ab, ging dann nach Hanau zurück und verbrachte eine unruhige Nacht im Gasthaus „Schwedische Crone". Am Mittag des nächsten Tages, sonntags, wurde er verhaftet.

Wie sich herausstellte, handelte es sich bei dem Überfallenen um den 24-jährigen Spenglergesellen August Erdmann Himer aus Görlitz. Aus Dresden kommend, war er seit dem 15. Mai 1830 unterwegs nach München. Nach der Tat am Abend des 5. Juni schleppte er sich schwer verletzt von der Landstraße nach Dörnigheim. Hier wurde er zum Schultheiß gebracht, dem er mit schwacher Stimme mitteilte: „Ich bin gehauen und gestochen worden und möchte verbunden werden; sie haben mir meine Sachen weggenommen und mich mit Erde bedeckt. Ich bin so matt, ich sinke fast zusammen!"[5] Mit einem Wagen wurde er noch am gleichen Abend ins Landkrankenhaus Hanau gebracht, erlag aber am nächsten Tag seinen Verletzungen.

Obwohl bei Kitzler mehrere der gestohlenen Wäsche- und Kleidungsstücke gefunden wurden, die teilweise mit dem Namen Himers gekennzeichnet waren, leugnete er die Tat. Um ihn zu einem Geständnis zu bewegen, machte man zu „angemessener Züchtigung" wegen „unverschämter Lügen" wiederholt von der Peitsche Gebrauch. Dies bewirkte, dass er am 11. Juni 1830 zugab: „Ich habe es getan, ich habe den Spenglergesellen erschlagen", was er drei Tage später am Tatort wiederholte. Er wurde gefesselt, nachts zusätzlich mit einer an der Wand befestigten Fußschnalle, weil „sonst ein so verschmitzter Verbrecher eine bei dem meist nur aus Holz gebauten, über 200 Jahre alten nunmehrigen Gefangenenhaus gewiß nicht unmögliche Entweichung versuchen oder doch auf irgendeine Art, um einem schimpflichen Tode durch das Schwert der Gerechtigkeit zu entgehen, Hand an sein Leben legen würde".[6]

Das am 1. Oktober 1830 gegen Kitzler ergangene Urteil lautete auf Todesstrafe durch das Schwert. Vergebens appellierte sein Verteidiger an das Kasseler Obergericht, und erfolglos blieb auch ein Gnadengesuch an den Kurfürsten. Durch die „mildere" Hinrichtungsart des Schwertes statt des Räderns sei dem jugendlichen Delinquenten bereits ein gewisses Maß an Gnade zuteilgeworden, argumentierten die Ratgeber des Landesherrn, die an der Erzwingung des Geständnisses Kitzlers durch den Gebrauch der Peitsche keinen Anstoß nahmen.

In Hanau, wo seit einem halben Jahrhundert keine Hinrichtung mehr stattgefunden hatte, fragte man sich, wo die Enthauptung des Verurteilten vorgenommen werden sollte. Das alte Hofgericht bei Dörnigheim galt als unbrauchbar, wegen der Nähe zu Schloss Philippsruhe und des Wilhelmsbades auch als unpassend. Im hintersten Teil der Lehrhöfer Heide wurde schließlich ein „schicklicher Platz" für das Schafott gefunden. Am 8. September 1831 vollendeten die Zimmerleute „nebst dem nötigen, an einem Pfahl zu befestigenden Richtstuhl" ihr Werk.

Zu dem 40 Fuß langen, 35 Fuß breiten und 10 Fuß hohen Blutgerüst führten 17 Stufen hinauf, die Kitzler vier Tage später, am 12. September, bestieg, offenbar ungerührt vom Anblick des für ihn geschaufelten, offenen Grabes. Er entkleidete sich selbst, setzte sich auf den Richtstuhl und starb durch einen sicher und schnell geführten Streich des Frankfurter Scharfrichters Hoffmann. Während ein Henkersknecht das vom Rumpf getrennte Haupt emporhielt, ertönten aus der von Augenzeugen auf 16.000 bis 20.000 Menschen geschätzten Zuschauermenge Beifallsrufe. Viele waren von außerhalb zu dem traurigen Akt nach Hanau gekommen. Nur Johannes Kitzler, der Bruder, hatte mit seiner Familie die Stadt verlassen.[7]

Familiendrama in Hellstein

Der Bauer Johannes Beyer aus Hellstein (Ortsteil von Brachttal), der dem Branntwein nicht abgeneigt gewesen zu sein schien, hatte seinen früheren Wohlstand so weit eingebüßt, dass er sich durch einen Handel mit Sand und geringen Ackerbau „kümmerlich ernährte". Mit seiner Frau Katharina (geborene Erbe), die elf Kinder zur Welt brachte, wovon vier noch am Leben waren, lebte er seit Jahren in Unfrieden, und gegenseitige Beschimpfungen und Misshandlungen waren an der Tagesordnung. Im Hause der Eheleute verkehrte fast täglich der seit Oktober 1834 in Hellstein als Wagnergeselle beschäftigte Ernst Schauberger, gebürtig aus Hitzkirchen als Sohn eines Schullehrers. Der Geselle hatte ein Verhältnis mit einer Tochter der Beyers, Anna Marie, die 1836 im Alter von 19 Jahren ein Kind von ihm erwartete und die er heiraten wollte. Ihr Vater war mit der Verbindung nicht einverstanden und soll nach Angaben der Tochter sogar gedroht haben, das Kind nach der Geburt zu töten. Zwischen dem Vater und dem Gesellen kam es öfters zu Streit und Handgreiflichkeiten, während die Mutter auf der Seite ihrer Tochter und Schaubergers stand.

Am Nachmittag des 16. April 1836 zeigte Katharina Beyer beim Justizamt in Birstein an, ihr Mann habe am Vortag mit Anna Marie eine Ladung Sand nach Birstein gebracht und sei seitdem nicht zurückgekehrt. Sein Pferd sei am Morgen im Wald bei Hellstein gefunden worden, und sie selber habe seinen Hut am Ufer des zwischen Hellstein und Birstein gelegenen Neuhäuser Weihers entdeckt, der zum Justizamt Birstein gehörte. Aufgrund dieser Anzeige stellte man entsprechende Nachforschungen an, und noch am gleichen Nachmittag wurde die Leiche des Vermissten aus dem Weiher geborgen.

Wenige Tage später wurde der unter Tatverdacht geratene Schauberger verhaftet. Nach einigem Zögern und unter Tränen gestand er, am Abend des 15. April 1836 Beyer in den Weiher gestoßen zu haben, als er „davor gestanden und sein Wasser abgeschlagen habe". Anna Marie Beyer, deren Mutter und der Hellsteiner Schreiner Nikolaus Oestreich wurden ebenfalls verhaftet, nachdem Schauberger angegeben hatte, von diesen zu der Tat verleitet worden zu sein. Oestreich, verheiratet und Vater von fünf Kindern, arbeitete hin und wieder für die Beyers und hatte mit Frau Beyer offensichtlich ein Verhältnis.

Die Voruntersuchung wurde vom Justizamt Wächtersbach geführt, zu dem Hellstein gehörte, die Hauptuntersuchung von einem Deputierten des Obergerichts Hanau. Aus den nach und nach abgelegten Geständnissen der Inhaftierten ging hervor, dass die Witwe Beyer die eigentliche Anstifterin, die „intellektuelle Urheberin", der Tat war. Bereits im Sommer oder Herbst 1835 hatte sie sich bei Oestreich über ihre eheliche Situation beklagt und erste Mordpläne geschmiedet. Dann weihte sie auch ihre Tochter und Schauberger ein, dem sie die Hauptrolle bei der Beseitigung ihres Gatten zuwies. Sie sagte Schauberger, „man thue keine Sünde an dem Mann, es frage niemand nach dem Söffer, wenn er weg sei". Sie stellte ihrer Tochter und Schauberger in Aussicht, dass sie nach dem Tode Beyers heiraten könnten und ihnen die Hälfte eines neu zu erbauenden Hauses abgetreten werden würde. Der Neubau aus Mitteln der Feuerversicherung war nötig, weil das alte Haus der Beyers 1834 abgebrannt war – seitdem wohnten sie zur Miete. Oestreich versprach sie die kostenfreie Nutzung eines Ackers und einen Anteil an den „Brandkassengeldern".

Auch sicherte sie ihm einen Teil eines Strohdaches einer von ihr gekauften Scheuer zu.

Es kam zu ersten Versuchen, die Pläne in die Tat umzusetzen. Einige Male, so gab Schauberger an, sei er in Richtung des Neuhäuser Weihers gegangen, um Beyer aufzulauern und ihn ins Wasser zu stoßen. Jedes Mal aber sei er im Wald wieder umgekehrt, „da sich sein Gewissen geregt, und er sich anders besonnen" habe. Frau Beyer unterbereitete ihm auch den Vorschlag, ihren Mann im durch Hellstein fließenden Bach zu ertränken. Wenn er abends in dem Bach Kartoffeln für das Vieh wusch, sollte Schauberger ihn hineinstoßen und sich dann auf ihn stellen, „bis dieser ertrunken sei, weil der Bach keine Tiefe habe". Von diesem Vorhaben kam man aber wieder ab.

Frau Beyer redete nun auf alle Beteiligten ein, dass die Tat am Freitag, dem 15. April 1836, zur Ausführung kommen sollte. An jenem Tag gruben Anna Marie und ihr Vater auf dem sogenannten Sandküppel bei Hellstein Sand und transportierten ihn nachmittags auf einem Pferd nach Birstein. Nach dem Verkauf des Sandes kehrten sie gemäß der Gewohnheit des Vaters dort in das Neubert'sche Wirtshaus ein, das nach etwa einer halben Stunde auch Oestreich betrat. Dem Plan der Mutter folgend, wurde nun dem Branntwein tüchtig zugesprochen, um Beyer betrunken zu machen und ihn bis zur einbrechenden Dunkelheit in dem Wirtshaus hinzuhalten.

Am Abend machten sich die drei auf den Heimweg nach Hellstein. In der Nähe des Neuhäuser Weihers trennten sie sich. Anna Marie ritt mit dem Pferd auf dem Fahrweg fort, während Beyer und Oestreich auf dem Weiherdamm weitergingen und Schauberger sich in der Nähe versteckt hielt. Oestreich behauptete, nun einen anderen Fußweg eingeschlagen zu haben, weil er mit der Sache nichts mehr zu tun haben wollte, und mit Schauberger sei er gar nicht zusammengetroffen. Dieser hingegen gab an, Oestreich habe ihn „mit Worten und Geberden angeregt", Beyer ins Wasser zu stoßen, was er dann auch getan habe. Sie hätten sich bereits ein Stück vom Tatort entfernt, da sei er auf Aufforderung Oestreichs noch einmal zurückgegangen, um nachzusehen, ob Beyer wirklich ertrunken sei. Als er an dem Weiher angekommen sei, habe er bemerkt, dass Beyer sich am Ufergras festgehalten und herauszukommen versucht habe. Er sei nun auf ihn zugegangen und habe ihm auf den Kopf getreten, woraufhin Beyer laut geschrien habe, er möge ihn doch gehen lassen. Er habe ihm aber „mit dem Fuße und dem mit Nägeln beschlagenen Schuhe wiederholt einen starken Tritt auf den Kopf oder die Brust versetzt, worauf derselbe rücklings wieder in den Weiher zurückgesunken sei".[8]

Anna Marie Beyer gab an, sie habe beim Wegreiten einen Schrei gehört, von dem sie annahm, dass er von ihrem Vater herrührte. Sie sei dann zum „Sandküppel" geritten und habe dort auf Geheiß ihrer Mutter das Pferd freigelassen, „damit, wenn am andern Tage der Gaul in der Irre gefunden würde, man desto leichter glauben solle, ihr Vater sei in der Trunkenheit in den Weiher gefallen, und der Gaul sei ihm weggelaufen".[9]

Das Obergericht Hanau verurteilte am 24. Januar 1838 die Witwe Beyer wegen Ehegattenmordes und Schauberger wegen Mordes zum Tode durch das Schwert. Der wegen Beihilfe verurteilte Oestreich kam mit einer zwölfjährigen Eisenstrafe davon. Schon vor dem Prozess, am 25. November 1837, war Anna Marie Beyer im Landkrankenhaus in Hanau „an der Auszehrung" gestorben. Im September 1836 hatte sie ein gesundes Mädchen zur Welt gebracht. Schauberger erhängte sich am 3. Oktober 1838 im Hanauer Gefängnis mit seinem Halstuch. Seine Leiche wurde auf einem Karren zur Richtstätte auf der Lehrhöfer Heide gebracht und dort verscharrt. Das Oberappellationsgericht bestätigte am 27. November 1838 das in Hanau über Frau Beyer verhängte Todesurteil und reduzierte die Eisenstrafe Oestreichs auf acht Jahre. Eine Begnadigung der Witwe wurde weder vom Oberappellationsgericht beantragt noch „Höchsten Ortes", also von Kurprinz Friedrich Wilhelm, gewährt.[10]

Das Schafott auf der Lehrhöfer Heide im Januar 2011.

Aus den groben Feldsteinen des 1834 zwischen Hanau und Dörnigheim abgebrochenen Galgens von 1710 wurde im Süden des Hanauer Stadtteils Wolfgang, nahe der Stelle auf der Lehrhöfer Heide, wo Kitzler hingerichtet worden war, ein neues, heute noch bestehendes Schafott errichtet. Dies nicht nur, um „eine bleibende Vorrichtung für künftige allenfallsige Hinrichtungen zu haben", sondern auch, „weil sonst bei dem gemeinen Mann die Meinung veranlaßt werden möchte, als sei die Todesstrafe abgeschafft".[11]

Die Hinrichtung von Katharina Beyer am 5. April 1839 gegen 10 Uhr morgens war die erste, die dort stattfand. Der die 45-Jährige zur Richtstätte begleitende Zug hatte um 9 Uhr das Gefängnis in Hanau verlassen. Am Ort der Hinrichtung angelangt, bildete die Bürgergarde mit einem vorausmarschierten und bereits um das Schafott aufgestellten Bataillon eines Infanterieregiments um das Schafott einen Kreis, in welchen die Wagen einfuhren. Die

Exekution vollzog in Anwesenheit einer großen Menschenmenge Scharfrichter Rettig mit dem Schwert.[12]

Einer der Söhne der Hingerichteten, der 13-jährige Johann Georg, war blind. Die Mutter hatte ihn dieses Gebrechens wegen gern zum Betteln geschickt. Mit Unterstützung der „Hanauer Zeitung" nahm sich der dortige evangelische Pfarrer seiner an und organisierte eine überregionale Sammlung, die über 470 Gulden ergab. Ab dem 1. Juni 1839 fand Johann Georg eine Bleibe in der Frankfurter Blindenanstalt.[13]

20.000 bis 25.000 Zuschauer

Wegen eines am 31. Mai 1853 an dem Viehhändler Joseph Frank in einem Wald begangenen Raubmordes wurde am 8. Oktober 1853 der Wirt und Metzger Johann Georg Müller aus Züntersbach im damaligen Kreis Schlüchtern vom Hanauer Schwurgericht zum Tode durch das Schwert verurteilt. Ende November 1853 überführten ihn zwei Gendarmen per Eisenbahn nach Kassel, wo seine Berufung vor dem Appellhof verhandelt wurde. Ein Kriminalgerichtsdirektor teilte dem Verurteilten am 28. Februar 1854, dem Fastnachtsdienstag, im Hanauer Gefängnis mit, dass das Todesurteil in zweiter Instanz bestätigt worden war, woraufhin der Anwalt Müllers ein Gnadengesuch an den Kurfürsten nach Kassel abschickte. Die Hinrichtung wurde auf den 3. März terminiert.[14]

Seit dem Abend des 1. März weilte Scharfrichter Schwarz mit seinen beiden Gehilfen in Hanau. Sie logierten im Gasthaus „Zur schwedischen Krone" beim Bierbrauermeister Thomas Lehr. Der bei der Hinrichtung von Katharina Beyer benutzte Richtstuhl wurde von einem Schreiner ausgebessert und auf Veranlassung von Schwarz mit zwei Armlehnen versehen. Auch am steinernen Schafott auf der Lehrhöfer Heide führte man Ausbesserungsarbeiten durch.

Letzte Vorkehrungen für die Hinrichtung wurden so lange unterbrochen, bis die Entscheidung des Kurfürsten zum Gnadengesuch vorlag, die ablehnend ausfiel. Erst in der Nacht vom 2. auf den 3. März traf eine entsprechende telegrafische Depesche aus Kassel ein. Während seines Transportes in einem Wagenzug zur Lehrhöfer Heide am Morgen des 3. März 1854 beteuerte Müller lautstark seine Unschuld, „bald nach dem Himmel, bald nach der Volksmenge blickend, von welch letzterer er Befreiung erhoffte".[15] Auch auf dem Schafott stieß Müller Verwünschungen aus und versuchte, sich vom Richtstuhl loszumachen. Um das Geschrei unhörbar zu machen, veranlasste der kommandierende Offizier einen Trommelwirbel, was bei den beiden früheren Hinrichtungen in Hanau nicht vorgekommen war. Die Stimme des Delinquenten übertönte aber den Trommelschlag so stark, dass man sie noch in der Ferne vernahm. Als der Kopf des 33-Jährigen fiel, erschallte ein „1000-stimmiges Bravo" eines Teils der Menge, die auf 20.000 bis 25.000 Personen geschätzt wurde. Das Richtschwert, das Scharfrichter Schwarz von der Stadt Hildesheim gekauft hatte, trug die Jahreszahl 1661.[16]

In der Zeitung „Didaskalia. Blätter für Geist, Gemüth und Publicität" wird die These aufgestellt, dass die Tierquälerei, die Müller in seiner Eigenschaft als Metzger an den Tag gelegt habe, eine Vorstufe zu seinem Verbrechen gewesen sei.[17]

Eine „gute Partie"

Am Morgen des 26. Juni 1859, eines Sonntags, fanden Fußgänger in einem Weinberg bei Rüdesheim etwas unterhalb des Binger Lochs Spuren eines Verbrechens, die darauf hindeuteten, dass eine Leiche durch den Weinberg geschleift und in den Rhein geworfen worden war. Am 30. Juni wurde Emilie Lotheisen tot am Ufer bei Assmannshausen entdeckt. Sie hatte eine Schlagwunde am linken Scheitelbein und mehrere Stich- und Schnittwunden

Johann Heinrich Nolte.

im Gesicht, an Hals und Nacken, im Brust- und Bauchbereich sowie an beiden Handflächen. Man konnte sie aufgrund ihrer Strümpfe identifizieren, in die mit Perlen ihr Name eingestickt war.

Die Suche konzentrierte sich nun auf einen Mann, der sie nach Zeugenaussagen am 25. Juni zum Niederwald (damals noch ohne Denkmal) begleitet hatte. Johann Heinrich Nolte, auf dessen Spur man durch die Aufgabe eines Koffers in Wiesbaden kam, der an „Frl. Emilie Lotheisen in Hamburg – Bahnhof restante" adressiert und dessen Absender Nolte war, wurde am 3. Juli 1859 in Nauheim verhaftet und vom dortigen Polizeikommissar Gleim befragt. Da man an seiner Kleidung Blutspuren fand, die Nolte durch Behandlungen mittels Schröpfen zu erklären suchte, wurde er dem Justizamtmann Kroeber vorgeführt und schließlich am 6. Juli 1859 nach Hanau gebracht.

Der im Mai 1816 als fünftes Kind geborene Nolte stammte aus einer biederen und geachteten Familie aus Herlinghausen, einem heutigen Stadtteil von Warburg in Westfalen. Er erlernte die Ökonomie, wurde als 18-Jähriger für drei Jahre Verwalter auf Gut Burgheim in Burguffeln (Grebenstein), absolvierte danach in Berlin einen dreijährigen Militärdienst und kehrte dann wieder nach Burguffeln zurück. 1847 heiratete er in Kleinseelheim (Kirchhain) Elisabeth Lauer, die Besitzerin eines stattlichen, wenn auch nicht schuldenfreien Gutes von 300 Morgen. Nachdem ihm im Juni des gleichen Jahres die Aufnahme in den kurhessischen Untertanenverband gewährt worden war, verwaltete er das seiner Ehefrau 1848 abgekaufte Kleinseelheimer Gut als recht angesehener Landwirt.[18]

Als jedoch seine Frau am 14. Juni 1854 am Kindbettfieber starb, wendete sich sein Leben. Er veräußerte das noch höher als zuvor verschuldete Landgut, vertraute seine 1849 geborene Tochter ihrem Onkel in Herlinghausen an und ließ sich 1856 als Rentner in Kassel nieder. Hier „fiel der letzte Halt seines Lebens, eine geregelte Thätigkeit, dahin. Immermehr ergab er sich dem Nichtsthun, der Genußsucht. Durch Spiel und Freuden der Wollust suchte er die Oede seines Daseins auszufüllen."[19] Nach einem Jahr lernte er in Kassel die 39-jährige, hübsche und noch sehr jung aussehende Emilie Lotheisen aus Udorf bei Bad Arolsen kennen. Beide waren offensichtlich auf der Suche nach einer „guten Partie", denn auch Frau Lotheisen, die ihr ererbtes elterliches Vermögen verkauft hatte, war nach Abzug der Schulden nicht viel übrig geblieben.

Sie reiste am 4. Juni 1859 mit Nolte nach Wiesbaden. Im Badehaus „Zur Rose" gab sie sich als seine Schwester aus. Dass er sie bei einem Ausflug zum Niederwald begleitet hätte, stritt Nolte ab. Er sei zur fraglichen Zeit (25. und 26. Juni 1859) vielmehr in Mainz, Frankfurt und Homburg gewesen und habe seine Reisebegleiterin seitdem nicht mehr gesehen. Am 29. Juni sei ein Brief von ihr eingetroffen, den er verloren habe, mit der Bitte, ihr den besagten Koffer nach Hamburg zu schicken, was er dann auch getan habe. Sie habe, so soll dem Brief zu entnehmen gewesen sein, „eine vornehme Dame" kennengelernt, in deren Dienste sie treten und mit der sie über Köln nach Hamburg reisen wolle.

Die Hauptbelastungspunkte gegen den des Raubmordes beschuldigten Nolte fasste der Staatsprokurator in der im März 1860 verfassten, umfangreichen Anklageschrift in acht Punkten zusammen. Hier legte er dar, dass Nolte an jenem 25. Juni 1859 sehr wohl mit der Ermordeten zusammen gewesen sei, wofür mehrere Zeugenaussagen sprächen. Demnach waren sie mit dem Zug von Wiesbaden nach Rüdesheim gefahren, besuchten dort gegen 14 Uhr ein Wirtshaus und ließen sich gut eine Stunde später mit einem Nachen von Rüdesheim stromabwärts bis oberhalb von Assmannshausen fahren. Hier wurden sie von einem Fremdenführer in Empfang genommen, der sie zum Niederwald führte. Gegen 20 Uhr kehrten sie in Assmannshausen in eine Wirtschaft ein und machten sich etwa eine Stunde später zu Fuß auf den Rückweg nach Rüdesheim, wo Frau Lotheisen nie ankam. Von den insgesamt 17 Zeugen zu diesem Punkt meinten acht, in Nolte den Begleiter der Ermordeten wiederzuerkennen, doch stimmten ihre Aussagen nicht in allen Teilen überein.

In der Gegend des Tatortes, so der Staatsprokurator weiter, habe Nolte unleugbare Spuren seiner Anwesenheit zurückgelassen, insbesondere einen Stock, ein Messer und einen Schlüssel. Tatsächlich bezeugte ein Instrumentenmacher aus Kassel, dass Nolte bei ihm ein in den Weinbergen bei Rüdesheim gefundenes Messer mit der Inschrift des Herstellers gekauft hatte. Weiterhin, so der Staatsprokurator, sei der von Schulden gedrückte Beschuldigte nach der Tat im Besitz von Wertpapieren gewesen, welche die Ermordete in ihrer Kleidung versteckt bei sich gehabt habe.

Am 23. April 1860 begann die Verhandlung vor dem Hanauer Schwurgericht im Neustädter Rathaus, zu der 111 Zeugen und Sachverständige geladen waren. Den Gerüchten, dass ein gewisser Heinrich Menick die Tat begangen haben sollte, war von amtlicher Seite nicht ernsthaft nachgegangen worden. Doch weder die Untersuchungsbehörde noch das verurteilende Gericht hatten aufgrund der zahlreichen Indizien Zweifel daran, dass Nolte seine Begleiterin umgebracht hatte, um an ihre Barschaft und Wertpapiere zu gelangen. Als der 3. Mai kam, der zehnte und letzte Sitzungstag, warteten Tausende von Neugierigen vor dem Kriminalgefängnis und begleiteten den Angeklagten, der sich in der Verhandlung immer wieder in Widersprüche verwickelt hatte, bis zum Sitzungszimmer des Rathauses. Nachdem die Geschworenen die Fragen nach vorsätzlicher Tötung bejaht hatten, wurde Nolte zum Tode durch das Schwert verurteilt.

Das Oberappellationsgericht in Kassel verwarf am 10. September 1860 die Nichtigkeitsbeschwerde und bestätigte das Todesurteil. Der Verteidiger Noltes hatte angeführt, dass das Hanauer Schwurgericht gar nicht für die Aburteilung dieser Strafsache zuständig gewesen sei bzw. statt der kurhessischen die im Herzogtum Nassau geltenden strafrechtlichen Bestimmungen hätte anwenden müssen. Geschehen war die Tat im nassauischem Gebiet, ergriffen worden war Nolte aber in Nauheim (Hanau zugehörig) auf kurhessischem Boden. Die Frage nach der Zuständigkeit der Gerichte war im Falle Noltes essenziell, denn Nassau kannte im Gegensatz zu Kurhessen schon damals die Todesstrafe nicht mehr. Durch das Strafgesetzbuch vom 14. April 1849 war sie abgeschafft worden – Raubmord wurde nun mit lebenslänglichem Zuchthaus sanktioniert. Bei strafmildernden Umständen konnte gar auf zehn bis 18 Jahre Zuchthaus heruntergegangen werden. Nur in diesem Rahmen hätte Nolte verurteilt werden können, wenn er im Juli 1859 statt nach Nauheim zu fahren in Wiesbaden geblieben und an die dortige Justiz ausgeliefert worden wäre bzw. wenn Hanau das nassauische Recht angewendet hätte.

Da sich die Suche nach einem geeigneten Scharfrichter verzögerte, wurde Nolte erst am 8. Januar 1861 mitgeteilt, dass der kurfürstliche Landesherr Friedrich Wilhelm I. durch Beschluss vom

24. Oktober 1860 auf sein Begnadigungsrecht verzichtet hatte und die Hinrichtung für den 11. Januar 1861 angesetzt war. Nolte unterschrieb an jenem 8. Januar ein von seinem Anwalt bereits abgefasstes Gnadengesuch, seine letzte Chance zur Abwendung der Hinrichtung. Da es das erste persönliche Gnadengesuch des Verurteilten war, musste der Entscheid des Landesherren unter allen Umständen abgewartet werden. Über dessen Reaktion in einer Sondersitzung des Gesamtstaatsministeriums am Vormittag des 10. Januar 1861 heißt es in einem Bericht: „Der Kurfürst war (nach dem Vortrage des Justizministers Abée, der für Ablehnung des Gnadengesuchs gesprochen hatte) sichtbar bewegt, der Schweiß trat ihm auf die Stirne; er stellte verschiedene Fragen, äußerte auch namentlich, daß das frühere Recht, demzufolge niemand auf bloßen Indizienbeweis habe zum Tode verurteilt werden können, besser gewesen sei."[20] Trotzdem schlug er auf Anraten des Justizministers das Gesuch ab, was sogleich telegrafisch nach Hanau gemeldet wurde.

Mit minus 27 Grad Celsius war die Nacht zum 11. Januar 1861 schneidend kalt. Anders als festgesetzt, fuhr auf Wunsch des Scharfrichters Schwarz wegen der Kälte der Wagenzug zum Richtplatz erst gegen neun Uhr ab. Am Neustädter Rathaus vorbei ging es durch die Nürnberger zur Aschaffenburger Straße und auf dieser hinaus zum Richtplatz auf der Lehrhöfer Heide, allerdings nur im Schritttempo, da viele Neugierige den Wagen mit dem Delinquenten umringten. Erst um zehn Uhr kam man bei dem Schafott an, das von einem Kommando Soldaten umgeben war. Etwa 12.000 bis 15.000 Menschen wurden Zeuge, wie Scharfrichter Schwarz seines Amtes waltete. In einem Bericht über die Hinrichtung heißt es: „Nachdem der Scharfrichter dem Verurteilten das Haupt abgeschlagen hatte, fingen die Gehülfen des ersteren von dem aus dem Rumpfe springenden Blute in Gläsern auf und reichten dies einigen herbeieilenden Mannspersonen, welche davon tranken, was dem Vernehmen nach für ein Heilmittel für die Epilepsie gehalten wird."[21] Die Exekution Noltes

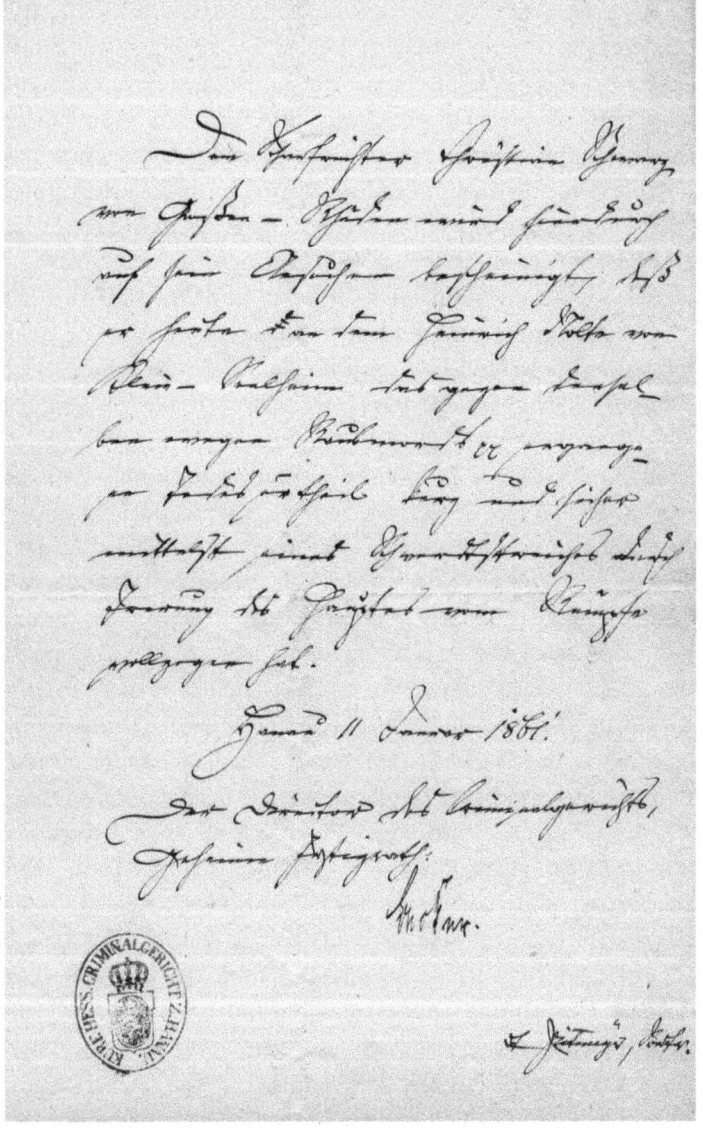

Attest für Scharfrichter Schwarz über die Hinrichtung Noltes, die er „kurz und sicher mittels eines Schwerdtstreiches" vollzogen hat.

war die letzte öffentliche Hinrichtung in Hanau und die letzte, die auf dem Schafott auf der Lehrhöfer Heide stattfand.

Erich Brücher, der sich in einem 1964 erschienenen Buch sehr intensiv mit dem Fall Nolte befasst, kommt zu dem Schluss, dass dieser Fall „eine Summe menschlichen Versagens" und „folgenschwerer Unterlassungen" gewesen und die Schuld des Hingerichteten keineswegs schlüssig nachgewiesen worden sei.[22]

„Mit Wasser beschüttet und mit Jauche bespritzt"

Vor dem Hanauer Schwurgericht standen im November 1901 der 22-jährige Ziegelarbeiter Johann Gläser und sein 55 Jahre alter Vater, der Bauer Johannes Gläser, beide wohnhaft auf dem Gut „Hof auf der Heeg" bei Herolz (Schlüchtern). Etwa 350 Meter von diesem Hof entfernt lag der Zinnpetershof. Den beiden Angeklagten wurde angelastet, am Abend des 8. August 1901 gegen 21 Uhr in der Gemarkung Herolz den 71-jährigen Ludwig Fuchs ermordet zu haben.

Die Frau von Johannes Gläser war die Schwester des Ermordeten und des 78 Jahre alten Michael Fuchs. Die beiden betagten Brüder waren sogenannte Auszüger, also „Rentner" auf einem Hof, welcher der nachfolgenden Generation übergeben worden war. Sie bewohnten mit ihrer Wirtschafterin Cäcilie Lotz einige Räume im Wohnhaus des Gutes und hatten einen „Antheil am Stall, am Herd, an den Aeckern und Wiesen". Desgleichen stand ihnen ein Drittel des Obstes zu. Diese Bestimmungen waren festgelegt worden, als Johannes Gläser 1878 das Gut von seinem Schwiegervater übernommen hatte.

Das Verhältnis der Familie Gläser zu den beiden Brüdern war nicht das beste, wovon die Aussage der Wirtschafterin Lotz ein eindeutiges Zeugnis lieferte. Besonders Johannes Gläser und dessen Söhne hätten, so die Zeugin, „die alten Männer fortwährend roh behandelt, mit Wasser beschüttet und mit Jauche bespritzt".

Abends in der Dunkelheit sei oft an das Fenster der „Auszügerwohnung" geklopft worden. Sah jemand heraus, erhielt er einen Schlag ins Gesicht oder es wurden Steine in die Stube geworfen. Die oft bedrohten und „drangsalirten Greise" seien nicht ausgezogen, weil sie „ihre paar Tage" noch auf dem altgewohnten Hof hätten verbringen wollen.

Wegen einer Misshandlung von Ludwig Fuchs war im Juli 1901 eine Anzeige gegen Johannes und seinen Sohn Johann Gläser erstattet worden. Zur Verhandlung dieser Sache war der 9. August 1901 festgelegt worden, also der Tag nach der Tat. Von dieser Anzeige berichtete der wegen Körperverletzung vorbestrafte Johann Gläser kurz vor der Mordtat einem Kollegen, mit dem er in einer Ziegelei in Sannerz zusammenarbeitete, und drohte, dass Ludwig Fuchs keine Aussage mehr machen könne: „Ich mach' etwas mit ihm, daß er nicht mehr zum Schwören kommt."[23]

Im Zusammenhang mit dieser Anzeige war der Bedrohte am Abend des 8. August in Schlüchtern, weil er bei einem Gendarmen noch Unterlagen abholen wollte. Da er ihn nicht antraf, begab er sich kurz nach 20 Uhr auf den Heimweg. Wenig später bemerkte eine Zeugin bei Herolz eine Gestalt, die sich zu verstecken suchte und eine große Sandschippe in der Hand hielt. Ein weiterer Zeuge hörte in der Nähe des Zinnpetershofes ein „eigenthümlich dumpfes Murmeln und ein Rufen, wie vom Wasser erstickt". Ein Schäfer, der mehrere Schreie hörte, glaubte, sie kämen vom „Hof auf der Heeg" und vermutete, dass zwischen „den alten Füchsen" und der Familie Gläser wieder einmal Streit ausgebrochen sei.

In Sorge um ihren aus Schlüchtern nicht zurückgekehrten Onkel Ludwig Fuchs machte sich die Wirtschafterin Lotz am nächsten Morgen auf die Suche und fand seine Leiche in der an dieser Stelle etwa vier Meter breiten Kinzig. Nachdem sie den Toten mithilfe zweier weiterer Personen aus dem Wasser gezogen hatte, eilte sie zum Hof zurück und meldete den traurigen Fund. Johann Gläser ging indessen „pflichtgetreu" zu seinem Termin betreffs der Anzeige nach Schlüchtern. Im Amtsgericht wurde er unter dem Verdacht verhaftet, Ludwig Fuchs ermordet zu haben. Bei Durchsuchungen des Hofes fanden sich ein blutbeflecktes Betttuch, das Johann Gläser gehörte, sowie eine Schippe, die „fein säuberlich geputzt" worden war. Später stellte ein Sachverständiger fest, dass der Tod nicht durch Schläge mit einem „stumpfen Instrument" (wohl der Schippe) herbeigeführt worden war, sondern durch Ersticken im Wasser. Man hielt es aber „nicht für wahrscheinlich, daß der alte Mann nach der schweren Mißhandlung selbst an den Bach gegangen und hineingefallen sei".

Vor dem Schwurgericht bestritt der 22-Jährige eine vorsätzliche Tötung. Er gab an, Fuchs am Abend des 8. August in der Nähe der Kinzig aufgelauert zu haben, um ihm wegen dessen Schimpfereien „einen Denkzettel anzuhängen". In Wut habe er ihm mit einem Stock mehrere Schläge versetzt, ohne dass Fuchs aber geblutet oder schwer verletzt worden wäre. Er habe sich dann die Hände in der Kinzig gewaschen, weil er Nasenbluten gehabt habe, und sei nach Hause gegangen, während Fuchs an der Kinzig gesessen habe, um sich den Kopf zu kühlen. In einem Brief, den Johann Gläser im Gefängnis an seine Mutter schrieb, räumte er ein, „daß er die That begangen habe. Man könne ihm dafür aber nicht den Kopf heruntermachen, sondern nur wegen Körperverletzung belangen". Sein Vater Johannes Gläser stellte wiederholt entschieden in Abrede, an dem Verbrechen beteiligt gewesen zu sein, und ihn „gehe es nichts an, wenn sein Sohn derartiges thue".

Die Geschworenen sahen am Ende der dreitägigen Verhandlung am 15. November 1901 Gläser senior für unschuldig an, sodass er freigesprochen wurde. Der Staatsanwalt meinte, dass seine Strafe schwer genug sei, „wenn er sehen müsse, was er in der Seele seines Sohnes angerichtet, was er herbeigeführt hat, daß er den Keim des Hasses in seinem Sohn pflanzte". Wegen Mordes verhängte das Schwurgericht über Gläser junior die Todesstrafe, welche am 16. April 1902 von Kaiser Wilhelm II. bestätigt wurde.[24]

Die Hinrichtung des Verurteilten nahm am 29. April 1902 um 6 Uhr morgens Scharfrichter Alwin Engelhardt unter Ausschluss der breiten Öffentlichkeit auf dem Hof des Hanauer Landgerichtsgefängnisses vor. Auch der Presse wurde entgegen den Gewohnheiten in anderen Städten der Zutritt zum Gefängnishof verweigert. Dieser Vorgang zeigte nach Ansicht der „Hanauer Zeitung", wie gering das Entgegenkommen war, das der deutschen Presse seitens der Behörden entgegengebracht würde. Ein starkes Aufgebot an Schutzleuten besetzte schon eine Stunde vor der Hinrichtung alle zum Gerichtsgebäude und Gefängnis führenden Straßen und ließ nur Personen passieren, die über Eintrittskarten verfügten. Um 6 Uhr ertönte „schauerlich durch die Lüfte" das Armesünderglöckchen von der Altstädter Hospitalkirche. Bereits zehn Minuten später verließen die Zeugen der Hinrichtung den Richtplatz. Kurz danach prangten die üblichen roten Bekanntmachungen an den Plakattafeln und zeigten der Bürgerschaft den Vollzug der Hinrichtung an.

Obwohl die Presse bei der Exekution nicht dabei war, wusste die „Hanauer Zeitung" über einige Details zu berichten. Demnach hatte sich Gläser kurz vor seinem Tod heftig gewehrt, sodass die Gehilfen des Scharfrichters hart zupacken mussten: „Nachdem Gläser von einem Gehülfen an beiden Beinen festgehalten wurde, drückte ein zweiter den Rücken nieder und ein dritter hielt mit beiden Händen den Kopf fest. Scharfrichter Engelhardt ließ das scharfe Beil mit mäßigem Ausholen auf den Nacken niederfallen und der Kopf war vom Rumpfe getrennt."[25]

Die Hinrichtung wurde mit einer Hinrichtungsbank vollzogen, einer Erfindung und Konstruktion des Scharfrichters Friedrich Reindel, die er erstmalig am 17. August 1883 bei der Enthauptung von Franz Ille in Holzminden in Gebrauch nahm. Bei dieser Methode nahm der Delinquent nicht, wie sonst üblich, eine kniende Position vor dem Richtblock ein, sondern er wurde bäuchlings liegend auf der Richtbank fixiert, d. h. festgeschnallt oder festgehalten. Der allgemeinen Darstellung zufolge stand vor der Richtbank der Richtblock, welcher eine Vertiefung aufwies, in die das Kinn des Delinquenten gelegt wurde.[26] Die „Hanauer

Zeitung" berichtet jedoch über die Hinrichtungsbank, die Engelhardt bei der Exekution Gläsers verwendete, Folgendes: „Vielfach bestehen über den sog. ‚Richtblock' getheilte Ansichten, weshalb wir denselben mit einigen Worten beschreiben wollen. Der Block ist richtiger gesagt ein Brett in der Länge eines ausgewachsenen Mannes und in der Breite von etwa einem halben Meter, welches auf in der Erde befestigten, eisernen Füßen angeschraubt wird. Am Kopfende des pritschenartigen Brettes ist ein dem Kinn angepaßter Einschnitt, sodaß der Kopf des Hinzurichtenden frei über dem Richtbrett herausragt. Der Delinquent wird, mit dem Gesicht dem Fußboden zugeneigt, auf das ‚Brett' gelegt und [...] von den Gehülfen gehalten. Richtbrett und Beil sind Eigenthum des Scharfrichters."[27]

Hier wurde also kein Richtblock verwendet, sondern der Kopf ragte über die Hinrichtungsbank hinaus. Anlässlich einer Hinrichtung am 10. Februar 1909 in Dortmund beschrieb auch die „Dortmunder Zeitung" eine Konstruktion, bei welcher kein gesonderter Richtblock zur Anwendung kam: Das Schafott „besteht nur aus einem schmalen Tische, an dessen Kopfseite sich eine Erhöhung, der Block, zum Auflegen des Halses des Hinzurichtenden befindet."[28]

Der vierte Schuss war tödlich

Die Verhandlung des Hanauer Schwurgerichts vom 27. November 1908 beschäftigte sich mit einem Vorfall, der den Tod des Gendarmerie-Wachtmeisters Johannes Schenk aus Flieden zur Folge hatte. Auf der Anklagebank saß der am 28. Mai 1885 in Butzbach geborene „Zigeuner" und Korb- und Schirmmacher Friedrich Ebender, zuletzt in Usenborn lebend, einem Stadtteil von Ortenberg. Zu seinen Lebensumständen bemerkte die Hanauer Zeitung: „Der Angeklagte ist nicht verheiratet, zieht aber seit fünf Jahren mit einem Weibe umher und hat mit diesem auch drei

Kinder in die Welt gesetzt. Er führte seit seinen frühesten Kinderjahren ein ununterbrochenes Nomadenleben und hat natürlich auch noch nie eine Schule besucht. Seit 1905 führte er beständig falsche Namen und zwar, weil man ihn steckbrieflich verfolgte. Er soll nämlich seine Hand mit dabei im Spiele gehabt haben, als 1905 sein Vater auf dem Fritzlarer Pferdemarkt erschossen wurde. Nächstens wird das Kasseler Schwurgericht seine diesbezügliche Schuld untersuchen."[29]

Der in Hanau zur Aburteilung anstehende Fall spielte sich am 25. August 1908 in der Nähe einer Straße von Rommerz nach Flieden ab. Von dieser Straße war der Angeklagte mit seiner Partnerin, deren Mutter und seinen Kindern auf einen Waldweg nach Buchenrod abgebogen, um einigen vorausgegangenen Genossen zu folgen. Nun eilte Gendarm Schenk herbei und wies Ebender und die ihn Begleitenden an, den Wald zu verlassen und auf die Chaussee zurückzukehren. Sie widersetzten sich, und so versuchte er, deren Kinderwagen zur Straße zurückzuziehen. Da klammerten sich Ebender und seine Partnerin an ihn, und es entstand „eine ganz gewaltige Katzbalgerei, wobei das „Zigeunerweib" sich am wütendsten benahm. Als sie den Beamten noch in die Hand biß und dieser sie nicht mehr anders von sich abschütteln konnte, zog er den Säbel und versetzte ihr mehrere Hiebe."[30]

Durch den Lärm angelockt, kamen einige Bauern dem Beamten zu Hilfe. Sie fesselten die sich wild gebärdende Frau mit einem Peitschenriemen, doch sie zerbiss ihn und konnte nur mit Mühe festgehalten werden. Währenddessen hatte sich Ebender seitwärts in den Wald begeben und betätigte eine Trillerpfeife, um die vorausgegangenen „Zigeuner" zu alarmieren. Dann eilte er zum Schauplatz zurück zu seinem Wagen, vermutlich in der Absicht, eine Waffe herauszuholen. Schenk versuchte, dies zu verhindern, doch es gelang Ebender, den Wagen umzuwerfen und in dem allgemeinen Wirrwarr einen herausgefallenen Revolver zu ergreifen. Er schoss auf Schenk, der sich „dadurch zu decken suchte, daß er, den Säbel vor sich haltend, in schnellen Zickzackbewegungen hin und hersprang". Drei Schüsse gingen fehl, doch der vierte in den Rücken führte seinen Tod herbei. Noch am Abend wurde Ebender in Hauswurz verhaftet, wobei er von Bauern, die er mit dem Revolver bedrohte, „mit Knüppeln jämmerlich verhauen" wurde.

Der Angeklagte bestritt, den Gendarmen zu töten beabsichtigt zu haben. Er habe sich in Notwehr befunden, da er mit dem Säbel bedroht worden sei. Die Geschworenen sprachen ihn dem Antrag des Staatsanwalts entsprechend des Mordes schuldig. Das über ihn verhängte Todesurteil wurde am frühen Morgen des 15. Juni 1909 auf dem Hof des Hanauer Gerichtsgefängnisses durch Scharfrichter Carl Gröpler vollstreckt. Das Richtbeil war in den Block tief eingedrungen, und „es bedurfte einiger Anstrengungen, dasselbe wieder herauszuziehen".[31]

„Blutschande" mit der Tochter

Die Verhandlung des Hanauer Schwurgerichts gegen den „Kindesmörder Koch", wie die „Hanauer Zeitung" titelte, begann am 4. November 1912. Der 1865 in Mainz geborene Georg Josef Koch galt allgemein in seinem Wohnort Bergen bei Frankfurt als ein „stiller, fleißiger Familienvater". Seit 15 Jahren in einer chemischen Fabrik in Fechenheim beschäftigt, hatte er einen Wochenverdienst von etwa 30 Mark. Nebenher arbeitete er noch als Tapezierer, Polsterer und sonntags als Kellner. Seine Frau, mit der er seit 1896 verheiratet war, nahm Näharbeiten an, und auch seine beiden Kinder Elise (genannt Anna) und Gertrud verdienten etwas Geld. Die Miete für ihre Dreizimmerwohnung im Neuen Weg in Bergen betrug 18 Mark. Dass Koch früher seine Tapeziererlehre abgebrochen hatte, wegen Bettelns verurteilt und einige Monate im Arbeitshaus in Hadamar untergebracht worden war, schien in Bergen nicht bekannt gewesen zu sein.

Er war angeklagt, am dritten Pfingstfeiertag (28. Mai) des Jahres 1912 seine Tochter Anna ermordet und in den Monaten davor mit ihr Inzest betrieben zu haben. Nicht mit seiner Frau hatte er sich ein Schlafzimmer geteilt, sondern mit der 14-jährigen Anna, während seine Gattin und Gertrud in einem anderen Zimmer nächtigten. Zu Beginn des Pfingstfestes deutete noch nichts auf ein Verbrechen hin, das der Staatsanwalt später als das scheußlichste bezeichnete, welches in der letzten Zeit in der Gegend in und um Frankfurt vorgekommen sei. Am ersten Pfingsttag ging Koch mit seinen beiden Töchtern nach Rumpenheim (heute Stadtteil von Offenbach), um sich die Folgen eines Brandes in einer Möbelfabrik anzusehen, der in der Nacht zuvor ausgebrochen war. Anderntags besuchte die Familie den Frankfurter Zirkus Schumann.

Am Frankfurter Wäldchestag (dritter Pfingstfeiertag) fuhr Koch nach eigenen Angaben mit Anna von Bergen nach Seckbach. Hier, „in der elektrischen Bahn, sei ihm der Gedanke gekommen, die Anna zu erwürgen". Den Wäldchestag habe er für geeignet gehalten „und Gewissensbisse über sein Verhalten zur Tochter habe er sich nicht gemacht". Nach einem Einkauf in Frankfurt sei er mit Anna nach Sachsenhausen und dann zum Isenburger Wald gegangen. An einer geeigneten Stelle habe er gegen 18 Uhr die Tat ausgeführt und Anna „mit beiden Händen die Gurgel zugedrückt". Er habe sich dann eine Schnur um den Hals gelegt, um Selbstmord zu begehen, doch sei er von dem Vorhaben wieder abgekommen. Offensichtlich drohte der intime Verkehr mit seiner Tochter bekannt zu werden.

Nach seiner Verhaftung in Bergen hatte Koch bei den damaligen Kreuzverhören stets angegeben, Anna sei ihm in Frankfurt weggelaufen. „Welch großer Heuchler Koch war", zeigte nach Ansicht der „Hanauer Zeitung" folgender Brief, den er am 3. Juni 1912 aus dem Untersuchungsgefängnis nach Hause schickte: „Liebe Frau und Gertrude! Ich will Euch mitteilen: ist noch keine Spur von unserer Anna da, daß ich wieder befreit werde? Es tut mir so leid, daß ich hier sitzen muß, habe gar keinen Grund dafür. Ich habe einen großen Fehler gemacht. Darum helft mir, daß ich wieder in Freiheit komme. Dann hätte ich an Dich liebe Frau und Gertrude eine Bitte: Schickt mir als noch etwas zu essen. Das Essen ist hier etwas zu wenig; ich kome sonst von meinen Kräften."[32]

Nachdem er am 18. Juni 1912 ein Geständnis abgelegt hatte, fand man unter seiner Anleitung die Leiche Annas im Isenburger Wald in einer Fichtenschonung. In einer ähnlichen Schonung entdeckte ein Forstbeamter ein grabförmiges Loch, in dem eine Schaufel lag. Offenkundig hatte Koch dieses Loch gegraben, um die Leiche seiner Tochter darin verschwinden zu lassen, hatte das „Grab" nach der Tat aber nicht mehr gefunden. Auf die Frage eines Sachverständigen, ob er das Loch gegraben habe, antwortete Koch: „Glauben Sie, daß ich ein Geständnis abgelegt hätte, wenn ich meine Tochter eingegraben hätte?"[33]

Das Hanauer Schwurgericht sprach ihn am 5. November 1912 von der Anklage der „Blutschande" frei, verurteilte ihn aber wegen Mordes zum Tode. Nachdem Kaiser Wilhelm II. durch seine „Allerhöchste Entscheidung" vom 17. März 1913 von einer Begnadigung abgesehen hatte, erfolgte die Hinrichtung Kochs am Morgen des 1. April 1913. Scharfrichter Gröpler nahm sie auf dem Hof des Hanauer Landgerichtsgefängnisses durch Enthauptung mit dem Beil vor. Die Angehörigen Kochs waren benachrichtigt worden, dass sie den Verurteilten am Vorabend der Exekution noch einmal sehen und sprechen könnten, von „diesem Zugeständnis wurde aber kein Gebrauch gemacht".[34]

Die berüchtigten Ebender-Brüder

Die drei Brüder Wilhelm Ebender, etwa 1887 geboren, aus Anraff (Edertal), Ernst Ebender, zwei Jahre jünger, aus Michelnau (Nidda) und Hermann Ebender, sieben Jahre jünger als Wilhelm, aus Radmühl (Freiensteinau) waren die Hauptmitglieder einer berüchtigten, vor keiner Gewalttat zurückschreckenden „Zigeunerbande".*

Der erwähnte, im Juni 1909 in Hanau hingerichtete Friedrich Ebender war ein Bruder von ihnen. Der Vater erhielt 1905 bei einem Streit mit einer anderen „Zigeunerfamilie" zwei Schüsse in den Unterleib, an deren Folgen er starb. Seine Söhne Wilhelm und Ernst, die an dem Streit beteiligt waren, wurden zu je fünf Monaten Gefängnis verurteilt. Ein weiterer Bruder von ihnen, Heinrich, wurde 1906 von einem Bürgermeister erschossen, als Heinrich einen ihn nach Waffen durchsuchenden Gendarm angriff. Der Bande gehörten außer den Ebender-Brüdern noch deren Schwester Maria Ebender und die Mutter Juliane Ebender an, außerdem die Geliebten von Ernst und Wilhelm, Karoline Mettbach (später verheiratet mit dem Musiker Jakob Bernd) und Charlotte Reinhardt, sowie einige Kinder und Halbwüchsige.

Die Liste der den Brüdern angelasteten Verbrechen war lang. Im Jahre 1908 bedrohte Wilhelm den Bürgermeister von Hintersteinau (Stadtteil von Steinau) mit einem Revolver und einem Messer und wurde wegen öffentlicher Beleidigung und Widerstandes gegen die Staatsgewalt mit einer neunmonatigen Gefängnisstrafe belegt. Einer Meuterei machten sich ein Jahr später alle drei Brüder schuldig, indem sie zusammen mit anderen „Zigeunern" aus dem Gemeindehaus in Nordheim ausbrachen. Wilhelm schlug dabei mit einem Stock auf die Wächter ein und Ernst verletzte einen von ihnen durch Revolverschüsse. Aus Rache schoss Ernst 1910 bei Zimmersrode aus nächster Nähe auf einen anderen „Zigeuner", sodass dessen „Rock in Brand geriet und aus seinem Rücken 29 Schrotkörner entfernt werden mußten". Im Juli 1911 fügte er bei Hechtsheim einem ihn verfolgenden Mainzer Gendarmen ebenfalls eine schwere Schussverletzung zu. Wegen versuchten Totschlags wurde er – auf der Flucht befindlich und steckbrieflich gesucht – zu einer fünfjährigen Zuchthausstrafe verurteilt. Hermann war wegen Hehlerei mit einer Gefängnisstrafe von drei Monaten vorbestraft, die er in Fulda verbüßte.

Im Winter 1911/12 hielt sich die Bande wochenlang im waldreichen Grenzbezirk der hessischen Provinz Oberhessen und des

Ernst, Wilhelm und Hermann Ebender (v. l.).

preußischen Kreises Fulda auf, wo sie sich durch einen ständigen Wechsel von einem Bundesstaat in den anderen einer Verfolgung zu entziehen wusste. Am Morgen des 15. Februar 1912 erschien sie seit längerer Zeit wieder auf preußischem Boden, nämlich in Lütterz, einem Ortsteil der Gemeinde Großenlüder. Sie verweilte dort kurz vor dem Döpper'schen Gasthaus und trank Schnaps. Auf dem Weg nach Lüdermünd wurden Bauern auf sie aufmerksam und informierten per Fernsprecher das Landratsamt in Fulda. Dort war aber über eine steckbriefliche Verfolgung durch hessische Behörden nichts bekannt, sodass dem Gendarmeriewachtmeister von Bürk lediglich aufgegeben wurde, den „Zigeunern" den Weitermarsch nach Fulda zu verbieten und sie auf hessisches Gebiet zurückzutreiben.

Da er von der Gefährlichkeit der Bande nichts ahnte, begab er sich ohne weitere Unterstützung nach Kämmerzell, das er kurz nach 11 Uhr erreichte. Die „Zigeuner", die bereits vor einiger Zeit dort angekommen waren, hatten ihr Gepäck auf der Straße niedergelegt und hielten sich in und vor der Kollmann'schen Gastwirtschaft auf. Die drei Brüder Ebender tranken jeder etwa vier bis fünf Glas Bier und zusammen ungefähr eineinhalb Kännchen Schnaps. Bald kam es zu einem Handgemenge mit van Bürk, der, von allen Seiten umringt und bedroht, den Säbel zog. Einer der „Zigeuner", den Zeugen später als Ernst Ebender erkannten, hielt ihm einen Revolver vor die Brust. Auf die Hilferufe des Gendarmen eilten mehrere Dorfbewohner mit Mistgabeln herbei. Einer von ihnen hielt die sich sträubende Charlotte Reinhardt fest, während der Bauer Franz Wehner aus Kämmerzell mit Ernst Ebender rang.

Dann liefen die „Zigeuner" in verschiedene Richtungen auseinander. Wilhelm Ebender wurde von dem Gendarmen in einen an der Dorfstraße gelegenen Garten verfolgt. Aus einer Entfernung von etwa 15 Schritten schoss er mit einem Revolver drei Mal auf den Verfolger, traf ihn aber nicht. Dann gelangte er durch die Gartenhecke aufs freie Feld, wo er sich mit seinen Brüdern vereinigte. Aus einer Entfernung von etwa 80 Schritten gaben sie auf den im Garten zurückgebliebenen Gendarmen und den ihm nachgeeilten Bauern Wehner etwa 30 bis 40 Schüsse ab. Wehner wurde dabei am rechten Arm erheblich verwundet. Van Bürk erwiderte das Feuer, die Schüsse gingen aber ins Leere.

Unterdessen waren auch die „Zigeunerinnen" durch einen Hohlweg geflüchtet. Die Männer, die noch aus weiter Entfernung auf das Dorf feuerten, schlossen sich ihnen an und alle zogen nun bergauf in Richtung des Kämmerzeller Forstes, einen Teil des Gepäckes zurücklassend. Nur die im Dorf verbliebene Charlotte Reinhardt und einige Jugendliche und Kinder konnten festgenommen werden. In der Nähe des Waldes arbeiteten die Brüder Jestädt auf dem Feld. Die „Zigeuner" stießen Drohungen aus und gaben mehrere Schüsse auf sie ab. Eine Kugel schlug zwischen ihnen ein, dann verschwanden die „Zigeuner" im Wald.

Dort arbeiteten unter dem Vorarbeiter Josef Hosenfeld aus Gläserzell drei Holzhauer. Gegen 12 Uhr war der 54-jährige Förster Gustav Adolf Romanus aus Niesig, Vater von fünf Kindern, bei ihnen, um dann zu einer anderen Holzhauergruppe weiterzugehen. Etwa zwei Minuten nach seinem Weggang vernahmen die Arbeiter Geschrei und laute Männerstimmen, und Hosenfeld nahm wahr, wie der Förster ihn um Hilfe rief. Als der Vorarbeiter und die drei Holzhauer dem Ruf folgten, hörten sie zwei Schüsse fallen und sahen einige „Zigeunerinnen" und Kinder sowie einen „Zigeuner", der eine Flinte schwenkte, den Berg hinauflaufen. Den von zwei Kugeln getroffenen Förster trafen sie tot am Weg liegend an, sein Herz und seine Lunge waren durchbohrt.

Während Juliane und Maria Ebender sowie Karoline Mettbach schon wenige Tage nach dem Verbrechen verhaftet wurden, konnte man der Brüder Ebender lange nicht habhaft werden, obwohl Militär aufgeboten und eine Belohnung auf ihre Ergreifung ausgesetzt worden war. Durch „Verrat" eines anderen „Zigeuners" konnte Ernst Ebender im Juli 1912 schließlich festgenommen werden, die Mordtat an Förster Romanus gestand er aber nicht. Wegen Totschlagversuchs im Falle des Gendarmen van Bürk und des Bauers Wehner wurde er vom Hanauer Schwurgericht zu viereinhalb Jahren Zuchthaus verurteilt.[35] Seinen Brüdern Wilhelm und Hermann gelang es, sich nach Böhmen durchzuschlagen. Sie zogen weiter über die Schweiz nach Italien, wandten sich dann aber wieder in nördliche Richtung zurück über Baden und Elsaß-Lothringen nach Frankreich und Holland, ehe sie dort festgenommen und 1916 zur Aburteilung an Deutschland ausgeliefert wurden.[36]

Wilhelm Ebender wurde Mitte November 1916 von zwei Gendarmen abgeholt und nach Fulda überführt, wo er mit dem Frankfurter Zug eintraf und sofort ins Amtsgerichtsgefängnis eingeliefert wurde. Bei seiner Ankunft in Frankfurt hatte sich eine große Menschenmenge am Bahnsteig eingefunden. Bis zur Abfahrt des Fuldaer Zuges war er in der Bahnhofswache interniert. Er gab an, auf seiner Flucht eine ganze Zeit in Deutschland von Ort zu Ort gefahren zu sein, ohne dass er behelligt worden sei. Auf allen großen Bahnhöfen, auch in Frankfurt, habe er sein

Bild auf den „Verbrechertafeln" ausgehängt gesehen und die zahllosen Plakate mit der ausgesetzten Belohnung von 5.000 Mark hätten ihm „viel Vergnügen bereitet".[37]

Die drei Brüder beschuldigten sich zunächst gegenseitig der Tat an Förster Romanus, einigten sich aber schließlich darauf – offenbar nach einer ihnen im Fuldaer Gefängnis gelungenen Verständigung –, dass der jüngste, Hermann, die beiden Schüsse abgegeben habe. Er war zum Zeitpunkt der Tat etwas über 18 Jahre alt. Augenscheinlich nahmen sie an, dass er wegen seiner Jugend die größte Aussicht auf eine Begnadigung bzw. ein mildes Urteil habe. Zu der Auseinandersetzung sei es gekommen, als Romanus von ihnen verlangt habe, die Waffen herauszugeben und zum Dorf zurückzukehren. Hermann, der im Übrigen sehr betrunken gewesen sei, habe in Notwehr auf ihn geschossen, da Romanus ihn angegriffen und Anstalten gemacht habe, von seinem schussbereiten Gewehr Gebrauch zu machen.[38]

Im März 1917 hatten sich die Brüder vor dem Hanauer Schwurgericht zu verantworten, das aber in Fulda tagte. Bei der Klärung der Personalien stellte sich heraus, dass die in den letzten Jahren gegen Ernst Ebender von den Gerichten in Hanau, Meiningen und Marburg verhängten Strafen bereits auf 13 Jahre Zuchthaus angewachsen waren. Der Vorsitzende wurde an einem der ersten Verhandlungstage darauf aufmerksam gemacht, dass sich einige weibliche Mitglieder der Bande von der äußersten Ecke des Gerichtssaales aus mit den Angeklagten durch „geheime Zeichen" verständigten, worauf sie des Saales verwiesen wurden.

Hermann Ebender blieb dabei, die todbringenden Schüsse auf Romanus abgegeben zu haben, während seine Brüder unbeteiligt in der Nähe gestanden hätten. Staatsanwalt Lehmann aus Hanau hielt es für wahrscheinlicher, dass der erste Schuss von Wilhelm und der zweite von Ernst Ebender herrührte. Die Selbstbezichtigung Hermanns sei in der unrichtigen Annahme geschehen, dass seine Brüder dann kaum bestraft werden könnten. Nach § 47 des Strafgesetzbuches seien aber alle Angeklagten als Mittäter verantwortlich, einerlei, wer von ihnen geschossen habe. Juliane Ebender und ihre Tochter Maria verweigerten die Aussage. Wegen Mordes an Romanus wurden die drei Angeklagten nach mehrtägiger Verhandlung am 14. März 1917 zum Tode verurteilt. Wilhelm Ebender erhielt zudem wegen Mordversuchs an van Bürk und Wehner acht Jahre und sein Bruder Hermann fünf Jahre Zuchthaus.[39]

Es stellte sich heraus, dass der Mord an Romanus vielleicht auf einer Verwechslung beruhte. Die Bande hatte einige Zeit vorher einen Zusammenstoß mit dem Forstbeamten Stein aus Lehnerz gehabt, der einen roten Bart trug. Als dieser das Waldlager der „Zigeuner" betrat, die er der Wilderei verdächtigte, wurde er von einem von ihnen mit einem Dolch bedroht und konnte sich nur wehren, indem er sein Gewehr in Anschlag brachte. Er verwies die „Zigeuner" des Waldes, die ihrem Unwillen darüber laut Ausdruck verliehen. Seitdem erkundigten sie sich überall nach dem Förster „mit dem roten Bart". Da Förster Romanus gleichfalls einen solchen Bart hatte und Stein auch sonst ähnlich sah, lag der Verdacht nahe, dass die Tat eigentlich dem Förster Stein gegolten hatte.[40]

Nach der Bestätigung der Todesurteile durch Kaiser Wilhelm II. am 7. November 1917 nahm Scharfrichter Gröpler am 27. November 1917 die Hinrichtung der drei Verurteilten mit dem Beil auf dem Gefängnishof des Hanauer Landgerichts vor.[41] Die Selbsteinschätzung Ernst Ebenders, der 1909 anlässlich der Hinrichtung seines Bruders Friedrich gesagt hatte, das würde ihm nie passieren, weil er „schlauer" als sein Bruder sei, erwies sich als Trugschluss.[42] An der Mordstelle an der Hummelskuppe bei Kämmerzell wurde der am 16. März 1913 eingeweihte Romanusstein errichtet, der an das Schicksal des Försters erinnert.[43]

Es handelt sich hierbei um die historiografische Zitierung des Quellenbegriffs „Zigeuner". Er wird in Distanzierung zur Bezeichnung einer Bevölkerungsgruppe in Anführungszeichen geschrieben.

Diez

Im Jahre 1827 wurde in Weilburg ein Verbrechen verübt, das weit über die Grenzen des Herzogtums Nassau hinaus für Aufsehen sorgte. Fünf Jahre später erschien im Wiesbadener Verlagshaus Ludwig Riegel die „Actenmäßige Darstellung des am 7. Dezember 1827 an dem Cadetten Adolph Vigelius verübten Raubmordes", die zur Grundlage weiterer literarischer Werke wurde. Von Otto Mencke stammt die Novelle „Der Weilburger Kadettenmord" (unter dem gleichen Titel strahlte das ZDF 1977 einen Spielfilm aus) und Hans Albrecht verfasste um 1963 das Schauspiel „Sergeant Trapp glaubt nicht mehr an Gott".[1]

Am Morgen des 8. Dezember 1827 wurde im Haingarten in Weilburg die grausam verstümmelte Leiche des am 1. Dezember 1809 als jüngstes von acht Kindern in Wiesbaden geborenen Adolph Vigelius gefunden. Er stammte aus einer einflussreichen Beamtenfamilie, sein Vater Ludwig Christian Vigelius war als Präsident der nassauischen Generalsteuerdirektion tätig. Der am 6. März 1826 als Kadett (Offiziersanwärter) in das 1. Infanterieregiment der Weilburger Hainkaserne eingetretene Verstorbene war „durch mehr als funfzig meistentheils in jedem Fall tödtliche Wunden, die mit Säbel, Hackmesser, Tranchirmesser, Ladstöcken, gewöhnlichen Messern, Schusterkneipe, dem Unglücklichen in Kopf, Gesicht, Brust, Herz und Leber beigebracht waren, auf eine schauderhafte Weise gemordet, oder eigentlich gemetzelt" worden.[2]

Schon bald führten die Spuren in die Kaserne des Ermordeten, in welcher sich die Ermittler einem immer größer werdenden Kreis von Verdächtigen gegenübersahen, der zeitweise mehr als 50 Personen umfasste. Schließlich steckte man 48 von ihnen in das damals für seine unhaltbaren Zustände bekannte Gefängnis in Dietz, das im alten Stadtschloss untergebracht war. Die harten Haft- und Arbeitsbedingungen forderten die ersten Opfer. Einige starben nach jahrelangem Siechtum, andere begingen Selbstmord, „geplagt von Folter, Krankheit und wohl auch ihrem schlechten Gewissen". 37 Mann blieben übrig, die alle am 29. März 1832, gut fünf Jahre nach der Tat, wegen gemeinschaftlich begangenen Mordes von einem Militärgericht in Dietz zum Tode verurteilt wurden. Bei 33 von ihnen machte Nassaus Herzog Wilhelm von seinem Begnadigungsrecht Gebrauch, sodass sie mit Zuchthausstrafen zwischen drei und fünfzehn Jahren davonkamen. Die vier, die nicht begnadigt wurden, waren Sergeant Matthias Trapp aus Rüdesheim, Korporal Aureus Häuser aus Bommersheim (Oberursel), Korporal Johann Lemp aus Weilbach (Flörsheim) und Sergeant Anton Leidung aus Weisel im heutigen Rhein-Lahn-Kreis.[3]

Wie die Untersuchungen ergeben hatten, war Trapp der Hauprädelsführer bei der Tat. Er und Lemp suchten sich Verbündete, indem sie ihnen in Aussicht stellten, Vigelius auszurauben. Dieser war im November 1827 nach Wiesbaden beurlaubt worden und hatte bei seiner Rückkehr in die Kaserne Bargeld, eine goldene Taschenuhr, einen goldenen Siegelring und einen silbernen Esslöffel mitgebracht. Einige dieser Gegenstände waren Geschenke, denn Vigelius hatte zu Hause bei seiner Mutter seinen 18. Geburtstag gefeiert.

Wie Trapp erfuhr, wollte Vigelius am Abend des 7. Dezember 1827 in die Stadt gehen, um beim Regimentsschneider eine neue Uniform zu bezahlen. Auf dem Weg dorthin durch die Kastanienallee im Haingarten wurde er von Trapp, der einen genauen Mordplan entworfen hatte, und dessen zahlreichen Komplizen überfallen. Trapp umfasste den Kadetten und versetzte ihm den ersten Messerstich. Nun folgte einer nach dem anderen, um auf ihn einzustechen oder einzuschlagen, wobei auch der eigene Säbel des Kadetten gebraucht wurde. Alle sollten sich an der Bluttat beteiligen, um einem Verrat vorzubeugen. Dann nahm man dem Ermordeten die Taschenuhr, das Geld, den Siegelring und einen

Zeichnung aus dem Stadtarchiv Dietz von der Vierfachhinrichtung.

Schlüssel für seinen in der Kaserne befindlichen Koffer ab, der später ausgeraubt wurde. Trapp gab die gestohlenen Sachen seiner Geliebten Caroline Brückel aus Weilburg, die später während der Haft „von Gewissensbissen gepeinigt" starb. Sie war die einzige zivile Person, die an dem Verbrechen beteiligt war.[4] Neben der Aussicht auf Beute war die Tat wohl auch dadurch motiviert, dass viele der kriegserfahrenen „Haudegen" enttäuscht und verbittert waren, wenn ihnen halbwüchsige Söhne von Offizieren, höheren Beamten und Adeligen bei der Besetzung von Offiziersstellen vorgezogen wurden. So war ein regelrechter Hass auf das „Cadetten-Institut" entstanden.[5]

Hingerichtet wurden die vier zum Tode Verurteilten mit dem Schwert am 8. Juni 1832 im Dietzer Distrikt „Rote Erde" nahe der Stadtgrenze zu Limburg durch Scharfrichter Hoffmann.

Etwa 20.000 Menschen wohnten dem Akt bei. Auf dem Schafott trat noch einmal das Kriegsgericht zusammen. Das Todesurteil wurde verlesen und jedem Verurteilten der Stab gebrochen und vor die Füße geworfen. Nach der Fünffachhinrichtung in Gießen im Oktober 1824 kam es also acht Jahre später in Dietz zu einer weiteren Mehrfachhinrichtung.[6]

Wiesbaden

Letzte öffentliche Hinrichtung in Nassau, 1835

Der im September 1803 in Oberursel als Sohn eines Müllers geborene Caspar Reitz beging schon als Schuljunge kleinere Diebstähle, wofür er vom Oberurseler Schultheiß einige Tage Turmstrafe erhielt. In seinem 14. Lebensjahr verurteilte ihn das Hofgericht in Dillenburg wegen eines Diebstahls bei einem Nachbarn zu fünf Jahren Korrektionshaus. Wegen Hehlerei und Beihilfe wurden auch seine Mutter mit fünf Jahren und seine 19-jährige Schwester mit zwei Jahren Korrektionshausstrafe belegt. Während seiner Strafzeit erlernte er das Schuhmacherhandwerk und führte sich gut, sodass er begnadigt und 1819 wieder auf freien Fuß gesetzt wurde. Als Schuhmachergeselle ging er acht Jahre auf Wanderschaft, wovon er drei Jahre im nahe gelegenen Bad Homburg verbrachte. Nach Beendigung der Wanderschaft ließ er sich als Schuhmacher in Oberursel nieder und heiratete seine Frau Friederike, geborene Türk, aus St. Goar. Ein kleines Erbteil seiner Eltern und das geringe Vermögen seiner Frau waren bei seiner aufwendigen Lebensweise schnell verbraucht, und Reitz geriet des Öfteren in Verdacht, an Diebstählen beteiligt gewesen zu sein.

Das für sein Handwerk notwendige Leder bezog er von dem 55 Jahre alten, ledigen Homburger Händler Friedrich Philipp Werborn, der in seinem Keller ein Lager mit verschiedenen Ledersorten unterhielt. Als Reitz an einem Markttag im März 1834 beobachtete, wie Werborn größere Geldbeträge in seinem Schreibpult deponierte, ließ ihn der Gedanke nicht mehr los, ihn zu bestehlen. Ein erster Versuch am Abend des 17. März 1834 misslang. Sein Vorhaben, dem Lederhändler ein Messer „in den Leib zu stechen", seiner Magd „den Hals abzuschneiden" und dann mit der Beute zu fliehen, habe er nicht ausführen können, so gab Reitz später an, weil er „gezittert und gebebt" habe, seine „ganze Natur habe sich dagegen gesträubt, und er habe gedacht, das kannst du ja nicht tun!"[1]

Doch der Gedanke an das Werborn'sche Geld verfolgte ihn weiterhin. Am Karfreitag, dem 28. März 1834, machte er sich abends erneut auf den Weg nach Homburg. Er traf Werborn allein an, seine Magd war im Backhaus. Unter dem Vorwand, Sohlleder kaufen zu wollen, begab er sich mit dem Händler, der eine Öllampe in den Händen hielt, in den Keller. Dort schlug er ihm mit einem mitgebrachten Beil auf den Hinterkopf, sodass Werborn taumelnd die Lampe fallen ließ und um Hilfe rief. Die Lampe war beim Fallen erloschen und Reitz schlug nun im Dunkeln mehrmals auf sein Opfer ein, wobei ihm das Beil aus der Hand glitt und er es nicht wiederfinden konnte. Nachdem er im Erdgeschoss die Haustüren verriegelt hatte, kehrte Reitz in den Keller zurück, um dem aus einer Bewusstlosigkeit aufgewachten Händler seine Schlüssel abzunehmen. Als dieser nun wieder um Hilfe rief, versuchte Reitz, ihm den Mund zuzuhalten, wobei sein Zeigefinger in den Mund Werborns geriet und dieser fest zubiss. Erst als Reitz ihn an der Kehle packte und mit aller Kraft würgte, bekam er den Finger frei. Bei einem nun entstandenen Gerangel geriet Reitz die auf den Boden gefallene Lampe in die Hände, mit welcher er so lange auf Werborn einschlug, bis er still liegen blieb. Bei der Ausführung des Raubes wurde Reitz durch die zurückkehrende Magd gestört, sodass er ohne Beute flüchten musste. Die Magd fand den Händler noch lebend vor. Er konnte den Täter Reitz benennen, der kurz nach der Tat in seiner Wohnung in Oberursel verhaftet wurde. Elf Tage nach dem Überfall erlag Werborn seinen zahlreichen Verletzungen.

Am 26. September 1834 wurde Reitz vom Herzoglichen Hof- und Appellationsgericht in Usingen zum Tode durch das Schwert verurteilt. Eine Berufung gegen das Urteil wies das Oberappellationsgericht in Wiesbaden am 13. Mai 1835 zurück. Nachdem auch

Herzog Wilhelm keine Gnade gewährt hatte, fand am Morgen des 8. Oktober 1835 die öffentliche Vollstreckung des Urteils durch Scharfrichter Rettig auf dem alten Exerzierplatz in der Nähe des ehemaligen Klosters Klarenthal (im Wiesbadener Ortsbezirk Klarenthal) statt. Da sich im Herzogtum Nassau kein Scharfrichter befand, hatte man sich zunächst an den Scharfrichter Hoffmann in Frankfurt gewandt. Er hatte aber erklärt, „daß er in letzter Zeit in seinen Gliedern so schwach sei, daß er nicht wagen könnte, eine Exekution zu unternehmen". Man war dann an Rettig herangetreten, der nach einigem Zögern die Aufgabe übernahm, die sich als nicht einfach erwies. Er musste zweimal mit dem Schwert zuschlagen, um den Kopf des auf einem Richtstuhl sitzenden Delinquenten restlos vom Rumpf zu trennen. Er war aber zweifellos schon nach dem ersten Hieb tot. „Ich bin ein Mensch, ich kann fehlen", waren die „in sichtlicher Rührung" vom Rande des Schafotts herab gesprochenen Entschuldigungsworte des Scharfrichters.

Der Hingerichtete wurde auf dem alten Richtplatz zur Seite des Geisberges im Distrikt Königstuhl beerdigt. Den Hinrichtungsplatz von Reitz hatte man hierzu aus verschiedenen Gründen als nicht geeignet erachtet. Seine Exekution war die letzte öffentliche Hinrichtung in Nassau.[2]

Doppelhinrichtung, 1887

Im Wiesbadener Landgerichtsgefängnis, wo sie kurze Strafen wegen Bettelns abzusitzen hatten, heckten Anfang 1886 drei Sträflinge einen Plan aus, demzufolge sie nach ihrer Entlassung einen Diebstahl in Biebrich-Mosbach (1893 namentliche Zusammenlegung zu Biebrich) auszuführen gedachten. Ihr Opfer sollte der 64-jährige begüterte Landwirt und Rentner Christian Schneider sein, der kinderlos war und nach dem Tod seiner Frau den Hof alleine bewohnte. Bei den dreien handelte es sich um den

1856 geborenen Steinhauer Joseph Mallmann aus Oberhirzenach (Hirzenach) im früheren Kreis St. Goar, den drei Jahre jüngeren Tagelöhner Heinrich Andel aus Fehlheim (Bensheim) und den 1861 geborenen Nikolaus Zöller, ebenfalls aus Fehlheim. Andel hatte schon 1876 bei Schneider gearbeitet und kannte daher die Lokalitäten gut. Damals hatte er Schneider über 2.000 Mark gestohlen und war zu zwei Jahren und vier Monaten Gefängnis verurteilt worden. Ein Kollege von ihm, Franz Albrecht, der in einem Steinbruch bei Mainz-Kastel wohnte, stand im Verdacht, ihn zu der Tat angestiftet und einen Teil des gestohlenen Geldes erhalten zu haben. Die Beweise reichten aber nicht zu einer Verurteilung aus.

Nach ihrer vom 18. bis 22. Januar 1886 erfolgten Entlassung trafen sich die drei Komplizen verabredungsgemäß in einer Herberge in Mainz. Am Sonntag, dem 24. Januar, begaben sie sich nach Kastel zu Albrecht, bei dem sich Andel ein Messer besorgte. Dann ging es weiter nach Mosbach, wo Andel nachmittags den anderen die Örtlichkeiten zeigte. Der Hof ihres Opfers lag direkt an der von Biebrich nach Wiesbaden führenden Straße in der Nähe des Schlossparks. Wenn sich Schneider wehren würde, so waren sich alle einig, würde er „kalt gemacht". Nach dem Besuch einer Wirtschaft auf der Amöneburg, wo auch Albrecht zugegen war, verschafften sich die drei abends durch den Schlosspark Zugang zum Hof des Rentners. Dieser hatte die Gewohnheit, nachts nur das Hoftor zu verschließen, während die Tür zum Wohnhaus offen blieb.

Da es um diese Zeit noch zu lebhaft auf der Straße war, legten sie sich in einer Scheune zum Schlafen nieder. Später, es war bereits nach Mitternacht, begaben sie sich ins Wohnhaus, Andel voran. Durch das Wohnzimmer ging er sofort in das Schlafzimmer des Rentners und wollte erkannt haben, dass dieser sich bewegte und unter der Bettdecke zu verstecken suchte. Andel trat an das Bett heran und als der 64-Jährige sich nun aufrichtete und zur Wehr setzte, kam es zu einem Kampf, bei dem Andel das aus der Wohnung Albrechts mitgebrachte Messer auf die Erde fiel, das am nächsten Morgen unter dem Bett gefunden wurde. Andel fasste Schneider mit der linken Hand am Hals, während er ihm mit der anderen Hand den Mund zuhielt. Er forderte Zöller auf, mit dessen Messer herbeizukommen, doch dieser rief aus dem Wohnzimmer, Mallmann habe das Messer. Dieser eilte nun herbei, kniete auf Schneiders Bett nieder und versetzte ihm mehrere Messerstiche in den Kopf, bis man sich einig war, „Schneider werde wohl jetzt hinüber sein".

Nun begaben sich alle drei ins Wohnzimmer, um nach Geld zu suchen, konnten aber nichts finden. Eine dabei in Schieflage gekommene Standuhr blieb stehen und zeigte zwei Uhr und fünf Minuten an. Einige entwendete Kleidungsstücke wurden teilweise sofort angezogen. Außerdem fielen den Eindringlingen ein Revolver, eine goldene Uhr mit Kette, ein Rasiermesser und einige Nahrungsmittel in die Hände. Sie flohen schließlich auf demselben Weg, auf dem sie gekommen waren, und begaben sich in Albrechts Wohnung, wo die gestohlenen Gegenstände besichtigt wurden. Auf dem Weg nach Mainz warf Zöller sein Messer, das er von Mallmann zurückerhalten hatte, in den Rhein, weil es mit Blut befleckt war. Ein Teil der gestohlenen Sachen wurde in Mainz, Rüsselsheim, Königstädten und Pfungstadt veräußert.

Noch am Abend des 25. Januar nahm Polizeikommissar Old aus Kastel eine Hausdurchsuchung bei dem in Verdacht geratenen Albrecht vor, die von „dem günstigsten Erfolge" gekrönt war, denn man fand Kleidungsstücke, die eindeutig von Schneider stammten. Durch die weiteren Ermittlungen kam man den drei Haupttätern schnell auf die Spur, sodass Mallmann und Zöller am 26. Januar in Darmstadt und Andel zwei Tage später in Fehlheim verhaftet werden konnten. Sie gaben den Überfall auf den getöteten Schneider zu.

Wegen Mordes und Raubes wurden Andel und Mallmann nach zweitägiger Verhandlung am 3. Juli 1886 vom Wiesbadener Schwurgerichtshof zum Tode verurteilt. Zöller erhielt wegen

Das von Krautz benutzte Richtbeil. Auf der Schneide ist zu lesen, dass es von dem Zeugmacher J. Großmann aus Berlin hergestellt wurde.

Raubes eine lebenslängliche und Albrecht wegen Begünstigung eine zehnjährige Zuchthausstrafe.[3] Aufgrund verübter Selbstmordversuche wurden Mallmann im Gefängnis Zwangsjacken angelegt, die jedoch nicht seinen gewaltigen körperlichen Kräften standhalten konnten. Erst eine eiserne Zwangsjacke, verbunden mit einer Fesselung seiner Hände auf dem Rücken, tat ihren Dienst. Am Morgen des 4. Januar 1887 wurde zuerst Mallmann, dann – nach Reinigung der Richtstätte – sein Komplize Andel von Scharfrichter Krautz auf dem Hof des Wiesbadener Gefängnisses mit dem Beil enthauptet.[4]

Eschwege

Wilhelm Bütemeister aus Schwebda, 1852

Am Nachmittag des 2. Oktober 1851 gegen 17 Uhr besuchte der noch nicht vier Jahre alte Friedrich Wilhelm Müller, ein unehelicher Sohn von Christine Müller aus Schwebda, seine Großeltern und teilte ihnen mit, dass ihm von seinem Vater Wilhelm Bütemeister in dessen Wohnung etwas zu essen gegeben worden sei. Er erzählte dies mit Freude, da ihm der Vater normalerweise nicht viel Aufmerksamkeit schenkte. Auf die Nachfrage, ob es Kuchen oder Zucker gewesen sei, antwortete er, dass es etwas „aus einem Papierchen" gewesen sei, „es schmeckte süß." Nach wenigen Minuten klagte er über starkes Unwohlsein. Die Großeltern wurden misstrauisch, da sie von ihrer Tochter wussten, dass Bütemeister in der Vergangenheit offensichtlich schon einmal den Versuch unternommen hatte, den Jungen zu vergiften. Großvater Müller gab dem Kind etwas Milch zu trinken, weil er einmal gehört hatte, „daß Milch gut gegen Gift sei". In diesem Fall aber kam jede Hilfe zu spät. Der über heftige Schmerzen klagende Junge erbrach sich mehrfach, wurde bleich, atmete nur noch schwer und starb schließlich nach etwa zwei Stunden. Bei der Familie Müller wurde offenkundig der Verdacht, dass hier ein Verbrechen vorliegen musste, zur Gewissheit. Der Großvater rief der Menge, die sich schnell vor seinem Haus versammelt hatte, zu: „Wißt ihr denn, Leute, was dem Jungen gefehlt hat? Sein eigener Vater hat ihn vergiftet."[1]

Noch am selben Abend meldete der Bürgermeister von Schwebda diesen Vorfall dem Justizamt II in Eschwege. Bevor der zuständige Untersuchungsrichter sowie der Amtsphysikus und der Amtswundarzt am folgenden Tag in Schwebda eintrafen, wurde ein Gendarm dorthin entsandt, der den verdächtigten Bütemeister ins Haus des Bürgermeisters brachte und ihn dort bis zum Eintreffen der Gerichtskommission unter Bewachung nahm, um eine Flucht zu verhindern. Auffallend war, dass Bütemeister nicht nach dem Grund für seine Festnahme fragte. Die Obduktion des verstorbenen Jungen am 4. Oktober ergab, dass er durch eine Arsenikvergiftung ums Leben gekommen war. Als nun bei einer Durchsuchung der Wohnung Bütemeisters eine kleine Papiertüte mit Arsenik gefunden wurde, das große Übereinstimmungen mit dem in der Leiche gefundenen Arsenik aufwies, schien die Beweislage eindeutig zu sein. Doch der Beschuldigte, seines Amtes Oberverwalter eines Gutes in Schwebda, beteuerte nachdrücklich seine Unschuld.

Der 1804 auf einem Gut in Hannover geborene Bütemeister hatte 1836 seine Stelle in Schwebda angetreten, wohin ihm 1844 seine Frau und ihr gemeinsames Kind folgten. Sowohl bei seinem Dienstherrn als auch bei seinen Untergebenen und den Mitverwaltern erfreute er sich eines guten Rufes. Seine äußere Erscheinung schien diese Meinung zu bestätigen. Er war von sehr großer, starker Statur und zeigte eine „stattliche Haltung des Körpers; sein Gang war fest und sicher; in den regelmäßigen Gesichtszügen lag ebenso viel Ruhe und Ernst als Entschlossenheit; er sprach wenig, aber meist sehr treffend."

Weniger bekannt waren seine Seitensprünge, besonders mit Dienstmädchen. 1846 knüpfte er eine Liebesbeziehung mit der damals 19-jährigen Schnitterin Christine Müller an, die am 27. Dezember 1847 Wilhelm zur Welt brachte. Zwar unterstützte er Christine und ihre Angehörigen finanziell, doch seine Beziehung zu ihr und seine Vaterschaft versuchte er zu verbergen. Sogar seine Frau wusste offensichtlich nichts davon. Bütemeister bestritt, dass ihm der kleine Wilhelm auf der Straße manchmal „Papa!" hinterhergerufen habe. Christine Müller gab in der Voruntersuchung an, von Bütemeister bedrängt und durch ein Eheversprechen verführt worden zu sein. Schon acht Wochen nach der Geburt Wilhelms habe er diesen durch Gift zu töten versucht, was ihm beinahe gelungen sei. Sie bekundete außerdem, dass Bütemeister sie später wiederholt aufgefordert habe, das Kind beiseitezuschaffen.

Wilhelm befand sich an seinem Todestag zur fraglichen Zeit, zwischen 16 und 17 Uhr, als ihm das Gift verabreicht worden sein musste, nachweislich auf dem sogenannten alten Schlosshof, der an dem durch Schwebda führenden breiten Dorfweg lag. Zwei Knechte hatten ihn dorthin geschickt, um beim „dicken Wilhelm", dem Schnapsbrenner Döring, eine leere Flasche abzugeben. Auf dem Schlosshof befanden sich außer der Brennerei auch einige Stallungen und ein zweistöckiges Gebäude, in dem Bütemeister wohnte. Dieser versuchte nun mit allen Mitteln nachzuweisen, dass er zu jener Zeit nicht dort anwesend gewesen sei. Doch je weniger ihm dies gelang, desto mehr verstärkten sich die Verdachtsgründe gegen ihn.

Nachdem auch sein Bestreben gescheitert war, das Verbrechen einem unbekannten Dritten zur Last zu legen, riet ihm der Untersuchungsrichter Ende Januar 1852 dringend, ein Geständnis abzulegen. Am nächsten Morgen beging Bütemeister einen Selbstmordversuch. Er überwältigte den Wärter des Eschweger Amtsgefängnisses, der ihm das Frühstück bringen wollte, und eilte dann durch das unmittelbar neben dem Gefängnis befindliche Stadttor ins Freie, um sich in der einige Hundert Schritte entfernten Werra zu ertränken. Im letzten Moment aber schreckte er zurück und ließ sich widerstandslos ins Gefängnis zurückführen. Dem Untersuchungsrichter erklärte er, „daß er aus Furcht, vor dem Schwurgericht unschuldig verurtheilt zu werden, seinem Leben ein Ende habe machen wollen".

Nach Abschluss der Voruntersuchung beschloss der Anklagesenat des Obergerichtes in Kassel die Anklage gegen Bütemeister wegen versuchten und vollendeten Giftmordes und verwies die Sache vor das Schwurgericht Eschwege. Am Ende der mehrtägigen Verhandlung, die dort am 19. Juli 1852 unter einem außerordentlichen Zudrang des Publikums begann, wurde Bütemeister, der sich bezüglich der ihn belastenden Momente häufig auf ein „schwaches Gedächtnis" berief, im Sinne der Anklage für schuldig befunden und am 24. Juli zum Tod verurteilt.

Einige Tage später ließ Bütemeister dem Schwurgerichtspräsidenten melden, er habe ihm Verschiedenes zu sagen. Als Letzterer ihn daraufhin im Gefängnis besuchte und erfuhr, dass der Verurteilte ein Gnadengesuch einzureichen gedachte, machte er ihn darauf aufmerksam, dass er ohne ehrliche Reuebekundungen und ein offenes Geständnis keine landesherrliche Vergebung erwarten könne. Nach langem Ringen räumte Bütemeister schließlich die Tat ein. Er gab an, die Müller'sche Familie habe nach der Geburt Wilhelms große Anforderungen an ihn gestellt und ihm gedroht, seine Frau über seine uneheliche Vaterschaft in Kenntnis zu setzen. Auch habe er sich der Achtung einer Anzahl angesehener Männer von höherem Stand erfreut und gefürchtet, diese einzubüßen, wenn alles bekannt würde. Da sein Gehalt nicht ausgereicht habe, um den Forderungen der Müllers gerecht werden zu können, sei er dazu übergegangen, die ihm anvertraute Wirtschaftskasse seines Dienstherrn zu manipulieren und ihm Feldfrüchte zu entwenden. Dies aber drohte aufzufliegen – sein Dienstherr hatte schon zwei anonyme Briefe erhalten, in denen er vor seinem Oberverwalter gewarnt wurde –, sodass er keinen anderen Ausweg mehr gesehen habe, als Wilhelm zu töten. Am Tag der Tat habe er diesen allein im Schlosshof gesehen, ihn zu sich in die Wohnung gerufen und ihm das Arsenik zu essen gegeben. Auch den Vergiftungsversuch nicht lange nach der Geburt Wilhelms gestand Bütemeister ein.

Dennoch zeigten sich die Richter wenig überzeugt. Sie schrieben in ihrer Stellungnahme zu dem von Bütemeister eingereichten Gnadengesuch an das Justizministerium, „daß schon die Scheußlichkeit des lange Zeit beschlossen gewesenen Verbrechens, sowie die Art der Ausführung eine Empfehlung an die landesherrliche Gnade nicht rechtfertige. Sie hätten aber überdies durch das

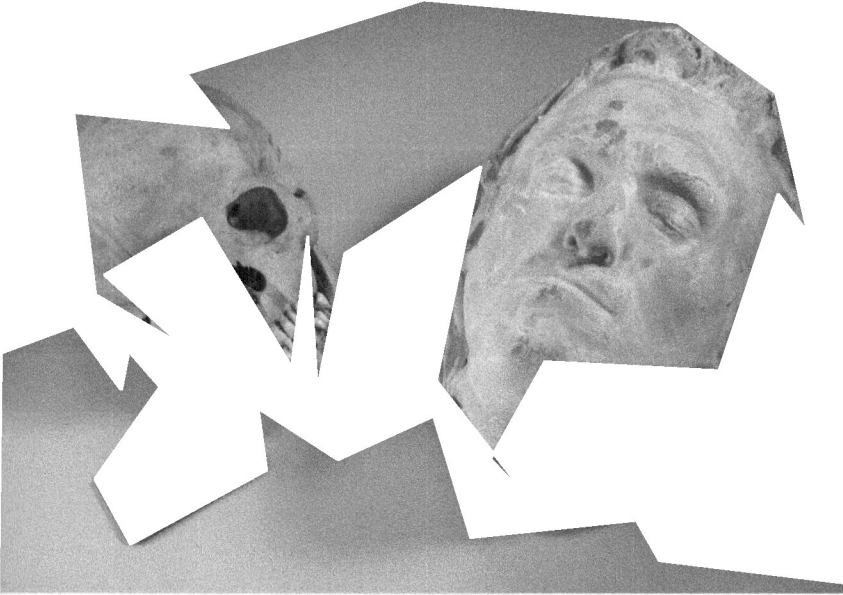

Schädel und Totenmaske des 1852 hingerichteten Wilhelm Bütemeister in der anatomischen Sammlung des Klinikums Marburg.

Verhalten Bütemeister's in der öffentlichen Verhandlung die volle Ueberzeugung gewonnen, daß er an Kaltblütigkeit, Verstocktheit und Gefühllosigkeit seines Gleichen suche. Er fühle keine Spur von Reue und all seine Exclamationen und Betheuerungen seien offenbar nichts als Berechnung."[2]

Am 19. Oktober 1852 wurde dem Verurteilten mitgeteilt, dass das Gnadengesuch abgelehnt worden war. Der Richter forderte ihn auf, sich auf den Tod vorzubereiten und ließ ihn in eine größere Zelle bringen, damit er mit seinem Seelsorger zusammenbleiben konnte. Selbstständig legte Bütemeister am Morgen des 22. Oktober das „Gewand des armen Sünders" an, ein bis auf die Erde reichendes weißes Hemd mit schwarzen Schleifen und eine weiße Mütze mit schwarzem Rand. Dem Hinrichtungszug zur Richtstätte ritten einige Gendarmen voran, dann folgte ein Wagen mit Gerichtspersonen. Der „arme Sünder" saß auf einem Erntewagen zwischen zwei Gendarmen, ihm gegenüber zwei Geistliche.

Auf dem Richtplatz, dem sogenannten Galgen, etwa dreiviertel Gehstunden von Eschwege entfernt, hatte sich eine unabsehbare Menschenmenge eingefunden – die „Kasseler Zeitung" schätzte sie auf annähernd 20.000 Zuschauer. Bütemeister stieg vom Wagen herab und ging ohne Hilfe die neun Stufen des Schafotts hinauf. Er kniete mit den beiden Geistlichen nieder, sprach ein kurzes Gebet und setzte sich dann auf den Richtstuhl. Als die Gehilfen des Scharfrichters ihm eine Binde um die Augen legten und ihn am Stuhl festschnallten, sagte er: „Nur schnell" und rief dann mehrmals „O Jesus, Jesus". In diesem Augenblick trennte ein Schwertstreich den Kopf vom Rumpf. Auf die umstehende Menge schien dies keinen besonderen Eindruck gemacht zu haben, „wie man aus den rohen Scherzen, die man hier und da hörte, schließen konnte". Auch Christine Müller wohnte der Hinrichtung bei.[3]

Vatermord „im Complote"

Der etwa 60 Jahre alte Landmann Kaspar Beck, genannt Eckenbeck, Eigentümer eines nicht unbedeutenden Ackergutes, befand sich am Nachmittag des 29. Mai 1849 (dritter Pfingsttag) auf dem Weg von seinem Heimatort Oetmannshausen, einem Ortsteil der Gemeinde Wehretal, ins benachbarte Dorf Hoheneiche, wo eine Tanzveranstaltung stattfand. Nach dem Besuch des Deiß'schen und Simon'schen Wirtshauses machte er sich gegen 22 Uhr „von genossenem Rum aufgeheitert oder berauscht" wieder auf den Heimweg. Am Nachmittag des folgenden Tages wurde seine fast nackte Leiche in einem in der Wehre versenkten, zugebundenen Sack dicht an den Grenzen der Gemarkungen von Hoheneiche und Bischhausen aufgefunden. Der Hals war durch eine Schlinge fest umschnürt.

Verschiedene Hinweise ließen darauf schließen, dass die offensichtlich von mehreren Personen begangene Tat nicht auf dem Heimweg Eckenbecks begangen wurde, sondern später in seiner Wohnung. Dort fand man Blutflecken und die Kleidung, die er in Hoheneiche getragen hatte. Unter Meidung des regen Fußgängerverkehrs, der wegen der Veranstaltung in jener mondhellen Nacht zwischen Oetmannshausen und Hoheneiche herrschte, war der Ermordete auf Nebenwegen zur Wehre transportiert und dort versenkt worden.

Zerrüttete Familienverhältnisse lenkten den Verdacht auf die beiden Söhne des Getöteten, Johannes und Ewald, die offenkundig sehr unter ihrem Vater zu leiden gehabt hatten. Er galt als herzloser und gewalttätiger Mann, der dem „Geschlechtsgenuß in ausschweifender Weise ergeben" war und seine 1847 verstorbene Frau tyrannisiert hatte. Seine Tochter Elisabeth starb 1848, nachdem eine gerichtliche Untersuchung wegen Ermordung ihres unehelichen Kindes gegen sie eingeleitet worden war. Die Ermittlungen bezüglich einer Mittäterschaft erstreckten sich auch auf ihren längere Zeit in Bischhausen inhaftierten Bruder Johannes, dem aber vom dortigen Justizamt nichts nachgewiesen werden konnte. Dennoch schien er nicht unschuldig gewesen zu sein. Auf die Aufforderung, ihr Gewissen durch ein Geständnis zu erleichtern, äußerte Elisabeth auf ihrem Sterbebett, „sie wolle lieber schweigen, denn wenn sie gestehe, koste es nicht allein ihr, sondern auch ihrem Bruder Johannes den Hals".[4]

Eckenbeck, ein trotz seines Alters noch kräftiger Mann, forderte von seinen Söhnen größten Gehorsam und schlug sie öfters. Am härtesten verfuhr er mit Johannes, von dem es in der Familie gerüchteweise hieß, dass er gar nicht sein leiblicher Sohn sei. Johannes führte seit dem Tod der Mutter ein unstetes Leben und trieb sich – von vereinzelten kurzen Aufenthalten im Hause seines Vaters abgesehen – ohne festen Wohnsitz und geregelte Arbeit bei

Freunden, Nachbarn oder Verwandten herum. Auch Ewald hatte aufgrund erlittener Misshandlungen seitens des Vaters das Haus verlassen. Die Abneigung der Brüder gegen ihren Vater steigerte sich noch, als es im Dorf hieß, derselbe wolle sein Gut verkaufen und das Geld durchbringen. Johannes und sein Bruder wollten den Verkauf unbedingt verhindern, sonst „müßten andere Mittel ergriffen werden".

Dass dies keine leeren Drohungen waren, geht aus der Aussage eines Handelsmannes hervor, dem Johannes kurz nach der Tat gesagt hatte: „Mein Alter ist caput; wir haben ihm im Hause die Kehle zugedrückt und ihn in einem Sack im Wasser liegen."[5] Einem Einwohner aus Bischhausen gegenüber eröffnete Johannes, an dem Mord sei außer seinem Bruder Ewald auch ein Nachbar des Getöteten beteiligt gewesen, der Schreiner Georg Schlarbaum. Bei diesem und einem weiteren Nachbarn, dem Tagelöhner Christoph Wetterau, wurden Sachen gefunden, die dem Ermordeten gehört hatten. Nach der Verhaftung der Brüder wurden sie in verschiedenen Amtsgefängnissen untergebracht, Johannes in Bischhausen, Ewald in Sontra. Letzterer erhängte sich Anfang Juli 1849 in seiner Zelle, nachdem er erfahren hatte, dass er von seinem Bruder schwer belastet worden war.

Auch vor dem Schwurgericht in Kassel versuchte Johannes, die Schuld auf Schlarbaum und seinen Bruder Ewald abzuwälzen. Die Verdachtsgründe gegen ihn verdichteten sich aber immer mehr, zumal er kein Alibi nachweisen konnte. Nach einer längeren Verhandlung wurde er am 6. November 1851 wegen „Vatermords im Complote" zur Todesstrafe durch das Schwert verurteilt. Auf Berufung des Verurteilten bestätigte das kurfürstliche Oberappellationsgericht dieses Urteil am 27. Mai 1852.

Nachdem auch ein Gnadengesuch an den Landesherrn abgewiesen worden und Scharfrichter Schwarz bereits in Eschwege angekommen war, legte der Verurteilte ein Geständnis ab. Demnach hatten er, sein Bruder Ewald und Schlarbaum in der Nacht vom 29. auf den 30. Mai 1849 den im Bett liegenden Vater gemeinsam umgebracht. Auch Wetterau soll beteiligt gewesen sein: „Johannes Beck insbesondere hat den Kaspar Beck während der Erdrosselung an den Geschlechtstheilen und Füßen gehalten, Christoph Wetterau aber bei dem Fortschaffen der Leiche Hülfe geleistet."[6]

Aufgrund der Enthüllungen des am Morgen des 5. August 1853 im Beisein einer großen Menschenmenge in Eschwege hingerichteten Johannes Beck mussten sich auch der 54-jährige Schlarbaum und der 47 Jahre alte Wetterau im November 1855 vor dem Schwurgericht verantworten. Wetterau wurde freigesprochen, Schlarbaum aber zum Tode verurteilt. Am Tag nach der Urteilsverkündung entzog er sich „dem Arme der weltlichen Gerechtigkeit durch Selbsterhängung".[7]

Marburg

Von April bis Ende Juni 1861 arbeitete die 1837 in Ockershausen (Marburg) geborene Dorothea Wiegand als Tagelöhnerin bei dem gleichaltrigen Ludwig Hilberg. Er hatte gerade seine Militärzeit hinter sich gebracht und war nun als Schuhmacher im elterlichen Haus in Ockershausen tätig, welches er und seine Mutter Katharine, geborene Hahn, allein bewohnten. Sein Vater war einige Jahre zuvor gestorben. Als die im Dorf „wenig geachtete und geistesbeschränkte" Tagelöhnerin, welche unter dem Spottnamen „das Hinkel" bekannt war, schwanger wurde, bezeichnete sie Hilberg als den Vater. Mit ihm war sie oft tagelang allein gewesen, während seine Mutter in Marburg arbeitete.

Der Schuhmacher gab zwar zu, intim mit seiner Angestellten verkehrt zu haben, wollte aber offiziell nichts mit ihr zu tun haben. Er hatte ein Bekanntwerden der Beziehung und eine Geltendmachung der Schwangerschaft umso mehr zu fürchten, als er sich zuvor mit Zustimmung seiner Mutter mit einer anderen Frau, Regine Dörr aus Bauerbach, verlobt hatte. Hilberg konnte also leicht den Unwillen seiner Mutter auf sich ziehen und damit eine von ihr beabsichtigte Übergabe des elterlichen Besitztums an ihn gefährden. Stellte er eine Zeit lang infrage, dass die Tagelöhnerin überhaupt schwanger sei, so musste er sich im August 1861 eines Besseren belehren lassen, als sie ihm eine ärztliche Bescheinigung ihrer Schwangerschaft vorlegte.

Am 12. September teilte ein Forstangestellter mit, dass er auf dem Dammelsberg bei Marburg den Leichnam einer Frau gefunden habe – es war die seit einigen Tagen vermisste Tagelöhnerin. Sie wies eine klaffende Schnittwunde am Hals auf und auch andere Verletzungen ließen darauf schließen, dass ein Kampf stattgefunden hatte. Am Morgen des 9. September hatte sie einer

Zeugin gesagt, sie wolle auf den Dammelsberg gehen, da „ihr Bursch" (Hilberg) sie dorthin bestellt habe und ihr etwas geben wolle.

Vor der Tat hatte Hilberg der Tagelöhnerin gedroht, „nicht zu sagen, daß sie von ihm schwanger sei, dann wolle er ihr ein Bett kaufen, spreche sie es aber, dann wolle er ihr den Hals abschneiden". Nach dem Mord wusste er schon frühzeitig von Details der Bluttat zu berichten, von denen man annehmen musste, dass nur der Täter sie kennen konnte. Für den Morgen des 9. September vermochte er kein hinreichendes Alibi nachzuweisen. Auch sein Versuch misslang, die Tat einem anderen zuzuschreiben. Nach seiner Verhaftung zeigte er im Gefängnis Anzeichen großer Gemütsschwankungen. Einem Mithäftling sagte er, „es sei immer, als ob ein Mensch bei ihm in der Zelle sei, er habe gar keine Ruhe vor dem Mädchen, dieses stehe immer vor ihm!"[1]

Der Fall wurde im September 1863 vor dem Schwurgericht in Marburg verhandelt und endete mit einem Freispruch, da die Geschworenen die Frage, ob Hilberg die an der Leiche vorgefundenen Verletzungen verursacht habe, mit sechs gegen sechs Stimmen verneint hatten. Als neue Verdachtsmomente auftauchten, bewirkte der Anklagesenat auf Antrag der Staatsbehörde eine Wiederaufnahme der Untersuchung. Hilberg wurde in Kassel verhaftet, als er Anstalten zu einer Auswanderung nach Amerika machte. In der zweiten Schwurgerichtsverhandlung in Marburg, die zwölf Verhandlungstage umfasste, blieb der Angeklagte beim Ableugnen der Tat. Bei der Erörterung der Beweisergebnisse durch den Staatsprokurator schien jedoch seine trotzige Haltung einzubrechen und die Hoffnung auf eine abermalige Freisprechung zu sinken. Am 27. Juni 1864 verurteilte ihn das Schwurgericht wegen Meuchelmordes zur Hinrichtung mit dem Schwert.

Der Marburger Pfarrer Kolbe besuchte ihn oft in seiner Zelle im Marburger Hexenturm, um ihn zu einem Geständnis zu bringen, was schließlich auch gelang. Mitte Juli 1864 ließ sich Hilberg zum Verhör melden und wiederholte das Geständnis vor dem

Präsidenten des Kriminalsenats des Marburger Obergerichts. Er habe, so Hilberg, den Entschluss, die Tagelöhnerin zu töten, am Morgen des 9. September 1861 gefasst, da er aus ihren Äußerungen habe schließen müssen, dass sie seine Vaterschaft öffentlich bekannt machen würde. Er habe sich dann wenig später an einem verabredeten Ort außerhalb des Dorfes mit ihr getroffen und sei mit ihr auf den Dammelsberg gegangen, wo er die Tat begangen habe. Das Messer habe er am Tatort liegen lassen, um den Eindruck zu erwecken, die Frau habe sich selbst umgebracht.

Nachdem Gnadengesuche Hilbergs und seiner Mutter abschlägig beschieden worden waren und Kurfürst Friedrich Wilhelm das Todesurteil bestätigt hatte, fand die Hinrichtung am 14. Oktober 1864 statt. Bekleidet mit einem „Armesündergewand" wurde Hilberg am Morgen auf einem Leiterwagen vom Marburger Probsteigebäude zum Richtplatz, dem Rabenstein, gefahren. Mit ihm auf dem Wagen saßen Pfarrer Kolbe und ein weiterer Geistlicher. Hilberg vermied es, die am Wegesrand harrende und dem Zug folgende Menschenmenge anzusehen. Unterwegs waren die Glocke der evangelischen Pfarrkirche sowie „das Läuten des Armesünderglöckchens auf der Siechenkapelle" zu hören. An der Richtstätte angelangt, wo sich mehrere Tausend Zuschauer eingefunden hatten, öffnete das rings um den Rabenstein aufgestellte Militär mit etwa 200 Mann den Kreis und die Wagen fuhren hinein. Hilberg und die Geistlichen stiegen vom Wagen herab und schritten die Stufen des Schafotts hinauf. Pfarrer Kolbe wies Hilberg auf den gegenüberliegenden Dammelsberg hin und sagte: „Dorthin schau noch einmal, da ist der Ort, wo du das Blut vergossen, das um Rache geschrien und jetzt das Racheschwert über dein Haupt gebracht hat!"[2]

Nach einem Gebet Kolbes legte Hilberg ein Sünden- und Glaubensbekenntnis ab und empfing Absolution und Segen. Dann wurde er mit entblößtem Nacken und verbundenen Augen an den Richtstuhl gebunden, der an einem Pfahl befestigt war, während Pfarrer Kolbe mit Scharfrichter Schwarz den Augenblick des Todesstreichs absprach. Schwarz warf nun den Mantel ab und entblößte das Schwert. Die Hinrichtung wurde während eines Vaterunsers vollzogen, wie Kolbe schrieb: „Als ich die dritte Bitte: ‚Dein Wille geschehe' aussprach, erfolgte der Todesstreich, und durch einen großen Theil des zuschauenden Volkes ging ein Beben hin, das sich in einem fast allgemeinen ‚Ach' äußerte, so wie der Knecht des Scharfrichters das blutende Haupt in die Höhe hielt. Noch hatte ich das Gebet nicht vollendet und Hilbergs Kopf lag vor meinen Füßen."[3]

Die Hinrichtung Hilbergs war die vorletzte öffentliche Exekution in Deutschland, kurz vor der Hinrichtung von Marie Rosine Strauß am 21. Oktober 1864 in Greiz im Südosten Thüringens.[4]

Neuwied

Ein ähnlicher Fall wurde verhandelt, als am 22. Februar 1899 der Bergmann Peter Fritsch aus Linkenbach in der früheren Bürgermeisterei Puderbach (heute Verbandsgemeinde Puderbach) vor das Neuwieder Schwurgericht trat. Er war beschuldigt, im Gemeindewald von Linkenbach im Distrikt „In den Rücken" einen Mord an Henriette Lehnert aus Gierend verübt zu haben.

Am Abend des 31. Oktober 1898, eines Montags, erhielt der Polizeidiener Rosenberg in Daufenbach eine Anzeige, dass Frau Lehnert vermisst würde. Abends zuvor hatte sie Gierend zu Fuß verlassen und war seitdem nicht mehr zurückgekehrt. Man machte sich auf die Suche und fand in dem erwähnten Waldgebiet ihre scheußlich zugerichtete Leiche. Durch eine Schnittwunde am Hals war der Kopf fast ganz vom Rumpf getrennt. Ferner wies die Verstorbene 13 Stichwunden, Blutunterlaufungen und Rippenbrüche auf. In der Schädeldecke steckte eine abgebrochene Messerspitze. Etwas entfernt befanden sich erhebliche Blutspuren, die darauf hindeuteten, dass dort die Tat geschehen und die Leiche dann in den Wald geschleift worden war. Ebenso fanden sich durchgebrochene Teile eines Knüppels, anscheinend eines Besenstiels. Auch daran fanden sich Blutspuren, er war also offensichtlich zur Ausführung der Tat benutzt worden.

Noch in der Nacht von Montag auf Dienstag wurde Fritsch „aus dem Bette heraus verhaftet" und ins Gefängnis nach Dierdorf gebracht. Er hatte mit der Verstorbenen seit vier Jahren ein Liebesverhältnis, aus dem ein Kind hervorgegangen war, zeigte aber nie ernsthafte Heiratsabsichten. Im Gegenteil schien er eine Abneigung gegen die Mutter seines Kindes empfunden zu haben. Einem Freund gegenüber äußerte er: „Ich heirathe die Lehnert nie nicht, ich habe keinen Spaß mehr an ihr, sie ist mir zu klein und nicht schön genug, sie hat so schlechte Füße." Im Sommer 1898 knüpfte er ein Verhältnis mit Albertine Herzog aus Linkenbach an, die später als Dienstmagd in Oberbieber arbeitete. Mit ihr tanzte er auf einem Sängerfest in Oberhonnefeld im August 1898 sehr lange, „während er die an demselben Tische sitzende Lehnert vernachlässigte und sie keines Blickes würdigte". Es kam sogar zu Heiratsplänen, die aber von Albertine Herzog zurückgenommen wurden, nachdem sie von Verwandten vor Fritsch gewarnt worden war.

Henriette Lehnert hoffte hingegen weiterhin auf eine Eheschließung mit ihm. Kurz vor ihrem Tod hatte sie einer Cousine mitgeteilt, sie habe am Sonntag, dem Tag der Tat, eine Verabredung mit ihm. Sie wolle um halb acht aus Gierend und er zur gleichen Zeit aus Linkenbach weggehen, um sich dann im Wald zu treffen. Auf die Frage, ob sie nach Linkenbach ziehe, wenn sie Fritsch heirate, antwortete sie: „Das ist noch nicht gesagt, aber mit der Heirath wird es nicht mehr lange dauern." Diese Mitteilungen an die Cousine lenkten sofort den Tatverdacht auf Fritsch. Später wurde seine Kleidung von Prof. Emil Ungar (1849–1934) aus Bonn chemisch untersucht, der Blutflecken daran feststellte.

Die Geschworenen bejahten die Schuldfrage, sodass der Angeklagte am zweiten Verhandlungstag, dem 23. Februar 1899, zum Tode verurteilt wurde.[1]

Kaiser Wilhelm II. bestätigte das Urteil am 11. Oktober 1899. Die Hinrichtung des 27-Jährigen nahm am Morgen des 28. Oktober 1899 Scharfrichter Wilhelm Reindel in Anwesenheit seines Vaters Friedrich auf dem Hof des Landgerichtsgefängnisses in Neuwied vor. Waren die Behörden auch auf eine Geheimhaltung der Hinrichtung bedacht, war die Kunde davon dennoch in weite Kreise durchgesickert. Eine große Menschenmenge bewegte sich in der Nähe des Landgerichts, dessen angrenzende Straßenteile für den Verkehr vollständig gesperrt waren.[2]

Da es nach 1815 keine Hinrichtung mehr in Neuwied gegeben hatte, stellte sich die Frage, auf welche Art sie vollzogen werden sollte. Der Oberstaatsanwalt verwies auf den Kabinettsbeschluss vom 19. Juni 1811, wonach die Hinrichtungen wegen der großen Unsicherheit nicht mehr durch das Schwert, sondern durch das Beil erfolgen sollten. Die Bestimmung vom 17. August 1818 besagte, dass die Guillotine im Bereich des Oberlandesgerichts Köln als Hinrichtungsinstrument beibehalten werden sollte, also mit Ausschluss des rechtsrheinischen Teiles des Regierungsbezirks Koblenz (Kreise Neuwied und Altenkirchen). Der Empfehlung des Oberstaatsanwaltes folgend, wurde die Enthauptung Fritschs mit dem Beil vollzogen. Als Zeugen dieses Aktes sollten nur Personen erlaubt sein, bei denen sicher sei, dass sie nicht vorhätten, „demnächst über die Hinrichtung Mittheilungen in die Presse gelangen zu lassen".[3]

Frankfurt

Am 1. Januar 1857 wurde in Frankfurt das hessische Strafrecht übernommen. Die erste Sitzungsperiode des neuen Frankfurter Assisenhofes begann am 29. Juni 1857 und dauerte zehn Tage. Oberstaatsanwalt Hecker war im Anschluss der Überzeugung, dass die Verhandlungen dazu beigetragen hätten, das neue Verfahren in Frankfurt populär zu machen, und dass längere Übung und Routine „unter den zahlreichen Advocaten Frankfurts vortreffliche Redner hervorbringen" würden. Die äußere Ausstattung des Gerichtssaales entsprach seiner Meinung nach „vollkommen der Würde der Verhandlungen. Die räumlichen Verhältnisse gehen fast über das praktische Bedürfniß hinaus, sind aber bei der akustisch vorteilhaften Construction nicht störend, und die Redenden sind bis zu dem äußersten Punkt im Auditorium leicht vernehmbar."[1]

Sieben Fälle kamen zur Verhandlung, von denen einer besonders hervorstach. Nach viertägiger Verhandlung wurde der Barbiergeselle Michael Keller aus Frankfurt am 4. Juli 1857 wegen Raubmordes zum Tode verurteilt, später aber zu lebenslänglicher Haft begnadigt. Er hatte am 10. Juli 1853 den 72-jährigen Schlossermeister Johannes Weigand in dessen Wohnung im Frankfurter Siebmachergässchen (heute Große Eschersheimer) bei einer Rasur durch Schnitte mit dem Rasiermesser ermordet und ausgeraubt. Während der vierjährigen Untersuchungshaft hatte er körperliche Züchtigungen, Hungerkost, Dunkelarrest und das Aushorchen durch einen Zellengenossen über sich ergehen lassen müssen. Die Untersuchung gegen ihn war nach dem alten Verfahren geführt worden. Man hatte sie in der Annahme, dass er lieber von dem in Frankfurt neu eingeführten Schwurgericht abgeurteilt werden würde, absichtlich in die Länge gezogen, um die Schuldfrage durch den Wahrspruch der Geschworenen entscheiden zu lassen.²

Gebrauch von Fingerabdrücken, 1904

Bis zur ersten Hinrichtung in Frankfurt dauerte es noch einige Jahre. Am Morgen des 16. Mai 1904 drängte sich vor dem Frankfurter Gerichtsgebäude eine erhebliche Menschenmenge.

Die anstehende Verhandlung fand im geräumigsten Saal des Justizpalais statt, doch auch dieser erwies sich als zu beengt, sodass der größte Teil der Neugierigen unverrichteter Dinge wieder abziehen musste. Die Einlasskarten für die dreitägige Verhandlung wurden mit wenigen Ausnahmen lediglich für einen Tag ausgegeben. Selbst für die Presse war nur wenig Platz vorhanden. Zum Schwurgerichtssaal gelangte man nach Passieren einer dreifachen Kette von Schutzleuten. Der Zuschauerraum war bis auf den letzten Platz ausgenutzt und sehr zahlreich mit gut gekleideten Damen besetzt, die im Laufe des Prozesses ermahnt wurden, von ihren Operngläsern keinen Gebrauch mehr zu machen.

Das von 1884 bis 1889 aus rotem Sandstein errichtete Justizgebäude in der Heiligkreuzgasse.

Auf der Anklagebank saßen – von je zwei Kriminalschutzleuten flankiert – der vorbestrafte Bruno Groß, geschieden, Möbelträger, geboren im November 1876 in Werdau im sächsischen Kreis Zwickau, und der ebenfalls vorbestrafte Pferdeknecht Friedrich Stafforst, ledig, geboren im Juli 1879 in Goslar in Niedersachsen. Der Vorsitzende des Gerichtshofes, Landgerichtsdirektor Fleischmann, forderte in einer kurzen Ansprache die Geschworenen auf, sich nicht durch einige im Vorfeld erschienene Presseartikel beeinflussen zu lassen, in denen oft nicht objektiv berichtet worden und es zu einer Vorverurteilung der Angeklagten gekommen sei. Nach dem Aufruf von etwa 70 Zeugen und Sachverständigen wurden alle wieder entlassen und 22 auf den Nachmittag bestellt. Den beiden Angeklagten legte man zur Last, am 26. Februar 1904 in Frankfurt den 53-jährigen Klavierhändler Hermann Lichtenstein in seinen Geschäftsräumen des Hauses Zeil 69 ermordet und beraubt zu haben. Seit nahezu zehn Jahren war in Frankfurt kein größeres Verbrechen mehr vorgekommen. Umso größer war das Entsetzen, „daß am hellen lichten Tage ein ehrsamer, friedliebender Bürger in martervoller Weise zu Tode gequält und beraubt worden war".[3]

Nach den Angaben Stafforsts hatte er Groß im Juni 1901 in Leipzig kennengelernt, wo dieser falsche Fünfmarkstücke hergestellt habe. Beim Ausgeben derselben wurde Stafforst verhaftet und wegen „Münzvergehens" zu einem Monat Gefängnis verurteilt. Groß habe er nicht als Täter angegeben, weil er sich vor ihm gefürchtet habe. Nach einem unsteten Wanderleben war er bis zum Herbst 1903 in Offenbach als Pferdewärter beschäftigt und kam am 20. Februar 1904 nach Frankfurt. Zwei Tage später, montags, traf er dort Groß, der sich erkundigte, wie er seine Haftstrafe überstanden habe. Bei einem gemeinsamen Spaziergang entwickelte Groß einen Plan zur Tötung und Beraubung Lichtensteins, „der 20–30.000 Mk. stets in der Tasche trage und 70–80.000 Mark im Geldschrank habe". Groß kannte die Verhältnisse von Lichtenstein gut, da er einige Zeit in der benachbarten

Die Hauptwache um 1903 mit Blick auf die Zeil. Hinter dem Kirchturm befand sich die Klavierhandlung Lichtenstein.

Möbelfabrik Schrimpf gearbeitet hatte, die oft für den Klavierhändler tätig gewesen war.

Bei einem Treffen am nächsten Morgen hatte Groß zwei Revolver bei sich, von denen er den kleineren an seinen Komplizen abgab. Der Plan war, dass Stafforst dem Klavierhändler Schnupftabak ins Gesicht werfen und Groß dann auf ihn schießen sollte. Als es Mittag geworden war, die Zeit, in der Lichtenstein in seinem Geschäft allein zu sein pflegte, begaben sich beide dorthin.

Der dem Klavierhändler bekannte Groß stellte Stafforst als Wirt aus Offenbach vor, der ein Klavier kaufen wolle. Alle drei gingen nun durch einen langen Gang in das rückwärts gelegene Lager. Groß gab seinem Komplizen ein Zeichen, doch dieser schien es sich anders überlegt zu haben, sodass der Plan nicht zur Ausführung kam. Stafforst gab zu Bedenken, dass ein

Schuss zu laut sei, was Groß mit dem Hinweis auf die massive Bauweise des Hauses zu zerstreuen suchte. Auch an den beiden folgenden Tagen behielt Stafforst seine zögerliche Haltung bei. Aus Furcht vor Groß ging er auf dessen Geheiß zwar jedes Mal wieder die Treppe zum Lichtenstein'schen Geschäft hinauf, kehrte aber wieder um, da, wie er Groß sagte, Leute im Kontor gewesen seien.

Am Freitag, dem 26. Februar, hatte Groß einen neuen Plan gefasst. Danach sollte Lichtenstein mit einem Gewichtstein niedergeschlagen und nötigenfalls mit einem Strick erdrosselt werden. In der Fahrgasse im Seilergeschäft von Frau Fey kaufte Stafforst einen Strick, Groß im Eisenwarengeschäft Hartmann und Sohn in der Großen Sandgasse einen zweipfündigen Gewichtstein. Stafforst erhielt wieder den kleineren Revolver, den er die Tage zuvor jedes Mal hatte zurückgeben müssen. Mittags gegen 12.15 Uhr ging er allein in das Geschäft und begab sich mit Lichtenstein in das Klavierlager, während Groß ihnen heimlich folgte. Stafforst versetzte nun dem Klavierhändler mit dem Gewichtstein einen wuchtigen Schlag auf den Hinterkopf, wozu er von Groß durch Drohung des Erschießens genötigt worden sein wollte. Als sich der kräftige und groß gewachsene Lichtenstein zur Wehr setzte und seinen Angreifer zu überwältigen drohte, kam Groß hinzu und warf den Überfallenen zu Boden. Schon während dieser umfiel, entriss ihm Stafforst eine goldene Uhr mit Uhrkette. Dann eilte er in die vorderen Räume, um die Türen zu verschließen. Lichtenstein versuchte, um Hilfe zu rufen, doch Groß steckte ihm ein Taschentuch in den Mund und schnürte ihm mit dem Strick die Kehle zu. Er gab ihm dann, wie Stafforst weiter aussagte, durch weitere Schläge mit dem Gewichtstein „den Rest". Wenn sie überrascht worden wären, hätten sie sich verteidigen und mit dem letzten Schuss selbst töten wollen.

Im Arbeitszimmer öffnete Groß mit Lichtensteins Schlüsseln den Geldschrank, den nun beide gemeinsam durchsuchten.

Das Mordhaus wurde noch 1904 abgerissen.

Um 12.40 Uhr verließen sie das Geschäft durch einen hinteren Ausgang zur Pfandhausgasse. Auf dem nördlichen Friedhof wurde die Beute geteilt. Sie bestand aus 800 Mark, der goldenen Uhr mit Kette, zwei Medaillons und einem goldenen Bleistift. Die Barschaft des Überfallenen war also weitaus geringer als erhofft.[4]

Soweit die Vernehmung Stafforsts, die am ersten Verhandlungstag kurz nach 11 Uhr beendet war. Nun änderte sich das Bild. Während Stafforst gedrückt und zum Teil weinend ausgesagt hatte, zeigte sich Groß selbstbewusst und angriffslustig, wobei seine Aussagen allerdings des Öfteren im Widerspruch zu denen der Voruntersuchung standen. In einem kaum einzudämmenden Redeschwall versuchte er, seinen Mitangeklagten als alleinigen Anstifter und Täter darzustellen. Eine Beteiligung an den Gewalttätigkeiten an Lichtenstein stellte er entschieden in Abrede: „So wahr ich hier stehe, ich habe den Mann nicht angerührt!" Auf die Frage des Vorsitzenden, warum er den Mord denn nicht verhindert habe, antwortete er, er sei so erschrocken gewesen, dass er selbst nicht gewusst habe, was er machen sollte. Von dem Lichtenstein'schen Geld wollte er selbst nichts genommen, sondern von Stafforst in dem Geschäft einen Hundertmarkschein und auf dem Friedhof 300 Mark bekommen haben. Das Geld habe er noch am selben Abend „weggeschafft". Auf die Frage des Vorsitzenden, wie er es denn ausgegeben habe, antwortete Groß, er habe es in den Main geworfen, was zu Gelächter im Zuschauerraum führte. Der Vorsitzende hielt ihm vor, dass Blut an seiner Kleidung und Abdrücke seiner Hand am Hemd des Ermordeten nachgewiesen worden seien, doch Groß stritt dies ab und wusste für alles eine Ausrede.

Nach der Tat begab er sich zu seiner Braut Elise Koobs in die Hansteinstraße, bei der er seit einigen Tagen wohnte. Im November 1902 hatte er die Schneiderin kennengelernt und wenige Tage nach der Tat, am 1. März, sollte die Hochzeit stattfinden, für die er wahrscheinlich dringend Geld brauchte. Er hatte ihr vorgelogen, er sei Kaufmann und Vertreter seines Vaters, der ein Klaviergeschäft betreibe. Auch habe er von seinen Großeltern 10.000 Mark geerbt. Wenn sie nach seinen Geschäften fragte, wich er meist aus. Am Tag der Tat ging er gegen 9 Uhr weg und kam gegen 14 Uhr wieder zurück, ohne besonders aufgeregt zu wirken. Er reinigte sich und seine Kleidung und schüttete das Wasser selbst in den Abort. Auf seine Spur kam man durch Anton Schick, den einzigen Angestellten Lichtensteins. Von ihm hatte Schick erfahren, dass Groß am 23. Februar in Begleitung eines angeblichen Wirtes im Geschäft gewesen war. Nachdem ein Fahndungsfoto von ihm in der Presse erschienen war, stellte sich Groß auf dem Polizeipräsidium, stritt die Tat aber ab.

Die Flucht Stafforsts führte ihn über Griesheim und Höchst nach Köln, wo er in einer Woche unter falschem Namen etwa 100 Mark mit einer weiblichen Bekanntschaft ausgab. Obwohl die gestohlene Uhrkette in der Presse abgebildet war, trug er sie und die Uhr in Köln offen zur Schau. Da er in der Domstadt keine Arbeit fand, wandte er sich nach Hamburg. Dort wurde er Mitte März wegen einer ausstehenden Mietschuld durch Zufall auf der Straße festgenommen. Auf der Polizeiwache erkannte man ihn anhand eines Steckbriefes. Eine Beteiligung an dem Raubmord stellte er in Abrede und weigerte sich, seine Hamburger Adresse anzugeben. Aber die dortige Polizei hatte ein bewährtes Mittel, um derartige Probleme zu lösen, die sogenannten Erkennungstafeln. Diese wurden an zahlreichen Stellen aufgehängt mit einem Foto des Delinquenten und einer versprochenen Belohnung für denjenigen, „der den hier Abgebildeten richtig meldet." Ein früherer Bekannter, den Stafforst in Hamburg getroffen hatte, konnte dessen Adresse angeben. Nachdem einige Beutestücke aus dem Lichtenstein'schen Überfall in der Wohnung gefunden worden waren, legte Stafforst ein umfangreiches Geständnis ab.

Die Anhörung eines Sachverständigen, des 1861 geborenen Gerichtschemikers Dr. Georg Popp, machte deutlich, dass die Methoden der Gerichtsmedizin immer ausgefeilter wurden. Er wies auf einem Anzug von Groß nicht nur mit Fleckenwasser behandelte Blutflecken nach, die nur mittels eines Lichtfilters zu sehen waren, sondern arbeitete auch mit Fingerabdrücken. Beide Angeklagte hatten den Ausführungen Popps zufolge etwa gleich große Hände, aber sehr verschiedene Papillenzeichnungen an den Fingerspitzen. Auf dem Umlegekragen des Ermordeten fand sich eine blutige Fingerspur, die während der Tat entstanden sein musste, und dieser Abdruck stimmte mit der Fingerzeichnung des rechten Ringfingers von Groß überein. Auf einem der Papiere, die von den Tätern im Lichtenstein'schen Geschäft durchwühlt worden waren, konnte ein blutiger Abdruck vom linken Daumen Stafforsts nachgewiesen werden. An blutverschmierten Handtüchern, die zu Reinigungszwecken gedient hatten und am Tatort zurückgelassen worden waren, entdeckte man Handabdrücke der beiden Angeklagten sowie zwei Augenbrauenhaare und ein Kopfhaar von Groß. Hinter dem Richtertisch hingen große Lichtbilder

Porträts von Groß und Stafforst.

mit mikroskopischen Vergrößerungen, welche diese Ergebnisse verdeutlichten.

Am Abend des letzten Verhandlungstages (18. Mai) verkündete der Obmann der Geschworenen, der Kaufmann Theodor Karl Barthel, ihren Wahrspruch, wonach die Angeklagten mit mehr als sieben Stimmen des Raubmordes für schuldig befunden wurden. Dem Antrag des Staatsanwaltes entsprechend, verurteilte der Gerichtshof nach einer kurzen Beratung Groß und Stafforst zum Tode.[5]

Nachdem Kaiser Wilhelm II. am 31. Oktober 1904 eine Begnadigung abgelehnt hatte, fand die Doppelhinrichtung am 12. November 1904 im Beisein von etwa 50 Personen auf dem Hof des Gefängnisses in Preungesheim statt. Vor dem Gebäude hatte sich wegen des trüben und regnerischen Wetters nur wenig Publikum eingefunden. Etwa 20 Kriminalbeamte und Gendarmen versahen den Sicherheitsdienst, der sich hauptsächlich darauf beschränkte, Neugierige von einer Erkletterung der Gefängnismauern abzuhalten. Um 7.43 Uhr ertönte die Armesünderglocke. Als Erster wurde Stafforst aus der Zelle geführt und dem Ersten Staatsanwalt vorgestellt, der das Urteil verlas und sich dann mit folgenden Worten an Scharfrichter Engelhardt wandte: „Ich übergebe Ihnen hiermit den Delinquenten, walten Sie Ihres Amtes!"

Im selben Augenblick fassten zwei Gehilfen den Verurteilten, nahmen ihm den Rock ab, schlugen das Hemd zurück und zogen ihn auf die Richtbank. Ein dritter Gehilfe hielt den Kopf auf den Klotz, ehe der Scharfrichter sein Beil fasste und den Kopf vom Rumpf trennte. Das Haupt fiel in eine Kiste mit Sägemehl, der Körper wurde sofort in einen bereitstehenden Sarg gelegt. Nach der Reinigung der Richtstätte ertönte das Glöckchen um 7.47 Uhr zum zweiten Mal und in fünfeinhalb Minuten war die Hinrichtung der beiden Delinquenten vollzogen. Der Schlag, unter dem Stafforst sein Leben ließ, war so fest geführt, dass das Beil durch Hammerschläge aus dem Block gelöst werden musste. Ein Leichenwagen brachte die Särge zum Preungesheimer Friedhof, wo während der Hinrichtung zwei Gräber an der Friedhofsmauer gegraben worden waren.[6] Die letzte Hinrichtung in Frankfurt war am 7. Juni 1799 auf dem Roßmarkt an dem Häfnermeister Benkert vollzogen worden, der seine Frau ermordet hatte.[7]

„Maßlose Eitelkeit" eines Zeugfeldwebels

Der Zeugfeldwebel Ernst Müller, geboren im Januar 1882 in Jecha im Fürstentum Schwarzburg-Sondershausen, der am 21. August 1910 in Hanau seine Geliebte, die 21-jährige Verkäuferin Anna Iffland, erschossen hatte, wurde am 9. Dezember 1910 nach zweitägiger Verhandlung vom Kriegsgericht der 21. Division wegen Totschlags und Bedrohung zu 15 Jahren Zuchthaus und zur Entlassung aus dem Heer verurteilt. Das Eigentümliche an dem Fall war, dass Müller sich selbst schwer belastet hatte, indem er sowohl in der Voruntersuchung als auch in der Verhandlung wiederholt angab, die Tat vorsätzlich („mit Überzeugung") begangen zu haben, was eine Verurteilung zum Tode wegen Mordes nahelegte. Das Gericht führte das Geständnis Müllers aber auf seine „maßlose Eitelkeit" zurück und sah es durch die Beweisaufnahme als widerlegt an. Deshalb ging der Gerichtshof lediglich von Totschlag und der dafür höchst zulässigen Strafe von 15 Jahren Zuchthaus aus.

Einen Tag nach der Urteilsverkündung betonte Müller in einer Eingabe nochmals, dass er die Tat willentlich verübt habe: „Ich habe die Anna Iffland wohl sehr geliebt, aber auf meine egoistische Weise, d. h. mich durch sie. Ich habe nie die ernstliche Absicht gehabt, mich mit ihr zu verloben oder sie zu heiraten. Es war mir ein Bedürfnis, auch einmal eine reine Blume an mein Herz zu drücken. Da ich sie doch nicht vollständig besessen und sie jetzt in den Besitz eines anderen übergehen sah, mußte sie weg. Von einer Affekthandlung kann keine Rede sein. Die Tat entsprang meinem Innersten. Daher auch der Mangel an Reue. Es besteht für mich nicht der leiseste Zweifel, daß ich wußte, was ich tat. Ich sage dies nicht aus Rechthaberei, es ist meine feste psychologische und juristische Ueberzeugung."[8] Das Kriegsgericht stufte ihn keineswegs als „entschlossene Natur" ein, sondern als einen „Prahlhans, der Wahrheit und Dichtung durcheinander mische".[9]

Gegen das Urteil wurde vom Gerichtsherrn Berufung eingelegt, die darauf gründete, dass die Todesstrafe hätte verhängt werden müssen. Wieder war es Müller selbst, der seinen Fall erschwerte und durch eine Eingabe an das nächstinstanzliche Gericht eine Neuverhandlung anregte: „Ich bitte mir noch einmal Gelegenheit zu geben, meine Sache vorzutragen. Ich fühle mich durch das Urteil des Kriegsgerichts nicht befriedigt. Ich will nicht mit aller Gewalt zum Tode verurteilt werden. Wenn das Oberkriegsgericht wieder zu der Ueberzeugung kommen sollte, daß nur Totschlag vorliegt, soll es mit recht sein. Ich würde bei der ausgesprochenen Strafe niemals Ruhe finden können, weil ich dem Gericht doch noch manches Wichtige verschwiegen habe."[10]

Das als Berufungsinstanz zuständige Frankfurter Oberkriegsgericht des 18. Armeekorps begann am 30. März 1911 seine Verhandlung und gab Müller die Möglichkeit, diese neuen Angaben zu machen, doch er tat dies, wie die Presse schrieb, in „derselben breiten, selbstgefälligen und theatralischen Weise" wie im Dezember 1910 vor dem Kriegsgericht. Er sagte aus, sich am 15. August 1910 in Frankfurt eine Browning-Pistole mit zehn scharfen Patronen in der Absicht gekauft zu haben, seine Geliebte zu töten, wenn er sie nicht „wieder gewinnen könnte". Am 21. August, einem Sonntag, glaubte er Grund zur Eifersucht zu haben: „Da ging mir ein Triumphgefühl durch die Seele: Nun hast Du sie ja in der Hand. Jetzt ist sie verloren. Und dann bin ich auf dem Rad losgesaust. Im ersten Moment habe ich noch nichts Bestimmtes gedacht, ich wollte allein sein."[11]

Müller begab sich später nach Hause, zog bessere Kleidung an und trank Wein, um sich Mut zu machen. Er schilderte dann, wie er Anna Iffland auf der Straße traf, sein Rad neben ihr herschob und sie in ein Waldstück in der Nähe der Bruchköbeler Landstraße führte. Nach einer Auseinandersetzung zog er die vorher entsicherte Pistole hervor: „Dann kostete es mich noch eine Willensanstrengung und der Schuß war draußen. Unvergeßlich ist mir der Moment, wo sie fiel. Dann habe ich mich an den Kopf der Anna gestellt – sie lag auf der rechten Backe – und die übrigen fünf Schüsse auf sie abgegeben."[12] Nach der Tat habe er die Absicht gehabt, sich selbst zu erschießen, „aber der Gedanke an Gott und die ewige Seligkeit haben ihn abgehalten".[13]

Wie sich herausstellte, war Müller Vater von sechs außerehelichen Kindern. Da sie ihm nach eigenen Angaben vollkommen gleichgültig waren und er sich nicht um sie kümmerte, wurde er von einer der Frauen auf Zahlung von Erziehungsgeldern verklagt. Einer Geliebten, die ihm vorwarf, dass er auch mit anderen verkehre, antwortete er: „Ich muß alle zwei Tage ein Weib haben, sonst werde ich krank."[14]

Auch während seiner Beziehung mit Anna Iffland hatte er noch eine andere Geliebte, eine Frau aus Magdeburg, der er fünf Tage vor der Tat schrieb: „Ich gebe Dir mein Ehrenwort, in wenigen Wochen bin ich bei Dir. Hältst Du mich für einen Nichtswürdigen, daß Du mir nicht glaubst? Ich wollte Dich zu meinem Weibe machen, so wahr mein Gott lebt." Nachdem die Magdeburgerin in der Zeitung von seinem Verbrechen erfahren hatte, schickte sie ihm einen verzweifelten Brief, in dem es hieß: „O, warum mußte mich das Schicksal mit Dir zusammenführen! Fünf Jahre habe ich Dir geopfert und nicht Deinen Charakter erkannt. O Gott, war ich denn blind?" Noch bevor sie vor dem Oberkriegsgericht aussagen konnte, erlitt sie einen hysterischen Anfall und musste von Ärzten im Zeugenzimmer beruhigt werden. Als sie den Gerichtssaal betrat und den Angeklagten erblickte, streckte sie die Arme in die Luft, stieß neue markerschütternde Schreie aus und stürzte zu Boden, sodass sie aus dem Saal getragen werden musste.[15]

Ein Stabsarzt, der den Angeklagten mehrere Wochen lang auf der psychiatrischen Station in Mainz behandelt hatte, kam zu dem Schluss, dass Müller keine Anzeichen von körperlicher oder geistiger Erkrankung habe erkennen lassen, in sittlicher Beziehung aber „auf dem denkbar niedrigsten Standpunkt" stehe und ein „ungewöhnlich verlogener Mensch" sei. Seinen Geständnissen könne man keinen Glauben beimessen. Bei der Tat sei ein erheblicher Erregungszustand anzunehmen gewesen, der durch den Alkohol noch verstärkt worden sei – Müller hatte vorher zwei Flaschen Wein getrunken. Dem Arzt war zweifelhaft, ob man den „psychologischen Begriff der Ueberzeugung" auf die Tat anwenden konnte. Bestimmter wollte er sich nicht äußern, denn nach seiner Ansicht war und blieb Müller „ein Rätsel".[16]

Durch das am späten Nachmittag des 1. April 1911 verkündete Urteil des Oberkriegsgerichts wurde das kriegsgerichtliche Urteil

Das in den 1880er-Jahren fertiggestellte Strafgefängnis bei Preungesheim.

vom 9. Dezember 1910 aufgehoben und Müller wegen Mordes zum Tode verurteilt. Seine Hinrichtung mit dem Richtbeil nahm am Morgen des 17. August 1911 Scharfrichter Gröpler auf einem Hof des Preungesheimer Gefängnisses vor, der normalerweise den weiblichen Inhaftierten als „Spaziergangsort" diente. Der Sarg wurde neben den Gräbern von Groß und Stafforst vergraben.[17]

Raubmord für acht Mark, 1910

Am Morgen des 8. Dezember 1910 fanden Passanten auf dem Frankfurt-Griesheimer Exerzierplatz einen bewusstlosen Mann, der ausgeraubt worden war. Man brachte ihn ins Bockenheimer Krankenhaus, wo er noch am gleichen Vormittag starb, ohne das Bewusstsein wiedererlangt zu haben. Es war der 53 Jahre alte, in Frankfurt wohnende Vertreter Wilhelm Biener, der von einem Geschäftsgang nach Hause hatte zurückkehren wollen. Sein Kopf war durch einen stumpfen Gegenstand zertrümmert worden.

Längere Zeit blieben die Ermittlungen erfolglos, bis ein Arbeiter aus Würzburg die Polizei auf die richtige Spur brachte.

Er berichtete, am 6. Dezember 1910 in Würzburg den Tagelöhner Johann Pöllmann aus Hammergmünd in der Oberpfalz getroffen zu haben, der gerade eine Gefängnisstrafe wegen Diebstahls hinter sich hatte. Dieser habe ihm gesagt, arbeiten wolle er jetzt nicht mehr, sondern „er gehe aufs Ganze". Pöllmann sei dann nach Frankfurt gefahren, aber am 8. Dezember in Begleitung eines Berliners wieder nach Würzburg zurückgekommen und habe „allerlei verdächtige Reden geführt". Man suchte nun nach dem sechsmal vorbestraften Tagelöhner und ermittelte ihn am 22. Mai 1911 in Nürnberg bei einer wandernden Theatergruppe.

Beweisen konnte man dem nach Frankfurt überführten Pöllmann vorerst nicht viel. Er gab nur zu, in Frankfurt gewesen zu sein, um in Höchst nach Arbeit zu suchen. Dem Arbeiter aus Würzburg hatte er eine sogenannte Scheintodpistole (eine Art Gaspistole, die klein und zerlegbar war und zu Selbstverteidigungszwecken diente) gezeigt. Die Polizei fand heraus, dass am 7. Dezember 1910 eine solche Waffe bei einem Frankfurter Händler gekauft worden war, der Pöllmann aber nicht als Käufer identifizieren konnte. Nun forschte die Polizei nach dem Verbleib des Mannes, in dessen Begleitung Pöllmann nach Würzburg zurückgekehrt war. Er hatte ihn als den „Berliner Max" bezeichnet, und die Ermittlungen gingen dahin, dass dies der 19-jährige Stallknecht Max Löffler sein musste. Er wurde am 30. August 1911 in Berlin festgenommen und legte dem dorthin gereisten Frankfurter Kriminalkommissar v. Salomon ein umfassendes Geständnis ab. Als er in Frankfurt Pöllmann gegenübergestellt wurde, gab auch dieser sein Leugnen auf.

Nach seinen Angaben hatte er Löffler am 7. Dezember 1910 in Höchst kennengelernt, wo sie vergeblich Arbeit suchten. Während der gemeinsamen Rückfahrt nach Frankfurt entwickelte Pöllmann den Plan, jemanden auszurauben. Am Mainkai in Frankfurt schickte er Löffler in einen Waffenladen, um die erwähnte Scheintodpistole zu kaufen. Als ein Schuss damit, den Pöllmann auf Löffler abgab, wirkungslos blieb, gab er ihm nochmals Geld zum Kauf eines Hammers. Abends gingen beide auf der Mainzer Landstraße zur Stadt hinaus und legten sich im Griesheimer Wald auf die Lauer. Als gegen 20 Uhr der aus Höchst kommende Biener vorbeiging, schlug ihn Pöllmann mit dem Hammer von hinten nieder. Da der Überfallene, den sie auf den Exerzierplatz schleppten, noch Lebenszeichen von sich gab, versetzten ihm die beiden noch weitere Hammerschläge. Mit einer Beute von nur acht Mark fuhren sie per Nachtzug nach Würzburg. Später begab sich Pöllmann nach Bayern, während sich sein Komplize nordwärts wandte und schließlich in seiner Geburtsstadt Berlin unterkam.[18]

Das Frankfurter Schwurgericht verurteilte am 17. Oktober 1911 Pöllmann wegen Raubmordes zum Tode und Löffler, der zur Zeit der Tat erst 18 Jahre alt war, wegen Totschlags in Verbindung mit Raub zu 15 Jahren Zuchthaus. Die Revision Pöllmanns wurde Anfang Dezember 1911 vom Reichsgericht verworfen. Am 9. Februar 1912 teilte man ihm mit, dass Kaiser Wilhelm II. von seinem Begnadigungsrecht keinen Gebrauch gemacht hatte. Pöllmann legte daraufhin ein Geständnis ab, er habe „mit vollster Ueberlegung die Tötung von Biener geplant und ausgeführt; er habe zuerst auf einen besser gekleideten Mann gewartet, als sich keiner zeigte, habe Biener daran glauben müssen".[19]

Die Hinrichtung des 24-Jährigen mit dem Richtbeil fand am Morgen des 10. Februar 1912 an gewohnter Stelle in Preungesheim statt und wurde wieder durch Scharfrichter Gröpler vorgenommen. Die Leiche des Hingerichteten wurde in die Anatomie nach Marburg gebracht.[20]

Ein Weltmeister im Säbelfechten als Giftmörder

In einem spektakulären Giftmordprozess vor dem Frankfurter Schwurgericht, der am 12. Januar 1914 begann und mehrere Tage dauerte, wurden dem Angeklagten Karl Hopf aus Frankfurt gleich mehrere Giftmorde und Giftmordversuche zur Last gelegt. Zeitweise war die Öffentlichkeit ausgeschlossen, wenn es um besonders delikate Dinge ging. Der am 26. März 1863 in Frankfurt geborene Hopf besuchte die Musterschule, war aber kein guter Schüler und kam schließlich in ein Privatinstitut. 1884 diente er im Traditions-Infanterie-Regiment 81 in Frankfurt und lernte im väterlichen Geschäft den Beruf des Drogisten. Als solcher arbeitete er von etwa 1886 bis 1888 in London und danach in Casablanca. Dort machte er Erfahrungen mit Arsen als Arzneimittel und beim Präparieren von ausgestopften Vögeln. Wegen einer Malariaerkrankung kehrte er 1891 nach Frankfurt zurück, und nach seiner Heilung wandte er sich nach Brüssel und wieder nach London. In England und Marokko ließ er sich im Florett- und Säbelfechten ausbilden und war darin so erfolgreich, dass er 1891 in London den Weltmeistertitel im Säbelfechten erringen konnte.

Drei Jahre später ließ er sich in Wörsdorf bei Idstein nieder und gründete ein Futtermittelgeschäft. Da es nicht viel einbrachte und Hopf sich in der dortigen Gegend auch nur geringer Beliebtheit erfreute, gab er 1898 den Futtermittelhandel auf und siedelte nach Niederhöchstadt (heute Stadtteil von Eschborn) über. Dort rief er eine Hundezuchtanstalt ins Leben, die sich in Züchterkreisen eines guten Rufes erfreute. So wurde ein von ihm gezüchteter Bernhardiner auf einer Ausstellung zu einem Preis von 10.000 Mark angeboten. Nebenbei befasste er sich mit Tierheilkunde, trieb bakteriologische und chemische Studien, handelte mit Heilmitteln gegen Hundeseuche und verfasste ein Buch mit dem Titel „Der St. Bernhardshund".

Sein Anwesen in der Katharinenstraße in Niederhöchstadt verkaufte er 1908 und zog nach Frankfurt, wo er in der Bülowstraße eine Fechtschule gründete und sich auf das Varieté verlegte. Als „bester Degenkünstler der Welt" trat er unter dem Künstlernamen „Athos" (einer der drei Musketiere) und „Captain Charles Vernon" auch im berühmten Frankfurter Schumann-Theater am Hauptbahnhof auf, „wobei der muskulös gebaute Mann, dessen

Hopf als "Athos" in Aktion.

Brust mit verschiedenen Medaillen geschmückt war, auf das Publikum eine große Anziehungskraft ausübte". Dabei zeigte er sich gerne in Kapitänsuniform. Mit einem Säbelhieb zerteilte er einen Apfel, der auf der Kehle einer Mitarbeiterin lag, die nach hinten gelehnt auf einem Stuhl saß.[21]

Ein solcher Mann sollte ein mehrfacher Giftmörder sein, fragten sich viele Frankfurter. Und doch stand es außer Zweifel, dass es in den Jahren 1895 bis 1912/13 eine Reihe mysteriöser Sterbefälle und erheblicher Erkrankungen in seinem familiären Umfeld gegeben hatte, wofür er mitunter fragwürdige Erklärungen anführte. Nach seiner Verhaftung waren bei einer Durchsuchung seiner Wohnung in der Bülowstraße 13 (heute Heidelberger Straße) durch den Gerichtschemiker Dr. Sieber und Kriminalinspektor v. Salomon neben ganz harmlosen Hausmitteln auch sehr gefährliche Substanzen gefunden worden, darunter Arsen

(Fowlersche Lösung), Morphium, Strychnin, Zyankali, Kokain, Opiumtinktur, Quecksilberpräparate, Scopolamin und Fingerhutgift (Digitalis). Mehrere unsauber angefertigte und in Papier eingewickelte Bakterienpräparate waren nur mit den Anfangsbuchstaben gekennzeichnet, beispielsweise „C. as." (Cholera asiatica) oder „T." (Typhus). Im Souterrain stieß man auf in Watte verpackte Röhrchen mit Bakterienkulturen. Alle diese Substanzen wollte sich Hopf zur Herstellung von Medizin für seine Hunde, zu Färbeversuchen oder aus „rein wissenschaftlichem Interesse" besorgt haben. Aus einer Reihe von Büchern über Toxikologie und Bakteriologie hatte er offensichtlich seine Kenntnisse geschöpft. Von einem Laboratorium, mit dem er seine Bestellungen begründet hatte, war nichts zu sehen, seine Briefbögen trugen aber die Aufschrift „Pharmakologisch-bakteriologisches Institut Karl Hopf".[22]

Bei der Durchsuchung kamen noch andere Dinge zutage, welche auf seine geheimen Leidenschaften schließen ließen. Außer einer ganzen Bibliothek masochistischer und sadistischer Bücher wurden zahlreiche Fotografien entdeckt, auf denen er mit verschiedenen Frauen in meist masochistischen Situationen abgebildet war. Hopf gab das auch zu und wollte „diesen Verkehr in England kennen gelernt und bis in die letzte Zeit hinein betrieben haben. In seiner Wohnung fand sich auch ein ganzes Arsenal von zweckdienlichen Instrumenten, wie Ruten, Peitschen, Bretter zum Schlagen usw."[23]

Der Gerichtsvorsitzende des Schwurgerichts, Landgerichtsdirektor Dr. Heldmann, ging auf den ersten Todesfall vom 19. April 1895 ein, als der Vater des Angeklagten starb. Im Zusammenhang mit der Gründung des Futtermittelgeschäftes im Jahr zuvor hatte Hopf bei ihm Schulden in Höhe von 14.000 Mark gemacht. Dass 1913 in den Resten der Leiche des Verstorbenen Arsen nachgewiesen worden war, erklärte der Angeklagte vor Gericht dadurch, dass sein Vater viel Offenbacher Wasser getrunken habe, „und das enthält Arsen." Dieses Argument wurde von dem

Gerichtschemiker Dr. Popp entkräftet, weil das aufgefundene Gift mengenmäßig nicht von dem Wasser herrühren konnte. Popp, der mit Dr. Sieber die chemische Analyse geleitet hatte, wies darauf hin, dass man sich bei der Untersuchung der Leichen nicht mit dem bloßen Nachweis von Arsen begnügt, sondern auch die genauen Mengen des vorhandenen Arsens festgestellt habe.

In Wörsdorf hatte Hopf ein Verhältnis mit seiner damaligen Haushälterin Elise Richter, aus dem am 16. April 1895 ein Kind, Karl Wilhelm Richter, hervorging. Die Mutter erwartete, dass Hopf sie heiraten würde, aber er machte Ausflüchte. Karl, der im Haushalt seines Vaters blieb und von Anfang an kränklich war, starb am 1. April 1896 unter Krankheitserscheinungen, die auf eine Vergiftung hinwiesen. Hier führte Hopf das Vorhandensein von Arsenik in der Leiche darauf zurück, dass er dem Kind nach seinem Tod Arsen eingespritzt habe, um den Verwesungsprozess aufzuhalten. Die Mutter hatte er aufgefordert, das Kind abzutreiben oder ihm „etwas Schädliches in die Milch zu geben".

Am 31. Juli 1899 heiratete er in Niederhöchstadt seine zehn Jahre jüngere Frau Josepha (geborene Henel), eine Frankfurter Kaufmannstochter. Trotz seiner finanziellen Misere schloss Hopf am 23. September 1902 für sich und seine Ehefrau eine Lebensversicherung über 20.000 Mark ab. Sie belastete ihn mit einer jährlichen Prämie von etwa 780 Mark. Er hatte es sehr eilig mit dem Abschluss, wie seine Korrespondenz mit der Versicherungsgesellschaft zeigte. Während Frau Hopf bis dahin kerngesund war, erkrankte sie plötzlich am 7. Oktober 1902, also nur zwei Wochen nach Abschluss der Versicherung. Sie hatte Durchfall, Erbrechen – bis zu 80 Mal am Tag – und hohes Fieber. Der behandelnde Arzt kam nicht auf den Gedanken einer Vergiftung, da er dies Hopf keinesfalls zutraute. Im Gegenteil, sein Vertrauen in ihn ging so weit, dass er ihn die verordneten Arzneien selbst bereiten ließ. „Unter der heuchlerischen Maske des besorgten, liebenden Ehegatten"[24] kümmerte sich Hopf um die Kranke und ließ sie kaum aus den Augen. Wie wiederholt beobachtet wurde, verschlechterte sich ihr Zustand, sobald sie von ihm zubereitete Speisen zu sich genommen hatte.

Als am 27. November 1902 wieder starkes Erbrechen auftrat, nahm der Arzt eine Magenausspülung mit Kochsalz vor. Frau Hopf wurde bewusstlos und starb einen Tag später. Eine Obduktion im Sarg fiel sehr oberflächlich aus, da das Licht schlecht war. Auch drängte Hopf zur Eile, da der Leichenfuhrmann schon wartete. Der Arzt stellte ein Geschwür im Zwölffingerdarm fest, das mit der Bauchspeicheldrüse verwachsen und dann in die Bauchhöhle durchgebrochen war, wodurch der Tod herbeigeführt worden sei. Man nahm also eine natürliche Todesursache an. Die ausbezahlte Versicherungssumme von 20.000 Mark benutzte Hopf zum Ausgleich von Schulden. Seinem Schwiegervater gab er rund 1.350 Mark zurück, erwähnte aber von der Lebensversicherung nichts. Auch in diesem Fall wies Dr. Popp 1913 in der ausgegrabenen Leiche eine erhebliche Dosis Arsen nach. Hopf behauptete, seine Frau habe Arsen als Schönheitsmittel und Arznei eingenommen.

Seine zweite Frau Christine (geborene Schneider) aus Frankfurt heiratete Hopf am 28. März 1904 und schloss ein Jahr später mit einer anderen Gesellschaft eine ähnliche Versicherung über 30.000 Mark ab. Auf einem ihm vorgelegten Fragebogen verneinte er alle Fragen, die sich auf eine frühere Versicherung bezogen. Er verbot seiner Frau, mit ihren Eltern über die Versicherung zu reden. Überhaupt versuchte er, sie von ihren Eltern zu isolieren. Prokurist Johann Schneider, sein neuer Schwiegervater, hatte die Verlobung wieder auflösen wollen, da ihm das Verhalten Hopfs nicht gefiel und seine Tochter mit 20 Jahren nur halb so alt war wie dieser. Wie schon Hopfs erste Frau erkrankte auch die zweite nicht lange nach dem Versicherungsabschluss. Ihr Arzt konnte keine bestimmte Diagnose stellen, er dachte an Nahrungsmittelvergiftung oder Typhus.

Am 24. Februar 1906 brachte Frau Hopf eine Tochter, Elsa, zur Welt. Obwohl sie bei der Geburt ein gesundes, normales

Kind war, starb sie nach nur sechs Wochen am 9. April 1906. Wenige Tage vorher hatten sich heftiger Durchfall und dunkle Flecken am Hals und an der Brust eingestellt. Nach ihrem Tod zeigte sich Hopf der Zeugenaussage einer früheren Nachbarin zufolge sehr aufgeregt und schlug mit dem Kopf an die Wand. Der Zeugin „war das widerlich; sie hielt es für eine Komödie".[25] Hopf behauptete vor Gericht, auch diesem Kind nach dessen Tod Arsen gespritzt zu haben.

Nach der Geburt wurde Frau Hopf wieder ernstlicher krank. Sie litt unter Fieber, Schwellungen an den Knöcheln und Augenlidern, Gelenkschmerzen und plötzlichen Durchfällen. Wenn sie sich einige Zeit bei ihren Eltern in Frankfurt aufhielt, besserte sich ihr Zustand, sobald sie aber wieder in Niederhöchstadt war, erkrankte sie erneut. Ihr Vater besprach sich mit einem Justizrat und reichte schließlich eine Anzeige gegen Hopf wegen Giftmordversuchs ein. Sie ging an die zuständige Staatsanwaltschaft nach Wiesbaden, das Verfahren wurde aber im Januar 1907 eingestellt, da die ärztlichen Gutachten keine sicheren Anhaltspunkte boten. Der Vater beklagte vor dem Schwurgericht, dass nichts geschehen sei, um die Sache aufzuklären. Hopf behauptete, seine Frau sei deshalb krank geworden, weil sie in einer Frankfurter Gaststätte (im „Krokodil") verdorbenes Hirn gegessen habe. Es war in Niederhöchstadt nach Angaben eines Gendarmeriewachtmeisters ein offenes Geheimnis, dass Hopf seine erste Frau vergiftet habe und auch die zweite durch ihn krank geworden sei.

Die Hebamme Frau Henrich aus Niederhöchstadt zog sich seinen Unwillen zu, weil sie eine „unsittliche Zumutung" von ihm zurückgewiesen hatte. Hopf leitete sieben oder acht Prozesse gegen sie ein und brachte sie um ihren Dienst als Hebamme. Schließlich musste sie ihr Haus verkaufen und zog nach Höchst.

Frau Hopf blieb nach einem erneuten Besuch bei ihren Eltern dort und ließ sich Ende 1908 von ihrem Mann scheiden, nachdem er Ehebruch begangen hatte. Als die Sache in die Presse kam, strengte Hopf verschiedene Beleidigungsklagen an. Im

Zusammenhang mit einer Klage gegen einen Redakteur des „Homburger Taunusboten" sagte die Geschiedene als Zeugin aus, sie habe von dem angeblich verdorbenen Hirn in einer Frankfurter Restauration nichts zu sich genommen, worauf Hopf sie wegen Meineids anzeigte. Nachdem sie 1909 noch einmal geheiratet (Kaufmann Heinrich Seeger) und ein zweites, allerdings nur 14 Monate alt gewordenes Kind bekommen hatte, verstarb sie Mitte April 1911 an Tuberkulose. Hopf stritt ab, ihr in seiner Sammlung vorhandene Tuberkelbazillen verabreicht zu haben. Eine Zeugin hatte ihn einmal gefragt, ob diese nicht gefährlich seien, worauf er antwortete: „Das will ich meinen. Wenn so ein Glas umfällt, was meinen Sie, wo bleiben Frankfurt und der ganze Taunus?"[26] Auch in der Leiche der zweiten Ehefrau wurden in den Knochenresten beträchtliche Arsenmengen gefunden. Hopf erklärte, er habe ihr während ihrer Schwangerschaft geraten, eine arsenhaltige Lösung einzunehmen.

Seine nicht unvermögende Mutter Auguste Hopf starb am 6. November 1911 im Alter von 78 Jahren in Frankfurt. Sie wurde im Offenbacher Krematorium eingeäschert. Dr. Popp, der die ausgegrabenen Leichen von Hopfs Vater, der ersten beiden Ehefrauen und der beiden Kinder auf Giftspuren geprüft hatte, schilderte vor Gericht eingehend die Art der Untersuchungen. Im Falle der ausgegrabenen Asche von Hopfs Mutter gelang es zum ersten Mal, in den Resten einer eingeäscherten Leiche Arsen zu finden.[27] Zum Vorhandensein des Giftes in der Asche gab der Angeklagte folgende Erläuterung ab: „Meine Mutter hatte einen Hund, der sehr abgemagert war. Ich habe ihr für den Hund Arsentropfen gegeben, und es besteht die Möglichkeit, daß die Mutter das Arsen aus Versehen eingenommen hat."[28] Bei anderer Gelegenheit führte er aus, seine Mutter habe auf seinen Rat hin Arsen zur Beförderung des Stoffwechsels zu sich genommen. Hopf, der im Oktober 1910 den Offenbarungseid leistete, hatte damals etwa 16.000 Mark Schulden, davon fast die Hälfte bei seiner Mutter. Da sie befürchtete, dass er seinen Erbteil vergeuden würde, trug

Hopfs dritte Frau Wally.

sie sich mit dem Gedanken, ein für ihn nachteiliges Testament zu machen. Dies wurde durch ihren Tod verhindert. Er erbte 27.000 Mark, die er angeblich mit seinem Bruder teilte, und kam nun in die Lage, seine Schulden zu begleichen. Von dem Rest des Kapitals lebte er, denn seine Einnahmen als Fechtlehrer waren gering.

Mit Spannung lauschte man im dichtgedrängten Schwurgerichtssaal den Ausführungen der 31-jährigen Wally Hopf (geborene Siewic) aus Dresden, der dritten Frau Hopfs, die aber mittlerweile von ihm geschieden war. Sie war im September 1911 über ihre Schwester mit ihm bekannt geworden. Am 31. Januar 1912, ihrem Geburtstag, verlobten sie sich in Dresden. Hopf schlug vor, in London zu heiraten, weil sie „Oesterreicherin sei und auch ein bißchen die Welt sehen könne".[29] Vor der Reise nach London, wo am 9. April 1912 die Trauung stattfand, überreichte er ihr ein Testament, worin er sie zu seiner alleinigen Erbin einsetzte.

Dass dieses Testament keine Rechtsgültigkeit besaß, weil es in Maschinenschrift verfasst war und die Beurkundung fehlte, war ihr nicht bewusst. Wiederum schloss er eine Lebensversicherung ab, wonach der oder die Überlebende 80.000 Mark erhalten sollte. Die jährliche Prämie betrug 4.170 Mark. Von seiner neuen Ehe teilte er seinen Verwandten nichts mit.

Ende Juni 1912 unternahm seine Frau eine Reise zu Verwandten. Als sie zurückkam, fand sie in der Wohnung Spuren vor, die darauf hindeuteten, dass ihr Mann in ihrer Abwesenheit Damenbesuch hatte. „Da habe ich mir vorgenommen", so Frau Hopf, „einmal zu versuchen, seinen Schreibtisch zu öffnen. Das war am 9. Juli. Ich fand darin viele Liebesbriefe, ein großes Kuvert, woraus ich ersah, daß er zweimal verheiratet war, was er mir verheimlicht hatte, ferner schreckliche schlechte Bilder und einen Brief, daß er Geld borgen wollte in der Erwartung, daß seine Mutter stirbt."[30]

Am nächsten Morgen beim Frühstück machte sie ihm Vorwürfe und verließ weinend kurz das Zimmer. Als sie wieder hereinkam und von ihrem Tee trank, wurden ihre Hände steif, ihr Mund stellte sich schräg und sie konnte nicht mehr aufstehen. Sie hatte den Verdacht, dass Hopf ihr etwas in den Tee getan habe, und sagte ihm dies ins Gesicht. Er antwortete, sie habe sich wahrscheinlich selbst Gift aus den Giftschränken geholt. Sie ließ den Tee von einem Chemiker untersuchen, der aber nichts Auffälliges entdeckte.

Hopfs Kalender wies aus, dass er ihr am 31. Juli 1912 Typhusbazillen verabreicht hatte, deren Wirkung er dann kaltblütig abwartete. Seit dem 6. August führte er eine Fieberkurve für seine Frau. Am 25. Juli hatte er an das Král'sche Bakteriologische Museum in Wien geschrieben, dass es noch zwei Kulturen Typhusbazillen senden solle, die letzte Kultur habe eine geringe Ansteckungsfähigkeit gezeigt. Auf einer Postkarte vom 14. Dezember 1912 an das Museum hieß es: „Die Kultur Cholera asiat. ist bisher nicht virulent gewesen. Können sie mir ganz frische Kulturen senden?"[31] Unter der erdrückenden Beweislast und wohl im Vertrauen darauf, dass ihm ein versuchter Giftmord nicht den Kopf kosten würde, gab Hopf zu, seiner Frau in einem „Zustande des geistigen Zusammenbruchs" Typhus- und Cholerabazillen in die Speisen gemischt zu haben.

Im Februar 1913 trank Frau Hopf ein Glas Sekt, der parfümiert schmeckte. Eine Viertelstunde später litt sie unter Erbrechen und Durchfällen. Ihr wurde „wie blind und es war ihr, als ob ihr etwas vom Herzen abriß. Außerdem stellten sich starke Blutungen ein. Dieser Zustand dauerte einige Tage."[32] Hopf räumte ein, Arsenik – mit Lavendel vermischt – in den Sekt gegeben zu haben. Auch gab er zu, seiner Frau am 15. März 1913 Digitalis in Tropfen gemischt zu haben, die angeblich gegen Erbrechen sein sollten. Frau Hopf nutzte eine Abwesenheit ihres Mannes, um Dr. Krämer, einem Vertreter ihres Hausarztes Dr. Rosenbaum, ihr Herz auszuschütten und ihrer Befürchtung Ausdruck zu verleihen, von ihrem Mann vergiftet zu werden. Am 16. März kam sie auf Veranlassung Dr. Krämers ins Diakonissenkrankenhaus, wo sich der Vergiftungsverdacht bestätigte und sie acht Tage lang in ständiger Lebensgefahr schwebte. Auch nach ihrer Entlassung hielten diverse Beschwerden an. Einigen Ärzten, welche die drei Ehefrauen Hopfs behandelt hatten, wurde vonseiten des Schwurgerichts angelastet, die Sache zu leicht genommen und den Fall Hopf zu unkritisch gesehen zu haben. Ein als Sachverständiger geladener Professor, der sich zu den angeblichen bakteriologischen Versuchen Hopfs äußerte, beurteilte das an dessen Frau verübte Delikt folgendermaßen: „Das von dem Angeklagten zugegebene Verbrechen, seiner dritten Frau Typhusbazillen eingegeben zu haben, ist das erste derartige Verbrechen in Europa, ja, vielleicht der ganzen Welt."[33]

Am 14. April 1913 wurde Hopf unter der Leitung von Kriminalinspektor v. Salomon auf der Straße verhaftet, als er gerade auf dem Heimweg von einem Besuch seiner Frau im Krankenhaus war. Man überrumpelte ihn und legte ihm sofort Handschellen an. Dies hatte seinen Grund, denn es stand zu befürchten, dass er versuchen würde, sich zu vergiften. Tatsächlich stellte sich heraus, dass er Zyankali mit sich führte, das er nach eigenen Angaben zu sich genommen hätte, wenn die Polizisten „nicht so eilig zugefaßt hätten".[34]

Nach der Erörterung der einzelnen Todes- und Krankheitsfälle, die in der Familie Hopfs vorgekommen waren, und in Anbetracht der mannigfaltigen Erklärungen, die der Angeklagte dafür gefunden hatte, fasste der Vorsitzende noch einmal zusammen und stellte folgende Frage an Hopf: „Ihr Vater hatte viel Offenbacher Wasser getrunken, und daher stammt der Arsengehalt in der Leiche, die Leiche des unehelichen Kindes Karl Richter haben Sie mit Arsen behandelt, ebenso die Leiche Ihrer Tochter Elsa. Ihre erste Frau gebrauchte Arsen als Schönheitsmittel, die zweite hat zwei Arsenkuren durchgemacht, die dritte hat zu Versuchszwecken von Ihnen Arsen erhalten und Ihre Mutter besaß Arsen für ihren Hund, und hat davon auf Ihren Rat zur Beförderung des Stoffwechsels eingenommen. Ist es denn möglich, Angeklagter, daß in einer Familie so viele Arsenfälle auf natürliche Weise vorkommen?"[35] Hopf schwieg zu dieser Frage.

Am sechsten Verhandlungstag, dem 17. Januar 1914, wurde das Urteil verkündet. Staatsanwalt Dr. Blume führte in seinem Plädoyer aus, „daß dieser Prozeß der sensationellste sei, der je in Deutschland geführt wurde. Der Giftmord sei die feigste Art des Mordes, und Hopf habe nur aus schnöder Habgier und mit raffinierter Überlegung alles aus dem Wege geschafft, um Geld zu bekommen."[36] Die Geschworenen sprachen Hopf von der Anklage der Ermordung seines Vaters und des Mordversuchs an seiner Mutter frei. Dagegen wurde er des Mordes an seiner ersten Frau für schuldig befunden sowie des Mordversuchs im Falle seiner zweiten und dritten Frau und der beiden Kinder. Das Urteil lautete auf Todesstrafe wegen Mordes und 15 Jahre Zuchthaus wegen der vier Mordversuche.[37] In Übereinstimmung mit dem Oberstaatsanwalt, dem Ersten Staatsanwalt und dem Vorsitzenden des Schwurgerichts befürwortete der Justizminister von dem

Der im März 1914 hingerichtete Karl Hopf.

Verurteilten eingereichte Gnadengesuche nicht und riet Kaiser Wilhelm II., das Todesurteil vollstrecken zu lassen.[38]

Scharfrichter Gröpler nahm am 23. März 1914 in Preungesheim die Hinrichtung des Verurteilten vor.[39]

Liste der Hinrichtungen in Hessen
1815–1918

	Datum	Name	Ort
1	1815, 6. Januar	Anschuh, Conrad	Gießen
2	1815, 6. Januar	Funk, Ludwig	Gießen
3	1815, 27. Februar	Borgener, Johannes	Gießen
4	1815, 27. Februar	Dietz, Johann Justus	Gießen
5	1816, 8. Mai	Schneider, Johann Philipp	Darmstadt
6	1817, 15. Juli	Roßbach, Jakob	Kassel
7	1817, 29. August	Bayer, Christoph	Mainz
8	1819, 24. Mai	Ante, Johann	Mainz
9	1819, 24. Mai	Schittler, Conrad	Mainz
10	1820, 30. Mai	Schanz, Michael	Höchst
11	1822, 11. Januar	Falk, Heinrich	Gießen
12	1822, 11. Januar	Thron, Johannes	Gießen
13	1824, 9. Oktober	Geiz, Hans Jacob	Gießen
14	1824, 9. Oktober	Geiz, Heinrich	Gießen
15	1824, 9. Oktober	Geiz, Jacob	Gießen
16	1824, 9. Oktober	Acker, Ludwig	Gießen
17	1824, 9. Oktober	Woge, Johann Jost	Gießen
18	1825, 29. Juni	Klein, Jakob	Mainz
19	1826, 13. Oktober	Stehling, Johann	Fulda
20	1826, 13. Oktober	Noll, Johann Adam	Fulda
21	1827, 9. November	Braun, Johann Adam	Dillenburg
22	1827, 9. November	Wörsdörfer, Christian	Dillenburg
23	1829, 24. Januar	Borninger, Johann Adam	Mainz
24	1829, 5. Juni	Meder, Jakob Wilhelm	Gießen
25	1829, 22. Dezember	Bechtel, Joseph	Gießen

	Datum	Name	Ort
26	1830, 5. März	L., Christian Friedrich	Fulda
27	1831, 15. Januar	Mühlhaus, Wilhelm	Rinteln
28	1831, 12. September	Kitzler, Peter	Hanau
29	1832, 8. Juni	Trapp, Matthias	Diez
30	1832, 8. Juni	Häuser, Aureus	Diez
31	1832, 8. Juni	Lemp, Johann	Diez
32	1832, 8. Juni	Leidung, Anton	Diez
33	1832, 22. September	unbekannt	Mainz
34	1835, 10. April	Margraf, Anna Maria	Mainz
35	1835, 2. Juli	Jäger, Margaretha	Mainz
36	1835, 8. Oktober	Reitz, Caspar	Wiesbaden
37	1836, 22. April	Viehmann, Andreas	Kassel
38	1836, 15. Oktober	Trumpfheller, Johann Jacob	Darmstadt
39	1837, 21. Januar	Fischer, Anton	Darmstadt
40	1837, 6. Februar	Seidenfaden, Johann Heinrich	Rinteln
41	1837, 23. Mai	Heß, Johannes	Gießen
42	1839, 5. April	Beyer, Katharina	Hanau
43	1843, 7. Februar	Vahlberg, Franz Wilhelm Theodor	Gießen
44	1845, 15. Februar	Fehl, Nikolaus	Gießen
45	1845, 15. Februar	Franz, Tobias	Gießen
46	1846, 17. Juli	Hellwig, Johannes	Kassel
47	1851, 5. September	Hildebrand, Johann Heinrich	Kassel
48	1852, 22. Oktober	Bütemeister, Wilhelm	Eschwege
49	1853, 7. Januar	Herbold, Julius	Kassel
50	1853, 5. August	Beck, Johannes	Eschwege
51	1853, 4. Oktober	Vogt, Anna Maria	Darmstadt
52	1853, 4. Oktober	Vogt, Philipp	Darmstadt
53	1854, 3. März	Müller, Johann Georg	Hanau
54	1855, 31. Mai	Römer, Johannes	Gießen
55	1856, 21. November	Blösser, Benedict	Fulda

	Datum	Name	Ort
56	1859, 25. Juni	Licher, Christian	Gießen
57	1861, 11. Januar	Nolte, Johann Heinrich	Hanau
58	1864, 14. Oktober	Hilberg, Ludwig	Marburg
59	1880, 17. Juni	Pfaff, Philipp Wilhelm	Darmstadt
60	1881, 26. November	Wettmann, Heinrich	Darmstadt
61	1882, 6. Juli	Jakob, Wilhelm	Kassel
62	1883, 29. Oktober	Schneider, Sebastian	Gießen
63	1885, 17. November	Lieske, Julius Adolf	Kassel
64	1886, 4. März	Herbst, Georg Friedrich	Mainz
65	1887, 4. Januar	Mallmann, Joseph	Wiesbaden
66	1887, 4. Januar	Andel, Heinrich	Wiesbaden
67	1889, 8. März	Müller, Jean	Darmstadt
68	1890, 17. Juni	Häuser, Johann Georg	Gießen
69	1892, 19. Februar	Eschbach, Peter	Mainz
70	1892, 14. Juni	Kuhmichel, Christian	Darmstadt
71	1893, 23. Februar	Kramm, Philipp	Darmstadt
72	1894, 11. August	Rohrbacher, Franz	Mainz
73	1896, 30. Juni	Licht, Jakob	Kassel
74	1898, 7. Juni	Merz, Simon	Mainz
75	1898, 8. Juni	Conrad, Carl	Gießen
76	1899, 28. Oktober	Fritsch, Peter	Neuwied
77	1900, 13. November	Pläging, Georg Wilhelm	Kassel
78	1901, 5. Februar	Aßhauer, Wilhelm	Kassel
79	1901, 21. November	Ermer, Georg	Gießen
80	1902, 29. April	Gläser, Johann	Hanau
81	1903, 4. September	Detrois, Magnus Anton	Mainz
82	1904, 12. November	Stafforst, August Friedrich	Frankfurt
83	1904, 12. November	Groß, Oskar Bruno	Frankfurt
84	1905, 22. August	Hudde, Oskar	Gießen
85	1909, 15. Juni	Ebender, Friedrich	Hanau
86	1910, 3. Juni	Selzer, Franz	Mainz
87	1911, 17. August	Müller, Ernst	Frankfurt

	Datum	Name	Ort
88	1911, 22. Dezember	Erbe, Wilhelm Georg Ferdinand	Gießen
89	1912, 10. Februar	Pöllmann, Johann	Frankfurt
90	1913, 1. April	Koch, Georg Josef	Hanau
91	1914, 23. März	Hopf, Karl	Frankfurt
92	1914, 4. November	Flörsch, Philipp	Darmstadt
93	1917, 18. Juli	Hans, Wilhelm	Gießen
94	1917, 27. November	Ebender, Ernst	Hanau
95	1917, 27. November	Ebender, Wilhelm	Hanau
96	1917, 27, November	Ebender, Hermann	Hanau

Abkürzungsverzeichnis

Annalen = Annalen der deutschen und ausländischen Criminal-Rechtspflege, begründet von Julius Eduard Hitzig, fortgesetzt von Demme, vom 31. Bd. hrsg. von Hermann Theodor Schletter

Coccejus = Coccejus, Marion: Repertorien des Hessischen Staatsarchivs Darmstadt, Stand August 2007, Bestand G 23 F (Oberappellationsgericht, Strafsachen)

GHR = Großherzoglich-Hessisches Regierungsblatt

Heuser = Heuser, Otto Ludwig: Bemerkenswerthe Entscheidungen des Criminal-Senats des Ober-Appellations-Gerichtes zu Cassel

Krämer = Krämer, Karl: Mord und Todesstrafe in Hessen 1817–1929, in: Monatsschrift für Kriminalpsychologie und Strafrechtsreform, 23. Jg., Heidelberg 1932

Anmerkungen

Gießen

1 StA Darmstadt, G21A/2147; Gieg, Ella: Die Odenwälder Räuber, Lützelbach 2010, S. 105, 110 (hier heißt es, Johann Justus Diez und Ludwig Funk seien am 24. März 1813 in Gießen hingerichtet worden) und S. 167 (mehrere Hinrichtungen in Darmstadt am 5. November 1814); Neeb, Reinhold: Räuber, Gauner und Vagabunden. Kriminalität im alten Oberhessen (2. Aufl.), Gießen 1992, S. 51, 70, 92–96 und 102/103; Brill, Carl Friedrich: Actenmäßige Nachrichten von dem Raubgesindel in den Maingegenden, dem Odenwald und den angrenzenden Ländern, 1. und 2. Teil, Darmstadt 1814 und 1815 (s. Namensregister); zu Urteilen wegen „Räuberverbindung" oder „Räuberbeherbergung" vgl. beispielsweise: GHR auf das Jahr 1821, S. 15/16.

2 Annalen, 43. Bd., Altenburg 1848, S. 63–69; StA Darmstadt, G21A/2147; GHR auf das Jahr 1822, S. 161/162.

3 Zu Stahl vgl.: Grolmann, Friedrich Ludwig Adolf von: Actenmäßige Geschichte der Vogelsberger und Wetterauer Räuberbanden, Gießen 1813, S. 49–51.

4 Vgl.: Annalen (wie Anm. 2), S. 68 (hier ist von der „angeblichen Frau" Throns die Rede, es scheint also nicht sicher, dass tatsächlich eine Eheschließung stattgefunden hat); Allgemeine deutsche Justiz-, Kameral- und Polizei-Fama Nr. 8 vom Januar 1822 (hier heißt es, sie sei die „Frau oder Beischläferin" Throns gewesen).

5 Allgemeine deutsche Justiz-, Kameral- und Polizei-Fama (wie Anm. 4).

6 Annalen (wie Anm. 2), S. 67.

7 Ebda., S. 67.

8 Ebda., S. 67–69; zu der Verordnung vom 29. Juli 1817 vgl.: Krämer, S. 130/31; zur seelsorgerischen Betreuung der beiden Todeskandidaten vgl.: Jenaische Allgemeine Literatur-Zeitung, Juli 1823, Nr. 133, S. 104.

9 Der Originaltext ist hier zitiert nach der Online-Ausgabe: lohra-wiki; Franz, Carl: Der Post-Raub in der Subach begangen von acht Straßenräubern von denen fünf am siebenten October 1824 zu Giessen durch das Schwerdt vom Leben zum Tode gebracht worden sind, in: Vereinsblatt des Geschichtsvereins

für den Kreis Biedenkopf, Jg. 3, Nr. 9 vom 6. November 1909; Well, Wilhelm: Der Postraub in der Subach: Nach d. aktenmäßigen Auszug v. Kriminalgerichtssekr. Franz, Marburg 1933; Franz, Carl/Nawrath, Johannes: Der Postraub in der Subach, begangen von acht Straßenräubern von d. fünf am siebenten Oktober 1824 zu Gießen durch das Schwert vom Leben zum Tode gebracht worden sind, Marburg 1978; Haß, Ulrike: Der plötzliche Reichtum der armen Leute von Kombach (Jugendbuch), Reinbek bei Hamburg 1980; Franz, Carl/Busch, Wilhelm M.: Der Post-Raub in der Subach: begangen von 8 Strassenräubern, von denen 5 am 7. Oktober 1824 zu Giessen durch das Schwerdt vom Leben zum Tode gebracht worden sind, Marburg 1986; Brämer, Rainer (Red.): Der Postraub in der Subach, Lohra 1986; Neeb (wie Anm. 1), S. 107–111; Schlöndorff, Volker/Lehn, Georg/Hauff, Reinhard/Bächler, Wolfgang: Der plötzliche Reichtum der armen Leute von Kombach (Bildtonträger), Leipzig 2009 (auch Frankfurt 2010).

10 GHR auf das Jahr 1843, S. 252; Annalen, 34. Bd., Altenburg 1846, S. 290 (Anm.).
11 Annalen (wie Anm. 10), S. 290–310.
12 Ebda., S. 301.
13 Ebda., S. 307.
14 Ebda., S. 308.
15 Ebda., S. 308.
16 GHR auf das Jahr 1824, S. 644.
17 StA Darmstadt, G21A Nr. 2147/48 (Recherche Christian Schrepper, Essen).
18 Franz (wie Anm. 9, lohra-wiki), S. 32/33; zu den Hinrichtungsmodalitäten und der Gerichtsverfassung im Großherzogtum Hessen vgl.: Annalen, 18. Heft, Berlin 1831, S. 288–308.
19 Annalen (wie Anm. 10), S. 292 und S. 308–310.
20 Annalen, 36. Bd., Altenburg 1846, S. 178–189 (Meder heißt in dem Beitrag „Mader" und aus Bender wird „Bander").
21 Ebda., S. 181–189; Großherzoglich-Hessische Zeitung, Darmstadt, vom 11. Juni 1829; StA Darmstadt, G21A/2147; GHR auf das Jahr 1829, S. 288.
22 Demme, Wilhelm Ludwig: Das Buch der Verbrechen. Das Interessanteste aus den neunzig Heften meiner Annalen der deutschen und ausländischen Criminalrechtspflege, 4. Bd., Leipzig 1851, S. 181–213 (Zitat S. 213); Annalen, 24. Bd., Altenburg 1843, S. 63–89. Hier wird das Verwirrspiel um die Namen

fortgesetzt. Aus Bechtel wird „Bendel", aus David Geist wird „Daniel Glitsch". Die richtigen Namen sind zu entnehmen aus: GHR auf das Jahr 1830, S. 42/43, StA Darmstadt, G21A/2147.

23 Annalen, 9. Bd., Altenburg 1839, S. 276–300 (Zitate S. 281 und 283); Grossherzoglich-Hessische Zeitung vom 31. Mai 1837.

24 Demme, Wilhelm Ludwig: Das Buch der Verbrechen. Das Interessanteste aus den neunzig Heften meiner Annalen der deutschen und ausländischen Criminalrechtspflege, 3. Bd., Leipzig 1851, S. 229–260 (Zitate S. 241 und 250/51).

25 Ebda., S. 237.

26 Nöllner, Friedrich: Criminal-psychologische Denkwürdigkeiten. Für Gebildete aller Stände, Stuttgart und Augsburg 1858, S. 105–115 (hier heißt es auf S. 105 irrtümlich, das Fallbeil sei durch Verordnung vom 19. November 1841 eingeführt worden); Der Gerichtssaal 1855, S. 78–80; Grossherzoglich-Hessische Zeitung vom 31. Mai 1837; GHR auf das Jahr 1837, S. 487; Der Bayerische Landbote vom 4. Juni 1837; Annalen (wie Anm. 23), S. 299/300; Krämer, S. 137 und 162; Allgemeine Zeitung von und für Bayern Nr. 144 vom 24. Mai 1837; Franconia. Unterhaltungsblatt zum Schweinfurter Anzeiger Nr. 53 vom 2. Juli 1870.

27 Annalen, 44. Bd., Altenburg 1848, S. 34–68 (hier wieder veränderte Namensangaben; Zitate S. 49).

28 Ebda. (Zitate S. 50–52).

29 Ebda. (Zitate S. 44 und 60).

30 Ebda. (Zitat S. 36).

31 Nöllner (wie Anm. 26), S. 116–126 (Zitat S. 123); Nürnberger Allgemeine Zeitung Nr. 174 vom 23. Juni 1841 und Nürnberger Zeitung Nr. 43 vom 12. Februar 1843; Regensburger Zeitung Nr. 148 vom 23. Juni 1841 sowie Nr. 40 und 43 vom 9. und 12. Februar 1843; Wochenblatt für Zweibrücken, Homburg und Cusel Nr. 76 vom 25. Juni 1841 und Wochenblatt für die Bezirke Zweibrücken, Homburg und Cusel Nr. 18 vom 10. Februar 1843; Oberpfälzisches Zeitblatt Nr. 51 vom 26. Juni 1841; Der Bayerische Landbote Nr. 47 vom 16. Februar 1843. Nöllner (S. 123–125) berichtet über folgenden Zwischenfall: „Unter dem Schaffote hatten sich Mitglieder der medicinischen Facultät eingefunden, um sofort den Kopf zu beobachten und nervenphysiologische Versuche anzustellen; aber der Kopf war in dem etwas zu engen ledernen Schlauche, durch welchen

er nach dem Falle des Beils zur Erde geleitet wird, hängen geblieben und fiel erst durch das nachrinnende Blut beschwert hindurch. Die unten Harrenden hatten erschreckt ihren Standpunkt verlassen, weil sie die Execution für missglückt gehalten hatten, als der Kopf ausblieb." Dies war nach Angaben des Scharfrichters vorher noch nie passiert, „obgleich schon 25 Personen, namentlich Schinderhannes und Genossen mit dieser Maschine geköpft worden seyen". Das Leder der Öffnung des Schlauches war „durch die Zeit etwas eingeschrumpft, und dadurch das Durchfallen des Hauptes erschwert."

32 Nöllner (wie Anm. 26), S. 32–104 (Zitate S. 42 und 52); Didaskalia. Blätter für Geist, Gemüth und Publizität Nr. 49 vom 18. Februar 1845 („verbrecherische Beziehung").

33 Annalen, 40. Bd., Altenburg 1847, S. 244–269 (Zitat S. 254), auch hier wieder Namensveränderungen: Martin Fahl/Nikolaus Fehl und Theodor Fran/Tobias Franz.

34 Didaskalia (wie Anm. 32); Nöllner (wie Anm. 26), S. 87 (Spitzbubenweg).

35 Frankfurter Oberpostamts-Zeitung Nr. 48 vom 17. Februar 1845.

36 Nöllner (wie Anm. 26), S. 74; Didaskalia. Blätter für Geist, Gemüth und Publizität Nr. 50 vom 19. Februar 1845; verhaftet wurden noch weitere Personen, nämlich Nikolaus Franz (Vater von Tobias Franz), Maria Franz (eine weitere Schwester von Tobias Franz) und Kaspar Muth (der Verlobte von Maria Franz und Bruder von Johannes Muth), die aber alle am 21. August 1844 vom Hofgericht freigesprochen wurden.

37 Schulz, Wilhelm und Welcker, Carl: Geheime Inquisition, Censur und Kabinettsjustiz im verderblichen Bunde. Schlußverhandlung mit vielen neuen Aktenstücken über den Prozeß Weidig, Karlsruhe 1845, S. 219–228; Allgemeine Zeitschrift für Psychiatrie und psychisch-gerichtliche Medicin, Bd. 16, Heft 3, S. 374–380; Nöllner, Friedrich: Ueber die richterliche Thätigkeit bei Simulation von Geisteskrankheiten Angeschuldigter, mit besonderer Beziehung auf verschiedene merkwürdige Fälle, in: Zeitschrift für deutsches Strafverfahren, N. F. 2. Bd., Darmstadt 1844, S. 94–102.

38 Didaskalia (wie Anm. 36); Annalen (wie Anm. 33), S. 248 ff. (S. 268: Richtplatz auf dem Trieb); Allgemeine Zeitung. Mit allerhöchsten Privilegien Nr. 51 vom 20. Februar 1845 (Angabe 12.000 Zuschauer); Der Bayerische Landbote Nr. 52 vom 21. Februar 1845; Nürnberger Zeitung Nr. 50 vom 19. Februar 1845.

39 Frankfurter Oberpostamts-Zeitung Nr. 48 vom 17. Februar 1845.
40 Krämer, S. 141–144; Archiv des Criminalrechts, Braunschweig 1855, S. 397–433 (Die Wiedereinführung der Todesstrafe im Großherzogthum Hessen im Jahre 1852); Nöllner (wie Anm. 26), S. 118.
41 Krämer, S. 137.
42 GHR auf das Jahr 1855, S. 335; Anzeigeblatt für die Stadt und den Kreis Gießen Nr. 5 vom 17. Januar 1855; Darmstädter Zeitung vom 1. Juni 1855; Frankfurter Journal Nr. 130 vom 1. Juni 1855; StA Darmstadt, G21A/2147.
43 Riebeling, Heinrich: Steinkreuze und Kreuzsteine in Hessen. Ein topographisches Handbuch zur rechtlichen Volkskunde, Dossenheim/Heidelberg, 1977, S. 131; GHR auf das Jahr 1859, S. 457; StA Darmstadt, G21A/2147; Freiling, Gerhard und Schärer-Pohlmann, Günter (Hrsg.): Geschichte und Kritik. Beiträge zu Gesellschaft, Politik und Ideologie in Deutschland, Gießen 2002, S. 362.
44 Darmstädter Zeitung vom 26. Juni 1859.
45 GHR auf das Jahr 1864, S. 144; Riebeling (wie Anm. 43), S. 142; Intelligenzblatt für den Kreis Nidda Nr. 15 vom 10. April 1863, S. 106 und Nr. 21 vom 22. Mai 1863, S. 144 (Recherche Reinhard Pfnorr, Nidda); Coccejus, S. 20, Nr. 444; die Inschrift lautet nach Riebeling: Hier wurde/Adam Möller von Eichelsachsen/Kreis Schotten am 1. April 1863/zwischen 5 und 6 Uhr Nachmittags/von Johs Herchenröder von Storndorf/meuchelmörderisch erschlagen/und seiner Barschaft beraubt./Adam Möller war 65 Jahre/alt und ist 52 Jahre lang/unermüdlich nach Frankfurt/gefahren./Ihm Gewidmet von seinen/Angehörigen.
46 Gießener Anzeiger Nr. 227 vom 30. September 1883; Oberhessischer Anzeiger (Friedberg) und Wetzlarer Anzeiger Nr. 229 vom 2. Oktober 1883.
47 Frankfurter Zeitung vom 29. und 30. Oktober 1883; Darmstädter Tageblatt vom 30. Oktober 1883; Hessische Landeszeitung und Hanauer Zeitung vom 31. Oktober 1883; Germania vom 1. November 1883 (1. Blatt); Berliner Gerichts-Zeitung Nr. 127 vom 1. November 1883.
48 Gießener Anzeiger Nr. 252 vom 30. Oktober 1883.
49 Berliner Gerichts-Zeitung vom 27. März 1890.
50 Gießener Anzeiger Nr. 70 vom 23. März 1890.
51 Ebda.
52 Ebda.; Berliner Gerichts-Zeitung vom 27. März 1890; Oberhessischer Anzeiger vom 25. März 1890.

53 Hanauer Zeitung vom 29. März 1890 (bestätigt durch Gießener Anzeiger Nr. 138 vom 18. Juni 1890).

54 Gießener Anzeiger Nr. 138 vom 18. Juni 1890 (die Hinrichtung sollte ursprünglich am 11. Juni 1890 stattfinden, musste aber wegen Verhinderung des Scharfrichters verschoben werden); Oberhessischer Anzeiger vom 19. Juni 1890. Die Frankfurter Zeitung vom 12. und 17. Juni 1890 sowie die Hanauer Zeitung vom 18. Juni 1890 melden fälschlich, dass auch Kretschmar hingerichtet worden sei.

55 Hessische Dorfzeitung vom 11. März und 9. Juni 1898; Wetzlarer Anzeiger Nr. 60 vom 12. März 1898; Frankfurter Zeitung und Gießener Anzeiger vom 8. Juni 1898.

56 Gießener Anzeiger Nr. 59 vom 11. März 1898.

57 Gießener Anzeiger vom 22. November 1901; Frankfurter Zeitung und Rheinisch-Westfälische Zeitung vom 21. November 1901.

58 Gießener Anzeiger Nr. 134 und 135 vom 11. und 12. Juni 1901.

59 Ebda.; Frankfurter Zeitung vom 11. Juni 1901 (Ermer wurde zum Tode und insgesamt zehneinhalb Jahren Zuchthaus verurteilt, die acht Jahre vom Würzburger Schwurgericht mit eingerechnet).

60 Gießener Anzeiger vom 22. November 1901.

61 Darmstädter Zeitung Nr. 267 vom 9. Juni 1905.

62 Wiesbadener Tagblatt Nr. 262 vom 6. Juni 1905; Darmstädter Zeitung Nr. 261 vom 6. Juni 1905.

63 Freiburger Zeitung vom 8. Juni 1905, 3. Blatt; Darmstädter Zeitung Nr. 261 vom 6. Juni 1905.

64 Darmstädter Zeitung Nr. 264 vom 8. Juni 1905.

65 Zum gesamten Prozess s.: Wiesbadener Tagblatt Nr. 261–268 vom 6. bis 9. Juni 1905; Darmstädter Zeitung Nr. 261–267 vom 6. bis 9. Juni 1905; Freiburger Zeitung vom 8. und 10. Juni 1905 (s. auch: Freiburger Zeitung vom 15. November 1904, 2. Blatt); Hessisches Hauptstaatsarchiv, Abt. 407 Nr. 922; Psychische Studien, 31. Jg., 12. Heft, Leipzig 1904, S. 768/69; zum Raubmord in Heldenbergen: Gießener Anzeiger vom 6. September 2011.

66 Gießener Anzeiger und Darmstädter Zeitung (Nr. 391) vom 22. August 1905; Düsseldorfer Gerichts-Zeitung Nr. 34 vom 26. August 1905; Münchener Neueste Nachrichten vom 24. August 1905; StA Darmstadt, G21A/2147; Hessisches Hauptstaatsarchiv, Abt. 407, Nr. 922.

67 Gießener Anzeiger Nr. 229 und 230 vom 29. und 30. September 1911; Wiesbadener Tagblatt Nr. 459 vom 1. Oktober 1911; Schwäbischer Merkur vom 30. September 1911.

68 Gießener Anzeiger Nr. 229 vom 29. September 1911.

69 Gießener Anzeiger Nr. 229 und 230 vom 29. und 30. September 1911; Oberhessischer Anzeiger und Friedberger Zeitung vom 28.-30. September 1911.

70 Oberhessischer Anzeiger und Friedberger Zeitung vom 23. Dezember 1911; Wiesbadener Tagblatt Nr. 599 vom 23. Dezember 1911; Berliner Tageblatt vom 28. Dezember 1911; Rheinisch-Westfälische Zeitung vom 23. Dezember 1911.

71 Gießener Anzeiger Nr. 130 vom 6. Juni 1917.

72 Krämer, S. 166.

73 Gießener Anzeiger Nr. 130 vom 6. Juni 1917.

74 Ebda.; Norddeutsche Allgemeine Zeitung vom 22. April 1917 (hier heißt es, Hans sei bei Assenheim verhaftet worden).

75 Gießener Anzeiger Nr. 130 und 166 vom 6. Juni und 18. Juli 1917; Wetzlarer Anzeiger Nr. 130 vom 6. Juni 1917; Darmstädter Zeitung Nr. 167 vom 19. Juli 1917; Hamburger Fremdenblatt und Meininger Tageblatt vom 19. Juli 1917.

Darmstadt

1 Bopp (Hrsg.): Bibliothek gewählter Strafrechtsfälle, 1. Bd., 1. und 2. Heft, Leipzig und Stuttgart 1834, S. 48-69 (auf S. 48/49 Hinweis auf: Schenck: Kurze Darstellung des von Philipp Schneider in Bischoffsheim verübten Mordes und des darauf eingeleiteten Prozesses und der Hinrichtung des Verbrechers. Aus den Untersuchungs-Akten gefertigt von dem Inquirenten, Staatsauditeur Schenck, Darmstadt 1816).

2 Annalen, 37. Bd., Altenburg 1846, S. 46-102 (Zitat S. 53).

3 Juristisches Magazin. Neue Folge für das bürgerliche und Strafrecht mit besonderer Rücksicht auf das Bauernrecht, hrsg. von Scholz, Gans u. a., 2. Bd., Braunschweig 1838, S. 433.

4 Annalen (wie Anm. 2), S. 97 (Anm.).

5 Ebda., S. 99-101; Juristisches Magazin (wie Anm. 3), S. 434-437; zur Hinrichtung vgl.: Großherzoglich-Hessische Zeitung vom 16. Oktober 1836, Die Bayerische Landbötin Nr. 126 vom 20. Oktober 1836 (S. 1120), Regensburger Zeitung Nr. 249 vom 18. Oktober 1836, Neueste Weltbegebenheiten des Jahres

1836. Erzählt von einem Weltbürger Nr. 167 vom 20. Oktober 1836, S. 680, Allgemeine Zeitung von und für Bayern Nr. 293 vom 19. Oktober 1836; vgl. zu dem Fall auch: Leben und trauriges Ende des am 15. Oct. 1836 zu Darmstadt hingerichteten Waldfrevlers und Mörders Jacob Trumpfheller, aus Weitengesäss. Mit einem Anhange, die beiden Briefe des Grossh. Stadtpfarrers Stücker an die Witwe des unglücklichen Waldförsters und die Mutter des Mörders enthaltend, Darmstadt 1836.

6 Leben und Verbrechen des am 21. Januar 1837 zu Darmstadt hingerichteten Raub-Mörders Anton Fischer aus Münster, im Kreise Offenbach. Actenmässig dargestellt, Darmstadt 1837, S. 19.

7 Ebda., S. 20.

8 Ebda., S. 23/24; Großherzoglich-Hessische Zeitung Nr. 22 vom 22. Januar 1837 (in dieser Ausgabe wird über eine zweite, fast zeitgleich in der Darmstädter Gegend begangene Mordtat berichtet: Am 19. Dezember 1835 beging Michael Hartmann, der vor seiner Verhandlung im Darmstädter Gefängnis starb, bei Büttelborn einen Raubmord an einem Knecht des Hammerbesitzers Heinrich Kurz aus Mühlhausen bei Breuberg – vgl. zu dem Fall auch: Großherzoglich-Hessische Zeitung Nr. 353 und 356 vom 21. und 24. Dezember 1835); Annalen, 12. Bd., Altenburg 1840, S. 72–78: Der Mörder vor dem Tribunal der Gnade (nur mit abgekürzten Namens- und Ortsbezeichnungen); Die Bayerische Landbötin Nr. 1 vom 2. Januar 1836 (S. 4), Nr. 2 vom 5. Januar 1836 (S. 12), Nr. 3 vom 7. Januar 1836 (S. 19) und Nr. 14 vom 2. Februar 1837 (S. 119/120).

9 Darmstädter Zeitung Nr. 206 vom 27. Juli 1853.

10 Ebda.; Hannoversche Zeitung vom 24. Juli 1853.

11 Darmstädter Zeitung Nr. 200 vom 21. Juli 1853.

12 Darmstädter Zeitung Nr. 275 vom 4. Oktober 1853.

13 Frankfurter Postzeitung vom 4. und 5. Oktober 1853; Didaskalia. Blätter für Geist, Gemüth und Publicität Nr. 238 vom 6. Oktober 1853.

14 Krämer, S. 137 (Intramuranhinrichtung) und S. 152; Glenzdorf, Johann Caspar und Treichel, Fritz: Henker, Schinder und arme Sünder. Beiträge zur Geschichte des deutschen Scharfrichter- und Abdeckerwesens, Bad Münder am Deister 1970, S. 135 (Tribüne); vgl. zu dem Fall auch: Frankfurter Journal Nr. 172, 173, 176 und 177 vom 21., 22., 26. und 27. Juli 1853 und Nr. 237 vom 5. Oktober 1853; GHR auf das Jahr 1854, S. 11; Coccejus, S. 61, Nr. 446.

15 Badischer Landesbote vom 16. April 1880.
16 Darmstädter Tagblatt vom 13. April 1880.
17 Ebda.
18 Badischer Landesbote vom 20. Juni 1880 und Frankfurter Zeitung vom 17. Juni 1880 (gleicher Wortlaut); Darmstädter Tagblatt vom 18. Juni 1880; Darmstädter Zeitung Nr. 103 und 167 vom 13. April und 17. Juni 1880; Neue Preußische Kreuz-Zeitung vom 20. Juni 1880.
19 Berliner Gerichts-Zeitung Nr. 71 vom 19. Juni 1880.
20 GStA Berlin, Rep. 84a Nr. 7784.
21 Berliner Gerichts-Zeitung Nr. 113 und 114 vom 27. und 29. September 1881; Darmstädter Tagblatt vom 24. September 1881.
22 Darmstädter Tagblatt vom 27. September 1881.
23 Badischer Landesbote vom 1. Dezember 1881; vgl. auch: Berliner Gerichts-Zeitung Nr. 140 vom 29. November 1881, Darmstädter Zeitung Nr. 328 vom 27. November 1881 und Norddeutsche Allgemeine Zeitung vom 29. November 1881.
24 Darmstädter Zeitung Nr. 259, 260 und 262 vom 17., 18. und 20. September 1888.
25 Darmstädter Zeitung Nr. 264 und 348 vom 22. September und 15. Dezember 1888.
26 Darmstädter Tagblatt vom 14. Dezember 1888 und 9. März 1889; Darmstädter Zeitung Nr. 348 vom 15. Dezember 1888 und Nr. 68 vom 9. März 1889 (Anatomie Gießen); Berliner Gerichts-Zeitung Nr. 147 vom 15. Dezember 1888; Neue Preußische Kreuz-Zeitung vom 9. März 1889.
27 Darmstädter Zeitung Nr. 499 und 501 vom 24. und 26. Oktober 1891, Nr. 147 und 148 vom 28. März 1892 sowie Nr. 272 und 274 vom 13. und 14. Juni 1892; Darmstädter Tagblatt vom 22.–25. März 1892 und vom 15. Juni 1892; Frankfurter Zeitung vom 31. März und 13. Juni 1892.
28 Darmstädter Zeitung Nr. 580 vom 9. Dezember 1892; zum Armeerevolver: Darmstädter Zeitung Nr. 582 vom 10. Dezember 1892.
29 Darmstädter Zeitung Nr. 581 und 582 vom 10. Dezember 1892.
30 Darmstädter Zeitung Nr. 583 vom 12. Dezember 1892; Darmstädter Tagblatt vom 9., 10. und 12. Dezember 1892. Schreck und Kramm wurden außer zum Tode auch zu je vier Jahren Zuchthaus verurteilt. In dem Prozess gab es noch vier weitere Angeklagte: Karl Wißmath aus Frankfurt, Joseph und Peter

Stemmer sowie deren Mutter aus Schneidhain (Ortsteil von Königstein). Wißmath wurde wegen Begünstigung zu zwei Jahren und Joseph Stemmer zu vier Monaten Gefängnis verurteilt, die beiden anderen freigesprochen.

31 Darmstädter Zeitung Nr. 90 und 92 vom 22. und 23. Februar 1893; Darmstädter Tagblatt vom 24. Februar 1893; Neue Preußische Kreuz-Zeitung vom 23. Februar 1893; Hessische Dorfzeitung vom 26. Januar 1893.

32 Darmstädter Tagblatt Nr. 272 vom 3. Oktober 1914.

33 Hanauer Anzeiger vom 6. Oktober 1914.

34 Darmstädter Tagblatt Nr. 273 vom 4. Oktober 1914; Darmstädter Zeitung Nr. 232 und 233 vom 2. und 3. Oktober 1914; Schwäbischer Merkur vom 4. Oktober 1914.

35 Darmstädter Tagblatt Nr. 305 vom 5. November 1914; Krämer, S. 139 und 159 (Anm.); Darmstädter Zeitung Nr. 260 vom 4. November 1914; Hanauer Anzeiger vom 5. November 1914.

Kassel

1 Hitzig, J. E./Häring, W.: Der neue Pitaval. Eine Sammlung der interessantesten Criminalgeschichten aller Länder aus älterer und neuerer Zeit, 21. Teil (2. Folge, 9. Teil), Leipzig 1861 (2. Auflage), S. 436–455: Ein Raubmord in Kurhessen. 1815–1816 (Zitat S. 440).

2 Ebda., auf S. 453 heißt es unrichtigerweise, die Hinrichtung sei 1816 vollzogen worden; zur Hinrichtung: Augsburgische Politische Zeitung vom 29. Juli 1817.

3 Magdeburgische Zeitung vom 28. April 1836; Regensburger Zeitung Nr. 101 vom 28. April 1836.

4 Kulenkamp, Elard Johannes (Hrsg.): Neue Sammlung der Landesordnungen, Ausschreiben und anderer allgemeinen Verfügungen, welche bis zum Ende des Oktobers 1806 für die älteren Gebietstheile Kurhessens ergangen sind, Bd. 3, Kassel 1838, S. 441/42; Heuser, Otto Ludwig: Systematisches Handbuch des kurhessischen Straf- und Polizei-Rechtes mit Einschluß der noch gültigen Strafbestimmungen des älteren Fuldaer, Hanauer, Mainzer, Isenburger und Schaumburger Rechtes und der Praxis des Ober-Appellations-Gerichtes u.s.w., Kassel 1853, S. 29/30; zu den Anordnungen vom 4. Oktober 1826 vgl.: Schüssler, Joseph: Actenmäßige Darstellung verschiedener Straf-Rechtsfälle aus der neuesten Zeit, nebst den Entscheidungsmotiven der kurhessischen

Obergerichte zu Cassel und Fulda, sowie des kurhessischen Oberappellationsgerichts, 1. Bd., Kassel 1836, S. 13–15.

5 Magdeburgische Zeitung vom 28. April 1836; Regensburger Zeitung Nr. 101 vom 28. April 1836; Goepel: Stadtarchiv Göttingen, AA Gewerbesachen – Nachrichter Nr. 11 (Recherche Dr. Gisela Wilbertz, Hannover).

6 Heuser, 2. Bd., Kassel 1846, S. 593.

7 Ebda., S. 588–681 (Angabe fingierter Namen); zur Hinrichtung vgl.: Frankfurter Oberpostamts-Zeitung Nr. 191 vom 13. Juli 1846, Der Hausfreund, ein Augsburger Morgenblatt Nr. 192 vom 15. Juli 1846 (gleicher Text wie in der Oberpostamts-Zeitung), Regensburger Zeitung Nr. 197 und 200 vom 20. und 23. Juli 1846.

8 Heuser, 6. Bd., Kassel 1853, S. 165–238; vgl. zum Prozess auch: Kasseler Zeitung vom 22. Januar 1851.

9 Kasseler Zeitung vom 5. September 1851; Neue Preußische Kreuz-Zeitung vom 9. September 1851; Frankfurter Oberpostamts-Zeitung Nr. 213 vom 6. September 1851 (Beilage).

10 Heuser (wie Anm. 8), S. 508; Lohr, A. G. Ph. Ch.: Leben und Ende des Gattenmörders Julius Herbold aus Hombressen, Landrathsamt Hofgeismar, in Kurhessen, nebst eingestreuten beherzigenswerthen Betrachtungen und einem ernsten Nachwort an Alle, die es angeht, von dessen letztem Seelsorger A. G. Ph. Ch. Lohr, Pfarrer am Zuchthause zu Cassel, Rengshausen (in Kurhessen) 1853, S. 17.

11 Heuser (wie Anm. 8), S. 507–529; Annalen, 58. Bd., Leipzig 1852, S. 165–177 und 59. Bd., Leipzig 1852, S. 318–322; Lohr (wie Anm. 10), S. 30 (Stockhaus in Marburg).

12 Heuser (wie Anm. 8), S. 529/30; Kasseler Zeitung vom 8. Januar 1853; Neue Preußische Kreuz-Zeitung vom 7. und 12. Januar 1853; Frankfurter Postzeitung Nr. 8 vom 10. Januar 1853.

13 Kasseler Zeitung Nr. 88 vom 30. März 1882; Frankfurter Zeitung vom 31. März 1882.

14 GStA Berlin, Rep. 89 Nr. 18580 und Rep. 84a Nr. 8145.

15 Kasseler Zeitung Nr. 182 und 183 vom 6. und 7. Juli 1882; Frankfurter Zeitung vom 6. Juli 1882; Magdeburgische Zeitung vom 7. Juli 1882; Neue Preußische

Kreuz-Zeitung vom 8. Juli 1882; Schmidt, Maximilian: Julius Krautz. Der Scharfrichter Von Berlin. Ein Kulturbild Aus Dem Neunzehnten Jahrhundert, 1893, S. 39/40.

16 Kasseler Zeitung Nr. 183 vom 7. Juli 1882.

17 Norddeutsche Allgemeine Zeitung vom 27. September 1882.

18 Langhard, Johann: Die anarchistische Bewegung in der Schweiz von ihren Anfängen bis zur Gegenwart und die internationalen Führer, Paderborn 2012, S. 280; Hohmann, Andreas W. und Johannes, Dieter: Mord im Sachsenlager 5. Die Ermordung des Polizeirat Rumpff im Jahre 1885, o. O. (Frankfurt), 2001, S. 7–27.

19 Bericht über die Schwurgerichtsverhandlung vom 29. Juni bis 1. Juli 1885 gegen Julius Lieske, angeklagt des Mordes an dem Kgl. Polizeirath Dr. Rumpff am 13. Januar 1885 zu Frankfurt a. M., Frankfurt, o. D. (1885), S. 7/8.

20 Ebda., S. 8.

21 Ebda., S. 14.

22 Ebda., S. 37; vgl. zu dem Fall: Hohmann/Johannes (wie Anm. 18), S. 7–109; Leweke, Wendelin: „Gretchen" und die Nitribitt. Frankfurter Kriminalfälle, Frankfurt 1991, S. 105–111; Blum, Hans: Deutscher Pitaval, 1. Jg., 2. Heft, 1886, S. 128 ff.; Frankfurter Zeitung vom 1. Juli 1885; Hanauer Zeitung vom 1. und 3. Juli 1885; GStA Berlin, Rep. 89 Nr. 18580.

23 Bericht über die Schwurgerichtsverhandlung (wie Anm. 19), S. 39; zur Hinrichtung vgl.: Frankfurter Zeitung vom 18. November 1885; Rheinische Gerichts-Zeitung Nr. 49 vom 22. November 1885; Norddeutsche Allgemeine Zeitung vom 18. November 1885; Schmidt (wie Anm. 15), S. 59/60.

24 Eichler, Volker: Sozialistische Arbeiterbewegung in Frankfurt am Main 1878–1895, Frankfurt 1983, S. 142–152; Hohmann/Johannes (wie Anm. 18), S. 96–102.

25 Langhard (wie Anm. 18), S. 284–286.

26 Hohmann/Johannes (wie Anm. 18), S. 93.

27 Casseler Allgemeine Zeitung Nr. 312 vom 12. November 1895; Hessische Dorfzeitung vom 12. November 1895.

28 Ebda.; Tagebuch Friedrich Reindel (Braunschweigisches Landesmuseum), unveröffentlicht, 159. Hinrichtung; Hessische Dorfzeitung vom 30. Juni 1896; Neue Preußische Kreuz-Zeitung vom 1. Juli 1896; GStA Berlin, Rep. 89 Nr. 18580.

29 Casseler Allgemeine Zeitung Nr. 163 vom 15. Juni 1900.
30 Ebda.; Hessische Dorfzeitung vom 15. Juni 1900.
31 Hessische Dorfzeitung vom 14. November 1900; Casseler Allgemeine Zeitung Nr. 314 vom 13. November 1900; Rheinisch-Westfälische Zeitung vom 13. November 1900; GStA Berlin, Rep. 89 Nr. 18580.
32 Casseler Allgemeine Zeitung Nr. 317 vom 16. November 1900; Hessische Dorfzeitung vom 16. November 1900.
33 Hessische Dorfzeitung vom 6. Februar 1901; Casseler Allgemeine Zeitung Nr. 36 vom 5. Februar 1901; Kölnische Zeitung vom 6. Februar 1901.

Mainz

1 Neue Speyerer Zeitung Nr. 54 vom 6. Mai 1817; Laibacher Zeitung vom 23. Mai 1817.
2 StA Darmstadt, G21A/2147; Aschaffenburger Zeitung vom 8. September 1817.
3 Mainzer Zeitung vom 25. Mai 1819; Magdeburgische Zeitung vom 8. Juni 1819; StA Darmstadt, G21A/2147.
4 Neue Mainzer Zeitung Nr. 142 vom 24. Mai 1825.
5 Ebda.; Magdeburgische Zeitung vom 2. Juni 1825.
6 Neue Mainzer Zeitung Nr. 163 vom 14. Juni 1825; GHR auf das Jahr 1825, S. 398/99 (bestätigt durch Urteil des Kassationshofes vom 25. Juni 1825); Magdeburgische Zeitung vom 23. Juni 1825.
7 Magdeburgische Zeitung vom 30. Juni und 5. Juli 1825; Neue Mainzer Zeitung Nr. 179 vom 30. Juni 1825; StA Darmstadt, G21A/2147; Schillinger: Stadtarchiv Mainz, Akten 070/6226 und 070/1128 sowie Familienregister Nr. 1040 – s. auch Familienregister Nr. 6070 und 6740: Engelhard Leopold Wittmann (1788–1841) und Peter Reichmann (1800–1872) waren Gehilfen Schillingers (Recherche Dr. Gisela Wilbertz, Hannover).
8 GHR auf das Jahr 1829, S. 424/25; Neue Mainzer Zeitung Nr. 333 vom 30. November 1828.
9 GHR auf das Jahr 1830, S. 16/17; Neue Mainzer Zeitung Nr. 334 vom 1. Dezember 1828 und Nr. 25 vom 25. Januar 1829; StA Darmstadt, G21A/2147.
10 Karlsruher Zeitung vom 23. September 1832; Neue Mainzer Zeitung Nr. 266 vom 24. September 1832 (ähnlich in: Magdeburgische Zeitung vom 29. September 1832 und Münchner Tagsblatt vom 1. Oktober 1832).

11 Grossherzoglich-Hessische Zeitung vom 14. April 1835.
12 Die Bayerische Landbötin Nr. 153 vom 23. Dezember 1834; s. zum Prozess: Neue Mainzer Zeitung Nr. 349–352 vom 17.–20. Dezember 1834.
13 Grossherzoglich-Hessische Zeitung vom 12., 14. und 17. April 1835; GHR auf das Jahr 1835, S. 332; Der Rheinbayer Nr. 46 vom 16. April 1835; Krämer, S. 165.
14 Der Bayerische Landbote Nr. 105 vom 15. April 1835 (gleichlautend in: Allgemeine Zeitung. Mit allerhöchsten Privilegien Nr. 104 vom 14. April 1835, Beilage).
15 Verhandlungen des Assisenhofes in Mainz über die der Giftmörderin Margaretha Jäger und ihrer Mitschuldigen Sibilla Katharina Renter zu Last gelegten Verbrechen, Mainz 1835 (Zabern), S. 6.
16 Ebda., S. 19/20.
17 Kobbe, Peter von: Über Todesstrafen, mit besonderer Beziehung auf die Untersuchung wider Margaretha Jäger und Katharine Renter zu Mainz, Altona 1836, S. 20.
18 Verhandlungen (wie Anm. 15), S. 42.
19 Ebda., S. 37.
20 Ebda., S. 49/50; Krämer, S. 137 und S. 147; Grossherzoglich-Hessische Zeitung vom 8., 9. und 10. April 1835; Allgemeine Zeitung von und für Bayern Nr. 88 und 90 vom 29. und 31. März 1835 und Nr. 98 vom 8. April 1835; Der Bayerische Landbote vom 31. März 1835.
21 Der Bayerische Landbote vom 7. Juli 1835; Grossherzoglich-Hessische Zeitung vom 4. Juli 1835; GHR auf das Jahr 1836, S. 71 (Zwangsarbeitsstrafe; Eisgrube); Allgemeine Zeitung von und für Bayern Nr. 184 und 187 vom 3. und 6. Juli 1835.
22 Kobbe (wie Anm. 17), S. 3–34 (Zitat S. 23).
23 Neuester Anzeiger Nr. 199 vom 28. August 1885.
24 Neuester Anzeiger Nr. 200 vom 29. August 1885; zu einer Vorstrafe von Herbst vgl.: GHR auf das Jahr 1853, S. 97 (Urteil vom 18. November 1852: einjährige Korrektionshausstrafe wegen Diebstahls).
25 Neuester Anzeiger Nr. 204 vom 3. September 1885; s. auch Nr. 201 vom 30. August sowie Nr. 202 vom 1. September 1885.
26 Neuester Anzeiger Nr. 293 vom 16. Dezember 1885; s. auch Nr. 205/06, 208, 210, 212–214, 216 und 218 vom 4.–19. September 1885.

27 Neuester Anzeiger Nr. 293–299 vom 16.–22. Dezember 1885; Krämer, S. 147/48.
28 Neuester Anzeiger Nr. 53 und 54 vom 4. und 5. März 1886; Norddeutsche Allgemeine Zeitung vom 6. März 1886.
29 Neuester Anzeiger Nr. 201 vom 30. August 1885.
30 Neuester Anzeiger Nr. 294 und 295 vom 16. und 17. Dezember 1891 sowie Nr. 43 vom 20. Februar 1892; Darmstädter Zeitung Nr. 588 und 591 vom 16. und 17. Dezember 1891; Hessische Dorfzeitung, Wehlheiden, vom 17. Dezember 1891; Frankfurter Zeitung vom 17. Dezember 1891.
31 Neuester Anzeiger und Aschaffenburger Zeitung vom 20. Februar 1892.
32 Ebda.; Darmstädter Tagblatt vom 20. Februar 1892; Neue Preußische Kreuz-Zeitung vom 19. Februar 1892.
33 Mainzer Anzeiger Nr. 131 und 132 vom 8. und 9. Juni 1894.
34 Ebda.; Wormser Tageblatt Nr. 132 vom 9. Juni 1894.
35 Mainzer Anzeiger Nr. 185–187 vom 10.–12. August 1894; Wormser Tageblatt Nr. 188 vom 14. August 1894; Hessische Dorfzeitung, Wehlheiden, vom 11. August 1894 (hier heißt es: „Heppenheim bei Worms", in den anderen Quellen: „Heppenheim a. d. W."); Neue Preußische Kreuz-Zeitung vom 12. August 1894; Frankfurter Zeitung vom 11. August 1894; Hanauer Zeitung vom 14. August 1894.
36 Mainzer Anzeiger Nr. 67 und 68 vom 11. und 12. März 1898.
37 Ebda.; Mainzer Neueste Nachrichten vom 11. und 12. März sowie vom 7. Juni 1898; Norddeutsche Allgemeine Zeitung vom 10. Juni 1898; StA Darmstadt, G21A Nr. 2147 und 2148.
38 Mainzer Neueste Nachrichten Nr. 138 vom 17. Juni 1903.
39 Mainzer Neueste Nachrichten Nr. 139 vom 18. Juni 1903.
40 Ebda.; Mainzer Neueste Nachrichten Nr. 140 vom 19. Juni 1903; Wormser Tageblatt Nr. 140 und 141 vom 18. und 19. Juni 1903; Krämer, S. 162/63.
41 Mainzer Neueste Nachrichten vom 3. und 4. September 1903; Rheinisch-Westfälische Zeitung vom 5. September 1903; Wormser Tageblatt Nr. 207 vom 4. September 1903; Darmstädter Zeitung Nr. 414 vom 4. September 1903.
42 Neuester Anzeiger Nr. 58–61 vom 10.–14. März 1910; Aschaffenburger Zeitung vom 14. März 1910.
43 Neuester Anzeiger Nr. 58 vom 10. März 1910.

44 Ebda.; Neuester Anzeiger vom 3. Juni 1910; Flörsheimer Zeitung Nr. 64 vom 4. Juni 1910; Berliner Tageblatt vom 3. Juni 1910; StA Darmstadt, G21A/2147.

Höchst

1 GHR auf das Jahr 1820, S. 354.
2 Annalen, 46. Bd., Leipzig 1849, S. 155/56.
3 Ebda., S. 153-160 (Zitat S. 159); in den Annalen werden fingierte, aber ähnliche Personen- und Ortsnamen verwendet.
4 Krämer, S. 136; StA Darmstadt, G21A/2147: hier wird im Verzeichnis der Todesurteile der 30. Mai 1820 als Hinrichtungsdatum angegeben, der wahrscheinlichere 29. Mai wird genannt in: GHR auf das Jahr 1820, S. 354, Aschaffenburger Zeitung vom 26. und 31. Mai 1820 und Annalen (wie Anm. 2), S. 160.
5 Krämer, S. 138.
6 Annalen (wie Anm. 2), S. 154.

Fulda

1 Schüssler, Joseph: Actenmäßige Darstellung verschiedener Straf-Rechtsfälle aus der neuesten Zeit, nebst den Entscheidungsmotiven der kurhessischen Obergerichte zu Cassel und Fulda, sowie des kurhessischen Oberappellationsgerichts, 1. Bd., Kassel 1836, S. 1-15 (Zitat S. 13).
2 Ebda., S. 13-15; Brücher, Erich: Leben und Verbrechen des Raubmörders Peter Kitzler aus Hanau 1809-1831, Bad Nauheim 1973, S. 10-12; Kulenkamp, Elard Johannes (Hrsg.): Neue Sammlung der Landesordnungen, Ausschreiben und anderer allgemeinen Verfügungen, welche bis zum Ende des Oktobers 1806 für die älteren Gebietstheile Kurhessens ergangen sind, Bd. 3, Kassel 1838, S. 441/42.
3 Schüssler (wie Anm. 1), S. 15-23 (Zitat S. 19); Der Bayersche Landbote vom 9. November 1826; Münchener Politische Zeitung Nr. 264 vom 8. November 1826; Rathmann: Pechacek, Petra: Scharfrichter und Wasenmeister in der Landgrafschaft Hessen-Kassel in der frühen Neuzeit, Frankfurt/Main 2003, S. 331.
4 Schüssler (wie Anm. 1), S. 23-40 (der Name des Täters wird mit „Christian Friedrich L." angegeben; bei Schüssler wird der 5. März 1830 als Tag der Hinrichtung genannt, der 4. März wird angegeben in: Der Bayersche Landbote

vom 11. März 1830, Regensburger Zeitung Nr. 60 vom 11. März 1830 und Freiburger Zeitung Nr. 72 vom 13. März 1830).

5   Hitzig, J. E./Häring, W.: Der neue Pitaval. Eine Sammlung der interessantesten Criminalgeschichten aller Länder aus älterer und neuerer Zeit, 29. Teil (3. Folge, 5. Teil), Leipzig 1871 (2. Auflage), S. 197-224: Die Ermordung des Forstlaufers Maul von Künzell. (Kurhessen, Provinz Fulda.) 1855.1856 (Zitat S. 204).

6   Ebda., S. 213.

7   Ebda., S. 214; zur Abhaltung des Prozesses im „Wahler'schen Saale" vgl.: Follen, Georg Leonard Philipp: Die Ermordung des Forstlaufers Johann Adam Maul aus Künzell und Hinrichtung des Thäters Schmiedes Benedict Blösser aus Keulos, ein bemerkenswerther Criminalfall, Fulda 1858, S. 6; der Darstellung Follens folgt: Link, Edwin: Die Ermordung des Forstläufers J. A. Maul. Die Hinrichtung des Benedikt Blösser aus Künzell im Jahre 1856, in: Buchenblätter. Beilage der Fuldaer Zeitung für Heimatfreunde, 55 (1982), Nr. 12 vom 24. Juni 1982 und Nr. 13 vom 2. Juli 1982.

8   Der neue Pitaval (wie Anm. 5), S. 217/18.

9   Ebda., S. 218; Follen (wie Anm. 7), S. 14.

10 Der neue Pitaval (wie Anm. 1), S. 219-221. Follen (wie Anm. 7, S. 10-14) stellt das Geständnis Blössers so dar, wie es damals in der Öffentlichkeit bekannt geworden ist, möchte sich aber nicht dafür verbürgen, „daß der Inhalt des Blösser'schen Geständnisses in allen Theilen genau derselbe war, wie dieses in's Publikum gekommen ist". Follen zufolge stellte sich der Tathergang so dar, dass Blösser den Forstläufer morgens durch den Schrotschuss und ihm verabreichte Kolbenschläge verwundete. Es kam zu einem Ringkampf, nach dem der angeschlagene Forstläufer bewusstlos liegen blieb. Blösser begab sich nach Hause, kehrte aber nach vier Stunden mit einer Axt und einem Messer wieder zum Kampfplatz zurück und tötete den vor Schmerzen jammernden Maul, den er zwischen 21 und 22 Uhr nach Pilgerzell transportierte. Zuerst hatte er vor, „denselben bis auf den Florenberg zu schaffen und ihn in den neben dem dasigen Wirthshause befindlichen Brunnen zu stürzen". Dort wäre die Leiche wahrscheinlich niemals gefunden worden.

11 Follen (wie Anm. 7), S. 14.

12 Ebda., S. 15; zur Hinrichtung „unter dem Rauschenberge" vgl.: Kasseler Zeitung und Hanauer Zeitung vom 23. November 1856; Frankfurter Journal Nr. 280 vom 22. November 1856, 2. Beilage.

13 Follen (wie Anm. 7), S. 16/17.

Dillenburg

1 Schmidt, Thomas: Die letzte Hinrichtung auf dem Galgenberg, in: Dillenburger Blätter, Mitteilungen des Geschichtsvereins Dillenburg e. V., gegr. 1883, 4. Jahrgang 1987, Nr. 9, S. 31; Schneider, Herbert: Raubüberfall auf die Postkutsche Limburg-Montabaur, in: Mittelrheinische Postgeschichte 1/1971, S. 21.

2 Schmidt (wie Anm. 1), S. 26–32; Magdeburgische Zeitung vom 12. Januar 1828 und 25. März 1828 (hier „Wörsdörfer" statt wie bei Schmidt „Wiersdöfer"), gleichlautend in: Tags-Blatt für München Nr. 12 vom 12. Januar 1828 und Friedens- und Kriegs-Kurier Nr. 6 vom 7. Januar 1828.

Rinteln

1 Lindner, Johanna: Mörder! Zwischen Norddeutschland und Surinam. Schuld und Sühne des Johann Heinrich Seidenfaden, Hannover 2002 (64 S.); Hitzig, J. E./Häring, W.: Der neue Pitaval. Eine Sammlung der interessantesten Criminalgeschichten aller Länder aus älterer und neuerer Zeit, 23. Teil (Neue Folge, 11. Teil), Leipzig 1855, S. 402–432: Seidenfaden. 1826–1837; Heuser, 1. Bd., Kassel 1845, S. 1–23. Im Pitaval werden größtenteils falsche Namen genannt, bei Heuser sind sie abgekürzt (an Heuser angelehnt: Gerichtshalle. Sammlung merkwürdiger Rechtsfälle aus neuester Zeit, hrsg. und bearb. von mehreren Rechtsgelehrten, 2. Bd., Frankfurt am Main 1848, S. 97–126).

2 Vgl. zu der Hinrichtung auch: Magdeburgische Zeitung vom 18. Februar 1837 („Mühlhause").

3 Heuser (wie Anm. 1), S. 23/24.

4 Lindner (wie Anm. 1), S. 47; Der neue Pitaval (wie Anm. 1), S. 427.

5 Der neue Pitaval (wie Anm. 1), S. 432; vgl. zu der Hinrichtung: Lindner (wie Anm. 1), S. 55–61, Magdeburgische Zeitung vom 18. und 23. Februar 1837, Aschaffenburger Zeitung Nr. 39 vom 15. Februar 1837, Bayreuther Zeitung Nr. 41 vom 17. Februar 1837 sowie: Glenzdorf, Johann Caspar und Treichel,

Fritz: Henker, Schinder und arme Sünder. Beiträge zur Geschichte des deutschen Scharfrichter- und Abdeckerwesens, Bad Münder am Deister 1970, S. 73.
6   Frankfurter Oberpostamts-Zeitung Nr. 50 (Beilage) vom 18. Februar 1837; Die Bayerische Landbötin Nr. 22 vom 21. Februar 1837; Allgemeine Zeitung von und für Bayern Nr. 49 vom 18. Februar 1837.
7   Lindner (wie Anm. 1).

Hanau

1   Hitzig, J. E./Häring, W.: Der neue Pitaval. Eine Sammlung der interessantesten Criminalgeschichten aller Länder aus älterer und neuerer Zeit, 25. Teil, Leipzig 1870 (2. Auflage), S. 357–373: Peter Kitzler. (Hanau. Raubmord.) 1830–1831; Brücher, Erich: Leben und Verbrechen des Raubmörders Peter Kitzler aus Hanau 1809–1831, Bad Nauheim 1973.
2   Der neue Pitaval (wie Anm. 1), S. 360.
3   Brücher (wie Anm. 1), S. 4/5; Der neue Pitaval (wie Anm. 1), S. 361.
4   Der neue Pitaval (wie Anm. 1), S. 362/63; Brücher lässt offen, ob Kitzler tatsächlich mit jenen drei Überlebenden der Räuberbande des Hölzerlips die Zelle geteilt hat (Brücher, wie Anm. 1, S. 8 und 17, Anmerkung 10).
5   Brücher (wie Anm. 1), S. 3.
6   Ebda., S. 6.
7   Ebda., S. 8–13; der Hingerichtete wurde nur vorübergehend in das vorbereitete Grab gelegt, um, „wenn die Menge sich wegbegeben haben würde", dem Anatomischen Institut der Universität Marburg zugeführt zu werden (ebda., S. 19, Anm. 19); zum Fall Kitzler vgl. auch: Brücher, Erich: Rentner Nolte. Eine kurhessische Kriminalaffäre um die Ermordung der Emilie Lotheisen 1859. Die letzte Hanauer Hinrichtung, Bad Nauheim 1964, S. 101 und 165; zur Hinrichtung vgl. auch: Hanauer Zeitung vom 13. und 15. September 1831.
8   Heuser, 1. Bd., Kassel 1845, S. 93–167 (Zitat S. 115).
9   Ebda., S. 116.
10 Ebda., S. 98 ff.; Brücher (wie Anm. 1), S. 16, Anm. 9 (Verscharren der Leiche Schaubergers; hier heißt es, dass auch Anna Marie Beyer ein „ehrliches Begräbnis" versagt und ihr Leichnam kurzerhand der Marburger Anatomie übereignet worden sei).
11 Brücher (wie Anm. 7), S. 101.

12 Ebda., S. 101; Hanauer Zeitung vom 5. und 6. April 1839; Frankfurter Ober-Postamts-Zeitung, Beilagen zu Nr. 94 und 95 vom 5. und 6. April 1839; Fränkischer Merkur Nr. 100 vom 10. April 1839; Aschaffenburger Zeitung Nr. 84 vom 6. April 1839; Regensburger Zeitung Nr. 86 und 87 vom 11. und 12. April 1839; Allgemeine Zeitung von und für Bayern Nr. 98 und 99 vom 8. und 9. April 1839.

13 Brücher, Erich: Die Sammlung für den blinden Beyer, in: Hessische Heimat: aus Natur und Geschichte, Beilage der Giessener Presse Nr. 11 vom 1. Juni 1968.

14 Heiler, Karl: Die vorletzte öffentliche Hinrichtung in Hanau 1854. Mitteilung aus der im Besitz des Geschichtsvereins befindlichen Zieglerschen Chronik, in: Hanauisches Magazin, Monatsblätter für Heimatkunde 1927, Nr. 1, S. 5/6; Hanauer Zeitung Nr. 241 vom 9. Oktober 1853; Wormser Zeitung Nr. 36 vom 4. März 1854.

15 Heiler (wie Anm. 14), S. 7.

16 Ebda., S. 7/8; Hanauer Zeitung vom 1. und 4. März 1854; Frankfurter Journal Nr. 55 vom 4. März 1854; Brücher (wie Anm. 1), S. 1 und 16-19; Brücher (wie Anm. 7), S. 101-103 und 167.

17 Didaskalia. Blätter für Geist, Gemüth und Publicität Nr. 245 vom 14. Oktober 1853, s. auch Nr. 239 und 242 vom 7. und 11. Oktober 1853.

18 Brücher (wie Anm. 7), S. 7-34.

19 Hitzig, J. E./Häring, W.: Der neue Pitaval. Eine Sammlung der interessantesten Criminalgeschichten aller Länder aus älterer und neuerer Zeit, 30. Teil, Leipzig 1871 (2. Auflage), S. 368-421: Der Proceß Nolte, ein Mord an den Ufern des Rhein. 1859 (Zitat S. 417) – zur Kritik an dieser „theologisch gefärbten Charakterisierung" vgl. Brücher (wie Anm. 7), S. 133/34.

20 Brücher (wie Anm. 7), S. 114.

21 Ebda., S. 123 (das gleiche Verfahren war schon bei der Hinrichtung Müllers 1854 angewendet worden).

22 Ebda., S. 136-153; Leben, Verbrechen und Tod des zu Hanau am 11. Januar 1861 hingerichteten Raubmörders Johann Heinrich Nolte, Darmstadt 1861 (5. Auflage); Heuser, Otto Ludwig (Hrsg.): Annalen der Justizpflege und Verwaltung in Kurhessen, 8. Bd., Kassel 1861, S. 453-488; s. auch: Hanauer Zeitung vom 24. April bis 6. Mai 1860 sowie vom 12. Januar 1861, Frankfurter Journal Nr. 115 vom 25. April bis Nr. 124 (1. Beilage) vom 4. Mai 1860 sowie Nr. 12 vom

12. Januar 1861, Neue Preußische Kreuz-Zeitung vom 26. April und 22. Dezember 1860, Der Bayerische Landbote vom 15. Januar 1861.
23 Hanauer Zeitung Nr. 269 vom 16. November 1901.
24 Ebda.; Hanauer Zeitung Nr. 267 und 268 vom 14. und 15. November 1901 (in Nr. 267 werden die Brüder von Johann Gläser genannt: Ludwig, Johann Georg und Heinrich).
25 Hanauer Zeitung vom 30. April 1902; s. auch: Hanauer Zeitung vom 29. April 1902, Münchener Neueste Nachrichten vom 30. April 1902 und GStA Berlin, Rep. 89 Nr. 18580.
26 Tagebuch Friedrich Reindel (Braunschweigisches Landesmuseum), unveröffentlicht, 4. Hinrichtung; Bürger, Udo: Westfälische Unterwelt. Historische Kriminalfälle und Hinrichtungen in Westfalen, Münster 2014, S. 197; Blazek, Matthias: „Herr Staatsanwalt, das Urteil ist vollstreckt." Die Brüder Wilhelm und Friedrich Reindel Scharfrichter im Dienste des Norddeutschen Bundes und Seiner Majestät 1843–1898, Stuttgart 2011, S. 70–72.
27 Hanauer Zeitung vom 30. April 1902.
28 Dortmunder Zeitung vom 10. Februar 1909.
29 Hanauer Zeitung vom 28. November 1908.
30 Ebda.
31 Ebda.; Hanauer Zeitung und Hanauer Anzeiger vom 15. Juni 1909; GStA Berlin, Rep. 89 Nr. 18580.
32 Hanauer Zeitung Nr. 261 vom 5. November 1912.
33 Hanauer Zeitung Nr. 262 vom 6. November 1912.
34 Hanauer Anzeiger, Hanauer Zeitung, Berliner Tageblatt und Rheinisch-Westfälische Zeitung vom 1. April 1913; GStA Berlin, Rep. 89 Nr. 18580.
35 GStA Berlin, Rep. 89 Nr. 18584 (hier „Zimmersroda", gemeint ist aber wohl Zimmersrode, ein Ortsteil von Neuental); Busdorf, Otto: Wilddieberei und Förstermorde, Bd. 1, Berlin 1929, 4. Aufl., S. 208–220 (hier und in der Berliner Akte wird der Vorarbeiter Hosenfeld genannt, in der Hanauer Zeitung Nr. 59 vom 10. März 1917 tritt er als Zeuge Josef Rosenfeld auf).
36 Hanauer Zeitung vom 27. November 1917.
37 Hanauer Zeitung Nr. 267 vom 13. November 1916.
38 GStA Berlin, Rep. 89 Nr. 18584.
39 Hanauer Zeitung Nr. 57–63 vom 8.–15. März 1917.

40 GStA Berlin, Rep. 89 Nr. 18584.
41 Hanauer Zeitung und Hamburger Fremdenblatt vom 27. November 1917.
42 Hanauer Zeitung Nr. 60 vom 12. März 1917.
43 Bürgerverein Dietershan (Red.): 850 Jahre Dietershan. Ortschronik zum Jubiläumsjahr 2015, Fulda 2014, S. 304–307.

Diez

1 Friedrich, Horst und Recktenwald, Matthias: Alle gegen einen, in: Visier – Das internationale Waffen-Magazin 12/2003, o. S.
2 Annalen, 26. Heft, Berlin 1832, S. 377–396 (Zitat S. 377/78); Actenmäßige Darstellung des am 7. Dezember 1827 an dem Cadetten Adolph Vigelius verübten Raubmordes, Wiesbaden 1832.
3 Friedrich/Recktenwald (wie Anm. 1).
4 Annalen (wie Anm. 2); Demme, Wilhelm Ludwig: Das Buch der Verbrechen. Das Interessanteste aus älterer, neuerer und neuester Zeit der Länder dies- und jenseits des OceanS. Ein Volksbuch, Neue Folge, 4. Bd., Leipzig 1854, S. 70–94.
5 Friedrich/Recktenwald (wie Anm. 1); Demme (wie Anm. 4), S. 92–94; Annalen (wie Anm. 2), S. 395/96.
6 Friedrich/Recktenwald (wie Anm. 1); Die Hinrichtung der Mörder des Kadetten Vigelius auf der roten Erde bei Diez am 8. Juni 1832, in: Alt-Nassau. Blätter für nassauische Geschichte und Kultur-Geschichte Nr. 9, 17. Jahrgang, 1913; Großherzoglich-Hessische Zeitung vom 9. Juni 1832; Der Bayerische Landbote vom 16. Juni 1832.

Wiesbaden

1 Korf, A.: Schuhmacher Reitz. Ein Verbrecherleben aus der ersten Hälfte des 19. Jahrhunderts, in: Nassovia. Zeitschrift für nassauische Geschichte und Heimatkunde 1914, Nr. 15, S. 176–178 (Zitat S. 177).
2 Ebda.; Allgemeine Zeitung von und für Bayern Nr. 281 vom 8. Oktober 1835 (hier heißt es, die Hinrichtung von Reitz sei ursprünglich auf den 6. Oktober 1835 terminiert gewesen; offensichtlich verzögerte sie sich wegen eines von Reitz kurz vorher eingereichten Gnadengesuchs – s. Korf, wie Anm. 1, S. 177); Frankfurter Ober-Postamts-Zeitung Nr. 281 vom 10. Oktober 1835; Neue Preußische Kreuz-Zeitung vom 6. Januar 1887 (Kloster Klarenthal).

3   Frankfurter Zeitung Nr. 183-186 vom 2.-5. Juli 1886; Hanauer Anzeiger vom 6. Juli 1886; Darmstädter Zeitung Nr. 185 vom 6. Juli 1886.
4   Schmidt, Maximilian: Julius Krautz. Der Scharfrichter Von Berlin. Ein Kulturbild Aus Dem Neunzehnten Jahrhundert, 1893, S. 65/66; Neue Preußische Kreuz-Zeitung vom 6. Januar 1887 (hier heißt es ausdrücklich, dass es seit Reitz 1835 in Wiesbaden keine Hinrichtung mehr gegeben habe); Frankfurter Zeitung Nr. 5 vom 5. Januar 1887; Darmstädter Zeitung Nr. 5 vom 6. Januar 1887; Frankfurter Rundschau vom 4. Januar 2012; GStA Berlin, Rep. 89 Nr. 18580; zu einem in Wiesbaden verhängten, aber nicht vollstreckten Todesurteil vgl.: GStA Berlin, Rep. 84a Nr. 8145 und Rep. 89 Nr. 18580 (1880, 2. Februar: Todesurteil, dann lebenslängliche Zuchthausstrafe, für Philipp Christian Haibach, Maurergeselle aus Wiesbaden, wegen Gattenmordes).

Eschwege

1   Hitzig, J. E./Häring, W.: Der neue Pitaval. Eine Sammlung der interessantesten Criminalgeschichten aller Länder aus älterer und neuerer Zeit, 27. Teil, Leipzig 1859, S. 376-423: Wilhelm Bütemeister von Schwebda. (Kurhessen. Giftmord des Vaters gegen seinen Sohn.) 1851-1852 (Zitat S. 378).
2   Ebda., S. 420.
3   Ebda., S. 420-423; Kasseler Zeitung vom 23. Oktober 1852 (es war geplant, den Leichnam des Hingerichteten in die Anatomie nach Marburg zu schaffen); Hoffmann, Friedrich Carl: Die Hinrichtung des Friedrich Wilhelm Anton Bütemeister in Eschwege. Eine Denkschrift, Eschwege 1852.
4   Hitzig/Häring (wie Anm. 1), 28. Teil, Leipzig 1860, S. 204-270: Die Ermordung des Eckenbeck. (Kurhessen. Vatermord.) 1849-1853 (Zitat S. 216).
5   Ebda., S. 219 und 222/23.
6   Ebda., S. 235 (s. auch S. 231: Schlarbaum hatte sich bereits im Juni und Juli 1849 in Haft befunden, musste aber aus Mangel an Beweisen wieder freigelassen werden).
7   Ebda., S. 269; zur Hinrichtung Becks: Kasseler Zeitung vom 6. August 1853.

Marburg

1   Annalen der Justizpflege und Verwaltung in Kurhessen, 12. Bd., Kassel 1865, S. 361-395 (Zitate S. 369 und 384).

2   Kolbe, W.: Das Ende des am 14. October 1864 auf dem Rabensteine bei Marburg durch das Schwert enthaupteten Ludwig Hilberg aus Ockershausen, berichtet von W. Kolbe, Pfarrer zu Marburg, Marburg 1864 (2. Aufl.), S. 1–22 (Zitat S. 18).

3   Ebda., S. 21; Kasseler Zeitung vom 15. Oktober 1864 (hier heißt es, die letzte Hinrichtung in Marburg habe vor etwa 50 Jahren stattgefunden); Hessenzeitung vom 15.Oktober 1864 (der Richtstuhl wird hier als „einfacher Stuhl mit niederem Rücken und Armlehnen" beschrieben, die Zuschauermenge auf 8.000 beziffert; der Zug bewegte sich „von der Barfüßerstraße aus durch die Untergaße und Weidenhausen und alsdann die Straße den Kappeler Berg hinauf"); Hessische Morgenzeitung vom 30. Juni 1864 und vom 16. Oktober 1864 (hier ist von 6.000 Zuschauern die Rede, die nach der Hinrichtung die Straßen und Wirtshäuser Marburgs unsicher gemacht hätten); Frankfurter Journal Nr. 287 vom 15. Oktober 1864 (20.000 Zuschauer); Hanauer Zeitung vom 16. Oktober 1864; vgl. zu dem Fall auch: Hessenland. Zeitschrift für hessische Geschichte und Litteratur, 16. Jahrgang, Kassel 1902, S. 86; Evans, Richard J.: Rituals of Retribution, Oxford 1996, S. 93; Brücher, Erich: Rentner Nolte. Eine kurhessische Kriminalaffäre um die Ermordung der Emilie Lotheisen 1859. Die letzte Hanauer Hinrichtung, Bad Nauheim 1964, S. 121, 127 und 164.

4   Recherche Christian Schrepper, Essen; Esche, Frank und Krüger, Wolfgang: Thüringer Mörderinnen. Frauenschicksale zwischen Liebe und Schafott 1859 bis 1938, Arnstadt 2009, S. 45–63; zu einem weiteren in Marburg verhängten Todesurteil vgl.: Heuser, 1. Bd., Kassel 1845, S. 42–92 (1842, 22. März: Todesurteil, dann lebenslängliche Eisenstrafe 1. Klasse, wegen Mordes an der Geliebten).

Neuwied

1   Neuwieder Zeitung vom 25. Februar 1899.

2   Neuwieder Zeitung vom 28. Oktober 1899; GStA Berlin Rep. 84a Nr. 4592 (Bl. 12) und Rep. 89 Nr. 18580; Blazek, Matthias: „Herr Staatsanwalt, das Urteil ist vollstreckt." Die Brüder Wilhelm und Friedrich Reindel Scharfrichter im Dienste des Norddeutschen Bundes und Seiner Majestät 1843–1898, Stuttgart 2011, S. 131 und 139.

3   GStA Berlin, Rep. 84a Nr. 7784.

Frankfurt

1 Allgemeine Schwurgerichtszeitung für Deutschland und die Schweiz, 1. Bd. (Juli-Dezember 1857), Coburg 1857, S. 65–67.

2 Ebda., S. 73–112 und S. 137–146; Frankfurter Journal Nr. 156–159 vom 2.–6. Juli 1857 sowie Nr. 162 vom 9. Juli 1857; Ruhe, Alexander: 1857 – Der Staatsanwalt, der Mörder und der Falschmünzer in Pey Mokum, ein Artikel aus der Reihe: Frankfurter Zeitungs-Archäologie (Okt. 2014, Internet). Keller verbüßte seine Strafe im Zuchthaus Dietz. 1877 wurde er endgültig begnadigt, blieb aber als Barbier im Gefängnis. 1906 starb er hochbetagt.

3 Frankfurter Zeitung Nr. 136–139 vom 16.–19. Mai 1904 (Zitat Nr. 139).

4 Hanauer Anzeiger vom 17.–19. Mai 1904.

5 Frankfurter Zeitung Nr. 137–139 vom 17.–19. Mai 1904; Leweke, Wendelin: „Gretchen" und die Nitribitt. Frankfurter Kriminalfälle, Frankfurt 1991, S. 113–119; Sieber, F.W.: Georg Popp zum 70. Geburtstag, zugleich ein Beitrag zur Entwicklung der gerichtlichen Chemie und naturwissenschaftlichen Kriminalistik, in: Zeitschrift für angewandte Chemie, 1. August 1931, Nr. 31, 44. Jg., S. 637–660.

6 Frankfurter Zeitung und Hanauer Anzeiger vom 12. November 1904; Münchener Neueste Nachrichten vom 15. November 1904; Rheinisch-Westfälische Zeitung vom 14. November 1904; GStA Berlin, Rep. 89 Nr. 18580.

7 Frankfurter Zeitung vom 12. November 1904.

8 Frankfurter Zeitung Nr. 91 vom 1. April 1911.

9 Hanauer Anzeiger vom 31. März und 1. April 1911.

10 Ebda.

11 Ebda.

12 Ebda.

13 Frankfurter Zeitung Nr. 90 vom 31. März 1911 (s. auch Nr. 89 vom 30. März 1911).

14 Frankfurter Zeitung Nr. 91 vom 1. April 1911.

15 Frankfurter Zeitung Nr. 90 und 91 vom 1. April 1911.

16 Hanauer Anzeiger vom 31. März und 1. April 1911.

17 Frankfurter Zeitung vom 2. April und 17. August 1911; Hanauer Anzeiger und Rheinisch-Westfälische Zeitung vom 17. August 1911; GStA Berlin, Rep. 89 Nr. 18580.

18 Frankfurter Zeitung Nr. 288 und 289 vom 17. und 18. Oktober 1911; Schwäbischer Merkur vom 18. Oktober 1911.
19 Frankfurter Zeitung vom 10. Februar 1912.
20 Ebda.; Berliner Tageblatt und Rheinisch-Westfälische Zeitung vom 10. Februar 1912; GStA Berlin, Rep. 89 Nr. 18580.
21 Leweke (wie Anm. 5), S. 121–127; Raiss, Gerhard: Karl Hopf, ein Massenmörder aus Niederhöchstadt, in: Zwischen Main und Taunus, MTK-Jahrbuch 1994; GStA Berlin, Rep. 89 Nr. 18582; Zitat aus: Wiesbadener Tagblatt Nr. 17 vom 11. Januar 1914 (hier heißt es außerdem, dass Hopf 1907 als Varietékünstler im Wiesbadener Reichshallen-Theater einen Hammel mit einem Schlag in zwei Teile gespaltet habe); Offenbacher Abendblatt Nr. 10 vom 13. Januar 1914.
22 Offenbacher Abendblatt Nr. 10 vom 13. Januar 1914; Wiesbadener Tagblatt Nr. 26 und 27 vom 16. und 17. Januar 1914; Frankfurter Zeitung Nr. 12 und Nr. 16 vom 12. und 16. Januar 1914; Kaiser, Peter, Moc, Norbert und Zierholz, Heinz-Peter: Das Gastmahl der Mörderin. Giftmorde aus drei Jahrhunderten, Berlin 1997, S. 119–196.
23 Wiesbadener Tagblatt Nr. 21 vom 14. Januar 1914.
24 GStA Berlin, Rep. 89 Nr. 18582.
25 Frankfurter Zeitung Nr. 14 vom 14. Januar 1914.
26 Ebda.
27 Wiesbadener Tagblatt Nr. 26 vom 16. Januar 1914.
28 Frankfurter Zeitung Nr. 12 vom 12. Januar 1914.
29 Frankfurter Zeitung Nr. 15 vom 15. Januar 1914 (laut dem Offenbacher Abendblatt Nr. 13 vom 16. Januar 1914 war Hopfs dritte Frau in Dresden geboren, ihr Vater war aber österreichischer Staatsangehöriger).
30 Frankfurter Zeitung Nr. 15 vom 15. Januar 1914; Offenbacher Abendblatt Nr. 13 vom 16. Januar 1914 (Hopf hatte seiner Frau von seiner zweiten Ehe und dem Kind berichtet, nicht aber von seiner ersten Ehe).
31 Frankfurter Zeitung Nr. 13 vom 13. Januar 1914.
32 Frankfurter Zeitung Nr. 15 vom 15. Januar 1914.
33 Wiesbadener Tagblatt Nr. 29 vom 18. Januar 1914.
34 Offenbacher Abendblatt Nr. 11 vom 14. Januar 1914.
35 Wiesbadener Tagblatt Nr. 21 vom 14. Januar 1914.

36 Wiesbadener Tagblatt Nr. 29 vom 18. Januar 1914.
37 Zu dem Fall s. vor allem: Offenbacher Abendblatt Nr. 10–15 vom 13.–19. Januar 1914; Frankfurter Zeitung Nr. 12–18 vom 12.–18. Januar 1914; Wiesbadener Tagblatt Nr. 17–29 vom 11.–18. Januar 1914; GStA Berlin, Rep. 89 Nr. 18582; Darmstädter Zeitung Nr. 10–15 vom 13.–19. Januar 1914; Flörsheimer Zeitung Nr. 5–8 vom 13.–20. Januar 1914.
38 GStA Berlin, Rep. 89 Nr. 18582.
39 Frankfurter Zeitung, Wiesbadener Tagblatt, Berliner Tageblatt und Rheinisch-Westfälische Zeitung vom 23. März 1914; Norddeutsche Allgemeine Zeitung vom 24. März 1914; zu einem weiteren in Frankfurt verhängten, aber nicht vollstreckten Todesurteil vgl.: GStA Berlin, Rep. 84a Nr. 8145 und Rep. 89 Nr. 18580 (1880, 10. Mai: Todesurteil, dann lebenslängliche Zuchthausstrafe, für Burckhardt Wagner, Tagelöhner aus Rückers, Ort der Gemeinde Flieden, wegen Gattenmordes).

Bildnachweis

S. 10: Landkalender für das Großherzogtum Hessen, 1816

S. 12, 21, 38 und 42: Stadtarchiv Gießen

S. 41: Foto Reinhard Pfnorr, Nidda

S. 49: Düsseldorfer Gerichts-Zeitung Nr. 34 vom 26. August 1905

S. 57: Fremden-Führer für Bad Nauheim Saison 1902, Leipzig, o. J. (1902), Anzeigenteil

S. 64 und 71: Stadtarchiv Darmstadt

S. 72: Darmstädter Zeitung Nr. 301 vom 29. Oktober 1852

S. 82: Privatbesitz

S. 92: Nürnberg, Germanisches Nationalmuseum

S. 106: Kölner Gerichts-Zeitung Nr. 43 vom 15. Februar 1885

S. 109 und 110: Bericht über die Schwurgerichtsverhandlung vom 29. Juni bis 1. Juli 1885 gegen Julius Lieske, angeklagt des Mordes an dem Kgl. Polizeirath Dr. Rumpff am 13. Januar 1885 zu Frankfurt a. M., Frankfurt, o. D. (1885), S. 12 und 13

S. 111: Hohmann, Andreas W. und Johannes, Dieter: Mord im Sachsenlager 5. Die Ermordung des Polizeirat Rumpff im Jahre 1885, o. O. (Frankfurt), 2001, S. 44

S. 116: Stadtarchiv Kassel, Sign. 0.008.809, Fotograf Günther Becker

S. 122 und 144: Neeb, Ernst (Hrsg.): Bilder aus dem alten Mainz, 2. Aufl., Mainz 1898, Tafel XXIX und XXXII

S. 125 und 128: Wothe, Heinrich (Hrsg.): Mainz. Ein Heimatbuch, 2. Bd., Mainz 1929, S. 156

S. 138: Forschner: Geschichte der Pfarrei und Pfarrkirche Sankt Quirin in Mainz, Mainz 1905

S. 142 und 147: Stadtarchiv Worms, Abt. 209, Nr. 1915 (Postkarte) und Fotoabteilung CH 4192, Fotograf: Christian Herbst

S. 151: HStA Darmstadt R 4 Nr. 35174

S. 159: Mittelalterliches Kriminalmuseum Rothenburg o. d. T.

S. 165: Brücher, Erich: Rentner Nolte. Eine kurhessische Kriminalaffäre um die Ermordung der Emilie Lotheisen 1859. Die letzte Hanauer Hinrichtung, Bad Nauheim 1964, S. 107

S. 167: Stadtarchiv Dillenburg

S. 171, 174 und 175: Die Eulenburg, Museum Rinteln

S. 184: Foto Reiner Kargl, Hanau

S. 187: Leben, Verbrechen und Tod des zu Hanau am 11. Januar 1861 hingerichteten Raubmörders Johann Heinrich Nolte, Darmstadt 1861, 5. Auflage

S. 192: Stadtarchiv Celle, L 10, Nr. 0816

S. 203: Busdorf, Otto: Wilddieberei und Förstermorde, Bd. 1, Berlin 1929, S. 213–215

S. 210: Stadtarchiv Dietz

S. 217: Märkisches Museum Berlin

S. 222: Bildarchiv Foto Marburg/Fenchel, Horst

S. 235 und 247: Frankfurt a. M. und seine Bauten, hrsg. vom Architekten- und Ingenieur-Verein 1886, Frankfurt 1886, S. 230 und 235

S. 237, 239, 242, 251, 257 und 261: Kriminalmuseum Frankfurt am Main

Frankfurts dunkle Seite
Spektakuläre Kriminalfälle

Elisabeth Lücke

978-3-95400-470-6
19,99 Euro

Ich bin ein Mörder
Ein Frankfurt-Krimi

Brigitte Pons

978-3-86680-864-5
12,00 Euro